U1074150

阶梯式会计基础

主　编　张现争　武国琼　姚建玲

副主编　韩　潮　姬志鹏　曹文庆　罗志红　齐瑞霞

参　编　丰贵生　刘小慧　许　芳

河南大学出版社
HENAN UNIVERSITY PRESS

·郑州·

图书在版编目（CIP）数据

阶梯式会计基础 / 张现争，武国琼，姚建玲主编 . — 郑州 : 河南大学出版社，2019.9
ISBN 978-7-5649-3928-1

Ⅰ . ①阶… Ⅱ . ①张… ②武… ③姚… Ⅲ . ①会计学－中等专业学校－教材 Ⅳ . ① F230

中国版本图书馆 CIP 数据核字（2019）第 220196 号

责任编辑 阮林要

责任校对 张雪彩

封面设计 郭 灿

出版发行 河南大学出版社

地址：郑州市郑东新区商务外环中华大厦 2401 号　　邮　编：450046

电话：0371-86059750（高等教育与职业教育出版分社）

0371-86059701（营销部）

网址：www.hupress.com

排　版 郑州市今日文教印制有限公司

印　刷 郑州市毛庄印刷厂

版　次 2019 年 12 月第 1 版　　**印　次** 2019 年 12 月第 1 次印刷

开　本 787mm×1092mm　1/16　　**印　张** 20.5

字　数 499 千字　　**定　价** 49.00 元

前　言

美国会计名家乔治·梅认为："会计是一门艺术，……是一门广泛应用、具有多种用途的技艺。"① 对于中职学校会计专业学生而言，会计更是一门技艺，需要动手操作。中职会计专业人才的培养目标主要针对中小型企业，而中小型企业基于控制成本和缺乏培养条件，往往要求中职会计专业毕业生入职时即有较强的实账操作能力，因此加强实训教学更加重要。当前适用于中职学生的会计基础类教材多理论突出、实训薄弱。本着理论与实践一体化原则，依据"阶梯式"设计理念，我们编撰了《阶梯式会计基础》，力图达到"理实一体"，为实现中职会计专业的培养目标奠定基础。

依据会计的认知过程，按照从易到难的"阶梯式"设计思路，本书包括两个部分：第一部分"拾阶而上学会计"，包括九个项目；第二部分"百尺竿头更进一步"，包括五个项目。通过认真巧妙的编排，充分体现了渐进性原则：既有简单的无损益业务的月度业务，也有包含损益业务的月度业务；既有初创企业的业务，也有后续企业的月度业务；既有非年终月度的业务，也有年终月度的月度业务和新年度首月业务；既有增值税小规模纳税人的月度业务，也有增值税一般纳税人的月度业务。在编写过程中，我们突出了以下特色：

1. 基：在编写过程中，针对学生实际，我们始终坚持"基础性"。降低经济业务的复杂性，如突出小规模纳税人的会计处理，财务会计报告采用《小企业会计准则》，回避了工业制造企业的成本核算业务。

2. 新：研读新发布的《关于深化增值税改革有关政策的公告》（2019）、《河南省税务局关于实施小微企业普惠性税收减免政策的通知》（豫财税政〔2019〕7号）、《增值税会计处理规定》（2016）等法规，并将其融入教材。

3. 真：全面搜集国家税务局、地方税务局合并后的发票单据票样，从中挑选常用的、重要的发票单据编入教材，实现了多种发票、单据、凭证、账簿、报表、印章等的尽量真实呈现；需要裁下粘贴使用的原始凭证单面印刷；记账凭证与账簿的文字靠下书写等。

① 杜兴强，章永奎等：《财务会计理论》，厦门大学出版社，2005 年版。

本书由张现争、武国琼、姚建玲担任主编，张现争负责总体设计和定稿工作；韩潮、姬志鹏、曹文庆、罗志红、齐瑞霞担任副主编。韩潮负责编写项目一和项目五，姬志鹏负责编写项目二，曹文庆负责编写项目三和项目四，姚建玲负责编写项目六和项目十及项目十四的综合案例部分，张现争负责编写项目七和项目十一，罗志红负责编写项目八和项目九，齐瑞霞负责编写项目十二，武国琼负责编写项目十三和项目十四。参编丰贵生、刘小慧、许芳在教材设计、资料整理等方面也做出了贡献。在编写过程中，我们走访了多家企业，感谢它们的慷慨相助；参阅了大量会计、财经文献，对它们的编著者表示真诚的感谢。

本书适用于中职会计专业的基础会计课程，也可用于会计基础培训与训练。

鉴于编者水平有限，书中难免存在疏漏、错误与不足之处，敬请使用者批评与指正！联系邮箱为 zheng95412@126.com。

目　　录

第一部分　拾阶而上学会计

项目一　企业与会计

【项目学习目标、学习方法、建议学时】

表1–1

学习目标		学习方法	建议学时
知识目标	① 了解企业的组织形式与注册组建； ② 了解企业的经营过程与资金运动； ③ 理解会计的概念与特点、职能、工作组织。	模拟一家公司，教师带领学生一起了解企业的组建和类型，分析企业的经营过程与资金运动，从而使学生体验企业与会计的关系，为学好会计知识和技能做好铺垫。	4
技能目标	① 培养学生对企业的认知； ② 能够概括企业经营过程与资金运动。		
情感态度价值观目标	① 培养学生诚信的作风、严谨的工作态度及服务意识，现代社会公民的素养； ② 教育学生遵纪守法，关注改革开放。	在教与学中进行道德体悟，使学生养成诚信、严谨的工作作风，拓展学生的专业视野。	

【项目学习】

任务一　企业的组织形式与组建

一、企业的概念与特征

企业是指依法设立、以营利为目的、从事商品生产经营和服务活动的独立核算的经济组织。企业是按照一定的组织规律，有机构成的经济实体，以营利为目的，以实现投资人、客户、员工、社会大众的利益为使命，通过提供产品或服务取得收入。

二、企业分类

按不同的标准，企业可有不同的分类。

（一）按照财产的组织形式和所承担的法律责任划分

按照财产的组织形式和所承担的法律责任划分，可分为个人独资企业、合伙企业和公司三种类型。

1. 个人独资企业

个人独资企业是指依法在中国境内设立，由个人投资，财产为投资人所有，投资人以其个人财产对企业债务承担无限责任的经营实体。

2. 合伙企业

合伙企业是指由两个或两个以上的个人或法人共同出资、合伙经营的企业。合伙企业不具备法人资格，合伙人共同出资、合伙经营、共享收益、共担风险。

3. 公司

公司是依法设立、以营利为目的、由股东投资形成的企业法人。公司一般设有股东会、董事会和经理层。我国《公司法》规定的公司形式是有限责任公司和股份有限公司。有限责任公司是指股东以其认缴的出资额为限对公司承担责任，公司以其全部财产对公司的债务承担责任的公司。股份有限公司是指将公司全部资本分为等额股份，股东以其认购的股份为限对公司承担责任，公司以其全部财产对公司的债务承担责任的公司。

（二）按照国民经济行业分类标准划分

按照国民经济行业分类标准划分，可分为制造业企业、商品流通企业和服务企业三种类型。

1. 制造业企业

制造业企业是指对制造资源按照市场要求，通过制造过程转化为可供人们使用和利用的工业品与生活消费品的企业。

2. 商品流通企业

商品流通企业是指独立于生产领域之外，专门从事商品流通和流通服务的企业。

3. 服务企业

服务企业是指为政府、事业单位、企业和居民提供各种服务的企业。它不生产物质产品，但为制造业企业和商品流通企业提供资金、保险、技术服务，为行政事业单位和居民提供餐饮、住宿、交通、旅游、娱乐等服务。

（三）中小企业划分标准

根据国家统计局制定的《统计上大中小型企业划分办法》，工业和信息化部、国家统计局、国家发展改革委、财政部制定的《关于印发中小企业划型标准规定的通知》（2011），按照行业门类，依据从业人员、营业收入、资产总额等指标，我国的企业划分为大型、中型、小型、微型等四种类型，部分行业标准如表 1–2（企业划型为中型、小型时必须同时满足所列指标的下限，否则下划一档）所示。

表1–2

行业名称	指标名称	计量单位	中型	小型	微型
工业（包括采矿业，制造业，电力、热力、燃气及水生产和供应业）	从业人员	人	300（含）到 1 000	20（含）到 300	少于 20
	营业收入	万元	2 000（含）到 40 000	300（含）到 2 000	小于 300
零售业	从业人员	人	50（含）到 300	10（含）到 50	少于 10
	营业收入	万元	500（含）到 20 000	100（含）到 500	小于 100
餐饮业、住宿业	从业人员	人	100（含）到 300	10（含）到 100	少于 10
	营业收入	万元	2 000（含）到 10 000	100（含）到 2 000	小于 100

三、企业组建

（一）企业组建的基本条件

通俗地说，组建企业的基本条件就是人力、物力和财力，即人才、场地和资金等。人才包括管理人员和基层员工。场地是企业经营的必备条件，注册在营业执照上的地址。资金是企业组建及运作的重要保障，我国目前实行注册资本认缴制，认缴制的意思就是注册资本不用在一开始就全部缴纳完成，而是只要在承诺的时限内（一般为 10 ~ 20 年）缴完即可，这极大地降低了公司注册时的资金压力。

（二）企业组建完成的标志

如何确认一个企业已经组建完成呢？不同组织形式的企业完成标志有所不同，下面以有限责任公司为例。

① 有一套合法的行政登记管理证件。继全面实施“三证合一”登记制度后，2016 年 10 月 1 日起，我国实行“五证合一、一照一码”的企业登记注册制度。五证指的是营业执照、组织机构代码证、税务登记证、社会保险登记证和统计登记证。新的“五证合一”办证模式采取“一表申请、一窗受理、并联审批、一份证照”的流程，办证模式的创新，大幅度缩短了办证时限，企业只需等待 2 个工作日即可办理以往至少 10 个工作日才能够办结的所有证件，办事效率得到提高。五证合一的制度改革，给企业的开办和成长提供了更加便利的服务，创业准入成本大大降低，经营环境进一步优化，企业活力、创造力得到激发，有利于推进大众创业、万众创新，增加就业，促进经济社会持续健康发展。

② 有一套完整的公司印鉴：公司公章、财务专用章、发票专用章、合同专用章、部门专用章、管理人员私章等。

③ 有规范的会计凭证、账簿、财务会计报告。

④ 开立银行存款基本账户。

任务二　企业的经营过程与资金运动

一、商业企业的经营过程与资金运动

商品流通企业主要从事商品的采购和销售，商业企业的资金运动可分为三个阶段，即资金进入企业、资金的循环和周转、资金退出企业。其经营过程和资金运动如图 1-1 所示。

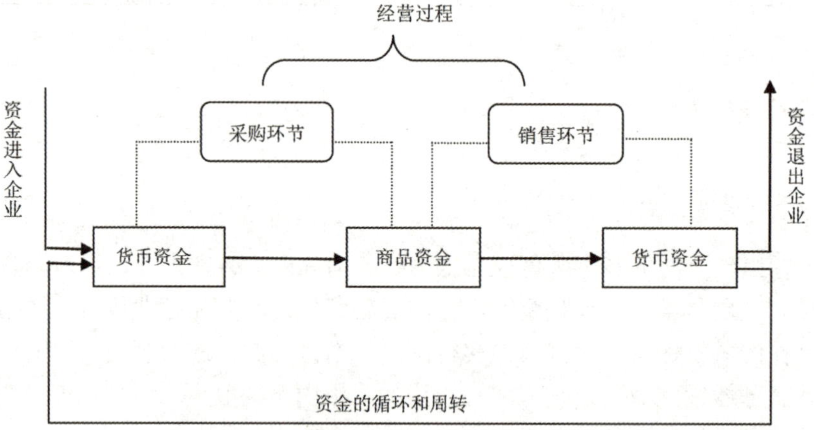

图1-1　商业企业经营过程与资金运动

二、工业企业的经营过程与资金运动

工业企业从事工业产品生产和销售。为了从事产品的生产与销售，企业必须筹集一定数量的资金，用于建造厂房、购买机器设备、购买材料、支付职工薪酬、支付生产经营管理中必要的开支等，生产出的产品经过销售后，收回的货款还要补偿生产中垫付的资金、偿还债务、上缴税费及向投资者分配利润等。其生产经营过程和资金运动如图 1-2 所示。

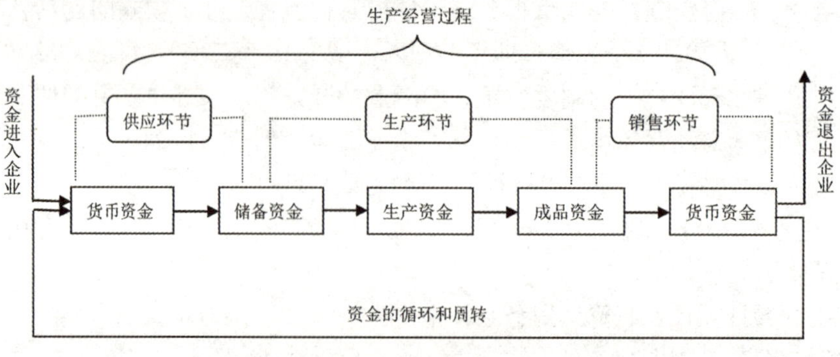

图1-2　工业企业生产经营过程与资金运动

企业的各项经营活动都与会计相关，但相关的内容并不都是会计工作的内容。通常，凡是特定主体中能够以货币表现的经济活动，都是会计对象，即会计核算和监督的内容。换言之，特定主体中发生的经济活动只有确定为会计对象，会计人员才能根据专门的方法对其进行会计处理。例如，企业行政管理部门用现金购买办公用品，该活动可以用货币资金来加以表现，所以这项经济活动属于会计对象。

会计除了服务于企业外，也可以服务于政府部门、事业单位等。由于企业是社会生产的基本经济单位，本书内容主要针对企业。

任务三　会计概述

一、会计的产生与发展

会计是人类社会发展到一定历史阶段的产物，是为了适应人们对生产经营活动进行管理的客观需要而产生的，并随着社会生产的发展而发展。

会计在我国有着悠久的历史。“会计”一词起源于西周时代。“会”字有会合和总计财货两种含义，“计”字则有将零星分散之财物进行正确计算的含义。随着社会的发展，会计核算的内容和方法也发生了很大的变化，我国历史上先后出现了“四柱清册”“龙门账”“四脚账（天地合账）”等中式会计方法。

在国外，会计也有悠久的历史。1494 年，意大利数学家卢卡 · 帕乔利在所著的《算术、几何、比及比例概要》中对借贷记账法做了系统的总结介绍，为借贷记账法在全世界的广泛流传奠定了基础，标志着近代会计的产生。

20 世纪 50 年代以来，传统会计分化为财务会计和管理会计两大分支；2014 年，我国财政部发布了《关于全面推进管理会计体系建设的指导意见》，促进管理会计发展。20 世纪 80 年代后，新技术的浪潮席卷全球，电子技术和信息技术日新月异，人类社会进入了信息时代。将电子计算机应用于会计领域是会计发展史上具有划时代意义的重大事件。互联网的不断推进更是把会计电算化推向更高的发展阶段——会计信息化。会计信息化不但减轻了会计人员的劳动强度，提高了工作效率及工作质量，而且为企业管理的现代化奠定了基础。

二、会计的概念和特点

会计是以货币为主要计量单位，履行核算和监督的职能，运用一系列专门方法，对经济活动进行确认、计量和报告的一种经济管理活动。

会计的概念可以通过会计的特点来理解。会计有以下四个基本特点。

1. 以货币为主要的计量单位

会计反映经济活动时要用到货币量度、实物量度、劳动量度，但以货币量度为主。

在货币计量的前提下，我国企业的会计核算以人民币为记账本位币。业务收支以人民币以外的货币为主的企业，可以选定一种货币作为记账本位币，但是编制的财务会计报告应当折算为人民币。

2. 具有核算和监督的基本职能

现代会计具有多项职能，会计核算和会计监督是其基本职能。

3. 会计拥有一系列的专门方法

会计是一项要求十分严格的经济管理工作，只有按照规定的程序，综合运用会计的技术方法，才能做好这项工作。会计核算方法主要包括设置会计科目和账户、复式记账、填制和审核会计凭证、登记账簿、成本计算、财产清查、编制财务会计报告。

4. 会计的本质是经济管理活动

会计产生于人们管理社会生产和经济事务的过程，会计核算往往涉及单位内部的各个部门，每一个经营管理环节都离不开会计人员的参与，会计的核算和监督本身就是一种管理活动。同时，现代会计不仅为管理提供各种数据资料，还通过各种方式直接进行管理，如参与经营计划的制订、对经营活动进行控制和评价、参与经营方案的选择等。随着社会经济的发展，现代会计正朝着具有更深刻的管理内涵和更广泛的服务领域的方向发展。

三、会计的基本职能

会计的职能是指会计在经济管理中所具有的功能。会计的基本职能是核算和监督，同时还具有预测、决策、评价等拓展职能。

1. 会计核算职能

会计核算贯穿于经济活动的全过程，是会计最基本的职能，也称为反映职能。会计核算职能是指会计以货币为主要计量单位，对特定主体的经济活动进行确认、计量和报告，如实地反映特定主体的财务状况、经营成果和现金流量等会计信息。

2. 会计监督职能

会计监督职能是指会计在其核算过程中，能够按照一定的目的和要求，对经济活动的合法性、合理性进行审查，也称控制职能。按照其与经济活动过程的关系可分为事前监督、事中监督和事后监督。事前监督是指经济活动过程中对原始凭证、计划、合同等的合法性、合理性和有效性所做的审查。事中监督是指在经济活动过程中对计划、预算、执行等所做的控制。事后监督是指在经济活动过程之后对会计资料进行的分析检查。

3. 会计核算职能与会计监督职能的关系

会计核算职能与会计监督职能的关系是相辅相成的。会计核算是会计监督的前提和基础，如果没有可靠的会计核算资料，会计监督就会失去客观的依据；会计监督是会计核算的延续和深化，如果没有严格的会计监督，会计核算也就失去了其存在的价值。

四、会计核算方法

会计核算方法是指会计完成对会计对象的确认、计量和报告所采用的手段，一般包括设置会计科目和账户、复式记账、填制和审核会计凭证、登记会计账簿、成本计算、财产清查、编制财务会计报告等。

1. 设置会计科目和账户

会计科目是对会计要素的具体内容进行分类核算的项目。账户是根据会计科目设置的，具有一定格式和结构，用于分类反映会计要素的增减变动情况及其结果的载体。在对经济业务进行核算时，需要根据具体的核算项目设立会计科目（账户），在每个账户中分别登记其增减变化和结存情况，从而为经营管理提供所需要的各种核算指标，如“银行存款”“原材料”。

2. 复式记账

复式记账是指对每一项经济业务，用相等的金额，同时在两个或两个以上相互联系的账户中登记。采用复式记账可以全面地、相互联系地反映相关账户的资金增减变化情况，并反映经济业务的来龙去脉。复式记账是会计核算方法体系的核心。

3. 填制和审核会计凭证

会计凭证是记录经济业务事项发生和完成情况的书面证明，是登记账簿的依据。会计核算要以经济业务发生或完成时所形成的原始凭证为依据，审核经济业务是否合理合法，并根据经济业务的原始凭证编制正确的记账凭证。填制和审核会计凭证是会计核算的起点和基础。按照填制程序和用途，会计凭证分为原始凭证和记账凭证。

4. 登记会计账簿

登记会计账簿，简称记账，是指根据审核无误的会计凭证，在账簿上分类、连续、完整地记录经济业务的一种专门方法。

5. 成本计算

成本计算是对生产、经营过程中所发生的成本、费用进行归集和分配，以确定各成本计算对象的总成本和单位成本的一种专门方法。

6. 财产清查

财产清查是对各项财产物资和往来款项等通过实物盘点、账面核对、发函询证等方法查询核对，以查明实有数与账存数是否相符的一种专门方法。

7. 编制财务会计报告

编制财务会计报告是以书面报告的形式定期总括地反映企业财务状况、经营成果、现金流入流出情况等的一种专门方法。

五、会计工作组织

1. 会计机构

会计机构是单位内部所设置的，专门办理会计事项的机构。建立和健全会计机构是保证各单位会计工作顺利进行的重要条件。各单位应根据会计业务的需要设置会计机构，不具备设置会计机构条件的，应当在有关机构中设置会计人员并指定会计主管人员。一般大中型企业、会计业务较多的行政事业单位设置会计机构；业务规模小、业务量少的可以不设置专门的会计机构，将会计业务并入其他职能部门设置专职会计人员。

一些不具备设置会计机构和会计专职人员条件的小微企业、个体工商户，应委托代理记账机构进行代理记账。

2. 会计工作岗位

根据会计业务需要设置的会计工作岗位，一般可分为会计机构负责人或会计主管人员、出纳、财产物资核算、职工薪酬核算、成本费用核算、财务成果核算、债权债务核算、总账、财务会计报告编制、稽核、会计机构内会计档案管理等。

可以一人一岗、一人多岗或一岗多人。但明确分工时，要对不相容职务进行分离。如出纳不得兼任稽核、会计档案保管和收入、支出、费用、债权债务账目的登记工作。

会计人员的工作岗位应该有计划地定期进行轮换。通过定期轮换，一方面可以发现和纠正发生的错误，促使每个岗位的会计人员认真履行自己的职责；另一方面也可以促进会计人员全面熟悉会计业务，提高工作能力和素质。

3. 会计人员

会计人员是指根据《中华人民共和国会计法》（2017）（以下简称《会计法》）的规定，在国家机关、社会团体、企业、事业单位和其他单位从事会计核算、会计监督等会计工作的人员。《会计人员管理办法》（2018）中规定从事会计工作应当符合下列要求：遵守《会计法》和国家统一的会计制度等法律法规，具备良好的职业道德，按照国家有关规定参加继续教育，具备从事会计工作所需要的专业能力。

会计专业技术职务资格分为初、中、高三个级别。目前，初级、中级会计资格实行全国统一考试制度，高级会计师资格实行考试与评审相结合的制度。

【更上层楼】

会计人员应当遵循的职业道德的主要内容包括爱岗敬业、诚实守信、廉洁自律、客观公正、坚持准则、提高技能、参与管理、强化服务。

4. 会计法规

会计法规是会计法律、条例、规章及制度的总称，是制约会计行为的标准，是对会计工作评价的依据。

（1）会计法

《中华人民共和国会计法》（简称《会计法》）是会计工作的根本大法，居于会计法规的最高层次，是制定会计行政法规、会计准则、会计制度的依据。《会计法》于1985年颁布并施行，2017年11月再次修订并于2017年11月5日起执行。《会计法》共7章，52条。

（2）会计行政法规

国务院制定发布，或者由国务院有关部门拟订经国务院批准发布的，调整经济生活中某些方面会计关系的法律规范，其制定依据是《会计法》。如1990年国务院发布的《总会计师条例》，国务院 2000 年发布并于 2001 年 1 月 1 日起施行的《企业财务会计报告条例》。

（3）会计部门规章

会计部门规章是指由财政部制定，并以财政部部长签署命令的形式公布的关于会计核算、会计监督、会计机构、会计人员以及会计工作管理的会计法规，如《会计基础工作规范》（1996 发布、2019 年修订）、《小企业会计准则》（2011 年发布）、《企业会计准则——基本准则》（2014 年 7 月 23 日修改）、《会计档案管理办法》（2015 年修订发布）等。

（4）地方性会计法规

地方性会计法规是由省、自治区、直辖市人民代表大会或常务委员会在与会计法律、会计行政法规不相抵触的前提下制定的，如《甘肃省会计管理条例》（2015 年发布）。

【项目检测】

一、填空题

1. 史料记载，“会计”一词在中国起源于__________。

2. 会计的基本职能是__________和__________。

3. 会计行政法规是指由__________制定发布，或者由国务院有关部门拟订经国务院批准发布的会计法律制度。

4. 会计核算方法一般有____________、____________、____________、____________、____________、____________、____________。

5. 会计专业技术职务资格分为______、______、______三个级别。

6. ____________是会计工作的根本大法，是制定会计法规、会计准则、会计制度的依据。

7. 会计的本质是______________。

二、单项选择题

1. 我国颁布《中华人民共和国会计法》的时间是（　）。

A. 1983 年　　B. 2003 年

C. 1985 年　　D. 1999 年

2. 会计核算的主要计量单位是（　）。

A. 时间计量　　B. 货币计量

C. 实物计量　　D. 劳动计量

3. 会计的基本职能是（　）。

A. 计划职能和核算职能　　B. 预测职能和监督职能

C. 核算职能和监督职能　　D. 决策职能和监督职能

4. 下列不属于按照国民经济行业分类标准划分的是（　）。

A. 制造业　　B. 零售业

C. 服务业　　D. 独资企业

5. 一家餐饮有限公司有从业人员 18 人，年营业收入 80 万元。该公司属于（　）。

A. 大型企业　　B. 中型企业

C. 小型企业　　D. 微型企业

6. 中国银行股份有限公司属于（　）。

A. 个人独资企业　　B. 合伙企业

C. 股份有限公司　　D. 有限责任公司

三、判断题

（　）1. 会计计量主要以货币计量为主。

（　）2. 1494 年，意大利数学家卢卡·帕乔利在所著的《算术、几何、比及比例概要》中对借贷记账法做了系统的总结介绍。

（　）3. 出纳人员可以兼任会计档案保管工作。

（　）4. 按照财产的组织形式和所承担的法律责任，可分为个人独资企业、合伙企业和公司三种类型。

（　）5. 商业企业经营过程可分为供应阶段、生产阶段、销售阶段。

四、名词解释题

1. 企业

2. 会计

3. 会计核算职能

五、简答题

1. 会计的特征有哪些？

2. 我国会计法规包括哪几个层次?

六、实训题

1. 请根据自己的实际情况，规划自己在会计职业发展道路。

2. 登录国家企业信用信息公示系统，查询“阿里巴巴（中国）网络技术有限公司”或你熟悉的其他公司，并与同学交流。

【项目学习评价】

表1–3

成功之处	
不足之处	
改进措施	

项目二　原始凭证

【项目学习目标、学习方法、建议学时】

表2–1

学习目标		学习方法	建议学时
知识目标	① 掌握原始凭证的填制要求； ② 掌握原始凭证的审核内容。	结合例题理解与掌握原始凭证的填制要求，学习常用原始凭证的审核内容。	12
技能目标	① 熟练掌握原始凭证的填制技能； ② 掌握审核原始凭证的技能。	通过图示等方法认知常用的原始凭证；通过对常用原始凭证的实训练习，掌握填制方法、审核方法。	
情感态度价值观目标	① 培养学生认真细致的工作作风、严谨的工作态度及服务意识； ② 教育学生遵纪守法，不做假。	在教与学中进行道德体悟，使学生养成细致、严谨的工作作风，培养会计职业操守。	

【项目学习】

任务一　原始凭证概述

一、原始凭证的概念和内容

（一）原始凭证的概念

原始凭证，也称单据，是在经济业务发生时取得或填制的会计凭证，是记录和证明经济业务发生或完成情况的原始依据，是会计核算的重要原始资料。

（二）原始凭证的内容

① 原始凭证的名称和编号。

② 填制原始凭证的日期。

③ 填制单位、经办人员签名、盖章。

④ 接受原始凭证的单位名称。

⑤ 经济业务内容,包括经济业务所涉及的实物或劳务等的名称、计量单位、单价和金额等。

⑥ 有关人员签章。

二、原始凭证的种类

(一)原始凭证按照来源不同分为外来原始凭证和自制原始凭证

1. 外来原始凭证

外来原始凭证是在经济业务发生或完成时从其他单位或个人处取得的原始凭证,如由供货单位开出的购货发票,职工出差取得的飞机票、火车票等。

2. 自制原始凭证

自制原始凭证是指在经济业务发生、执行或完成时,由本单位的经办人员自行填制的原始凭证,如收料单、领料单、产品入库单、产品出库单、借款单、工资发放明细表、折旧计算表等。

(二)原始凭证按照填制的手续和内容不同分为一次原始凭证、累计原始凭证和汇总原始凭证

1. 一次原始凭证

一次原始凭证是指只反映一项经济业务,或者同时反映若干项同类性质的经济业务,其填制手续是一次完成的会计凭证。外来的原始凭证一般都是一次原始凭证。

2. 累计原始凭证

累计原始凭证是指在一定期间内,连续多次记载若干不断重复发生的同类经济业务,直到期末,凭证填制手续才算完成,以期末累计数作为记账依据的原始凭证,如工业企业常用的限额领料单。

3. 汇总原始凭证

汇总原始凭证是指在会计核算工作中,为简化记账凭证的编制工作,将一定时期内若干份记录同类经济业务的原始凭证按照一定的管理要求汇总编制一张汇总凭证,用以集中反映某项经济业务总括发生情况的会计凭证,如发料凭证汇总表、销售日报、差旅费报销单等。

任务二　原始凭证的填制

一、原始凭证填制的基本要求

① 真实可靠。真实可靠是指经济业务的内容真实,不得弄虚作假,不涂改、挖补。

② 内容完整。内容完整是指按照凭证基本要素逐项填写清楚，不可缺漏，不得简化。

③ 填制及时。填制及时是指每当一项经济业务发生或完成，都要立即填制原始凭证，做到不积压、不误时、不事后补制。

④ 书写清楚。书写清楚是指字迹端正，符合会计上对阿拉伯数码、数字大写与文字书写的要求。

⑤ 顺序使用。顺序使用是指收付款项或实物的凭证要按编号顺序使用。

二、原始凭证填制的具体要求

① 从外单位取得的原始凭证，必须盖有填制单位的公章；从个人取得的原始凭证，必须有填制人员的签名或者盖章；自制原始凭证，必须有经办部门负责人或其指定人员的签名或者盖章；对外开出的原始凭证，必须加盖本单位的公章。

② 凡填有大写和小写金额的原始凭证，大写与小写金额必须相符。

③ 购买实物的原始凭证，必须有验收证明，以明确经济责任。

④ 有关现金收付的原始凭证，应在收到现金或付出现金后加盖“现金收讫”“现金付讫”戳记。支付款项的原始凭证必须有收款单位和收款人的收款证明，不能仅以支付款项的有关凭证（如银行汇款凭证等）代替，以防止舞弊行为的发生。

⑤ 多联原始凭证，应当注明各联的用途，只能以其中一联作为报销凭证，如发票。

⑥ 原始凭证在开具时如果发生书写错误，应按照规定的办法更正或重开，更正处应加盖出具单位印章，原始凭证不得随意涂改、刮擦、挖补或者用药水等遮盖消除字迹。原始凭证金额填写错误，不能在凭证上更改，需加盖“作废”戳记，妥善保存，由出具单位重新填开。

⑦ 原始凭证等会计档案一般不得对外借出。确因工作需要且根据国家有关规定必须借出的，应当严格按照规定办理相关手续。

⑧ 从外单位取得的原始凭证如有遗失，应当取得原开出单位盖有公章的证明，并注明原来凭证的号码、金额和内容等，由经办单位会计机构负责人、会计主管人员和单位领导人批准后，才能代作原始凭证。如果确实无法取得证明的，如火车票、船票、飞机票等凭证，由当事人写出详细情况，由经办单位会计机构负责人、会计主管人员和单位领导人批准后，代作原始凭证。

⑨ 发生退货及退货款时，必须同时有退货发票、退货验收证明、收款收据。

⑩ 职工出差借款借据，必须附在记账凭证之后。收回借款时，另开收据或退还借款单副本，不得退还原借据。

⑪ 经上级有关部门批准的经济业务或依据上级有关部门的文件开展的经济业务，应当将批准文件或相关文件作为原始凭证的附件；如果文件需要单独存档，应当复印证明或在凭证上注明批准机关名称、发文日期和文件号。

【更上层楼】

会计中汉字大写数字要使用零、壹、贰、叁、肆、伍、陆、柒、捌、玖、拾、佰、仟、万、亿、元、角、分、整等，并一律用正楷或者行书体书写。

三、部分典型原始凭证的认知与填制

本项目涉及的安阳殷鉴礼品有限公司基本情况如下：

公司名称：安阳殷鉴礼品有限公司（简称：安阳殷鉴公司）

地址：安阳市文峰区仁义巷 8 号，邮编：455000

电话：0372-3333222

开户银行：安阳银行鼓楼支行

账号：170608170609170610

统一社会信用代码（纳税人识别号）：91310040213456080M

记账本位币：人民币（RMB）

公司是礼品加工销售公司，设办公室、财务部、采购部、供应仓储部、销售部、熔铸车间、做旧车间等。熔铸车间将红铜、锡铅合金熔化、浇铸成青铜坯。做旧车间将青铜坯加工成青铜鼎。

总经理（法定代表人）：魏西门；会计主管：韩圭（兼管凭证复核工作）；会计：马青霞；出纳兼办税员：郑廷玉；仓库主管：曹子建；仓库保管员：郭质夫；采购员：韩安国；车间主任：许典三；车间领料：杜乔；销售部主管：崔子钟；销售部业务员兼开票员：李延寿。

日常开支审批程序：部门主管初审签字；会计主管审核签字；企业法人代表终审签字。

其他情况：礼品加工销售公司，属于增值税一般纳税人，产品在 2019 年 4 月 1 日后适用的增值税税率为 13%，城市维护建设税税率为 7%，教育费附加税率为 3%，企业所得税税率为 25%。原材料包括红铜、锡铅合金。原材料按实际成本核算。

（一）筹资活动的原始凭证

筹资活动是指使企业资本及债务规模和构成发生变化的活动，是企业开展投资活动与经营活动的前提。企业获取经营资金的渠道主要有两个：一是吸收投资者向企业投入资本，二是通过借款或发行企业债券等举债方式借入资金。

1. 投入资本的原始凭证

投入资本是指所有者在企业注册资本的范围内实际投入的资本，是指出资人作为资本实际投入企业的资金数额。所有者投入到企业的资本，可以按照以下标准进行分类：

① 按出资方式不同可分为三类：货币资金投资、实物资产投资、无形资产投资。

② 按投资主体不同可分为四类：国家投入资本、法人投入资本、个人投入资本、外商投入资本。

【例 2-1】2019 年 1 月，林州红旗渠商贸有限公司决定对本公司（安阳殷鉴公司）投入货币资金 500 000 元，2019 年 1 月 10 日收到对方开来的转账支票正联。公司填制进账单，随同转账支票交给开户银行收款。参考格式如表 2-2 至表 2-6 所示。

表2-2

付款期限自出票之日起十天

中国银行　转账支票　　10404112　01143203

出票日期（大写）贰零壹玖 年 零壹 月 零壹拾 日　　付款行名称：中国银行林州支行

收款人：安阳殷鉴礼品有限公司　　出票人账号：410581410582410583

人民币（大写）	百	十	万	千	百	十	元	角	分
伍拾万元整	¥	5	0	0	0	0	0	0	0

用途投入资本

上列款项请从　　林州红旗渠商贸有限公司 财务专用章　　殷商印都　　密码

我账户内支付

出票人签章　　复核　　记账

表2-3

安阳银行　进账单（回单）

2019年1月10日

出票人	全称	林州红旗渠商贸有限公司	收款人	全称	安阳殷鉴礼品有限公司
	账号	410581410582410583		账号	170608170609170610
	开户银行	中国银行林州支行		开户银行	安阳银行鼓楼支行
金额	人民币（大写）	伍拾万元整		百 十 万 千 百 十 元 角 分	¥ 5 0 0 0 0 0 0 0
票据种类	转账支票	票据张数	1		
票据号码	01143203				
复核　记账				安阳银行 鼓楼支行 2019年01月10日 受理专用章　收款人开户银行签章	

此联是开户银行交给持票人的回单

注：本回执不作收款证明，仅供查询用。

表2-4

安阳银行　进账单（贷方凭证）

2019年1月10日

出票人	全称	林州红旗渠商贸有限公司	收款人	全称	安阳殷鉴礼品有限公司
	账号	410581410582410583		账号	170608170609170610
	开户银行	中国银行林州支行		开户银行	安阳银行鼓楼支行
金额	人民币（大写）	伍拾万元整		百 十 万 千 百 十 元 角 分	¥ 5 0 0 0 0 0 0 0
票据种类	转账支票	票据张数	1		
票据号码	01143203				
复核　记账				安阳银行 鼓楼支行 2019年01月10日 转讫章　收款人开户银行签章	

此联是开户银行作贷方凭证

注：本联是银行记账的原始凭证。

表2–5

安阳银行　进账单（收账通知）

2019 年 1 月 10 日

出票人	全　称	林州红旗渠商贸有限公司		收款人	全　称	安阳殷鉴礼品有限公司									此联是开户银行交给持票人的收账通知
	账　号	410581410582410583			账　号	170608170609170610									
	开户银行	中国银行林州支行			开户银行	安阳银行鼓楼支行									
金额	人民币（大写）	伍拾万元整				百	十	万	千	百	十	元	角	分	
						¥	5	0	0	0	0	0	0	0	
票据种类	转账支票	票据张数	1	安阳银行 鼓楼支行 2019年01月10日 转讫章 收款人开户银行签章											
票据号码	01143203														
复核　记账															

注：本回执作为收款人的收款证明。

表2–6

收　据

2019 年 1 月 10 日

今收到林州红旗渠商贸公司

事由：收到投资款

人民币（大写）伍拾万元整　　小写：¥500000.00

收款单位（公章）　安阳殷鉴礼品有限公司 财务专用章　　收款人（签字）　转账收讫

【解析】通过此笔业务与凭证，安阳殷鉴公司存放在银行的存款增加 500 000 元，企业的投资方林州红旗渠商贸公司对本公司的投入资本增加 500 000 元。

2. 借入资金的原始凭证

企业在生产经营过程中，如果资金不足，可以通过发行债券筹措资金，也可以向银行或其他非银行金融机构借入各种借款，包括长期借款和短期借款。通常，借款需要还本、付息。

【例 2–2】2019 年 1 月 1 日，公司向安阳银行鼓楼支行借入短期流动资金 200 000 元，月利率 0.6%，款项存入该银行，用于日常经营。合同约定借款利息按月支付。收到借款本金的原始凭证如表 2–7 所示。

表2-7

<table>
<tr><th colspan="13">安阳银行　借款凭证</th></tr>
<tr><td colspan="13">2019 年 1 月 1 日</td></tr>
<tr><td>借款人</td><td>安阳殷鉴礼品有限公司</td><td>贷款账号</td><td>101-0006</td><td>存款账号</td><td colspan="8">170608170609170610</td></tr>
<tr><td rowspan="2">贷款金额</td><td rowspan="2" colspan="2">人民币（大写）：贰拾万元整</td><td>千</td><td>百</td><td>十</td><td>万</td><td>千</td><td>百</td><td>十</td><td>元</td><td>角</td><td>分</td></tr>
<tr><td></td><td>¥</td><td>2</td><td>0</td><td>0</td><td>0</td><td>0</td><td>0</td><td>0</td><td>0</td></tr>
<tr><td rowspan="2">用途</td><td rowspan="2">流动资金周转</td><td>期限</td><td>约定还款日期</td><td colspan="9">2019 年 6 月 30 日</td></tr>
<tr><td>6 个月</td><td>贷款利率（月）</td><td>0.6%</td><td>借款合同号码</td><td colspan="7">20190006</td></tr>
<tr><td colspan="13">上列贷款已转入借款人指定的账户
安阳银行
鼓楼支行
2019年01月01日
转讫章
复核　记账</td></tr>
</table>

第一联　回单

【解析】通过此笔业务与凭证，安阳殷鉴公司需要偿还安阳银行鼓楼支行的借款增加 200 000 元，同时按照惯例公司将该款项存入该行。

【例 2-3】2019 年 1 月末按月支付短期借款利息。支付利息的原始凭证如表 2-8 所示。

表2-8

<table>
<tr><th colspan="4">安阳银行　鼓楼支行　计收利息（付款通知）</th></tr>
<tr><td colspan="4">2019 年 1 月 31 日</td></tr>
<tr><td colspan="2">客户号：20190006</td><td colspan="2">结算账号：170608170609170610</td></tr>
<tr><td colspan="4">单位名称：安阳殷鉴礼品有限公司</td></tr>
<tr><td colspan="4">计息起讫日期：2019 年 1 月 1 日至 2019 年 1 月 31 日</td></tr>
<tr><td>正常本金 / 积数</td><td>200000.00</td><td>利率：0.6%/ 月</td><td>利息　1200.00</td></tr>
<tr><td>逾期本金 / 积数</td><td></td><td>利率</td><td>利息</td></tr>
<tr><td>欠息 / 积数</td><td></td><td>利率</td><td>利息</td></tr>
<tr><td>币种</td><td>人民币</td><td>利息总金额</td><td>1200.00</td></tr>
</table>

安阳银行
鼓楼支行
2019年01月31日
转讫章

客户联

【解析】通过此笔业务与凭证，安阳殷鉴公司存放在安阳银行鼓楼支行的存款减少 1 200 元，形成企业的费用支出。

【例 2-4】2019 年 6 月末到期偿还借款本金 200 000 元。偿还借款本金的原始凭证如表 2-9 所示。

表2–9

安阳银行　还款凭证

2019 年 6 月 30 日

银行打印	略				
客户填写	付款人	名称	安阳殷鉴礼品有限公司	收款人 名称	安阳银行鼓楼支行
		还款账号	170608170609170610	收款账号	
		开户行	安阳银行鼓楼支行	开户行	安阳银行鼓楼支行
	贷款账号		101-0006	贷款种类	流动资金周转
	合同编号		20190006	借据序号	
	还款方式		按金额☑　按期数☐	还款期限	
	还款金额		人民币（大写）贰拾万元整	千 百 十 万 千 百 十 元 角 分	¥ 2 0 0 0 0 0 0 0
	还款类型		提前还款☐　归还逾期☐　归还当期☑　利息违约金☐		
	期中，提前还款		一次性还清☐　提前部分还款☐　贷款转出结清☐　归还当期本息☐		
	提前还款后选择		还款期内仍继续扣款☐　还款期内不再扣款☐　缩短还款期☐		
	备注：		客户签字：魏西门		

第二联　归还本金

【解析】通过此笔业务与凭证，安阳殷鉴公司存放在安阳银行鼓楼支行的存款减少 200 000 元，同时欠银行的借款也减少了 200 000 元。

（二）采购业务的原始凭证

企业要进行正常的生产经营活动，就必须购买和储备一定数量的原材料物资，为生产产品、加工商品等做准备。采购业务通常以采购材料物资为起点，到材料物资验收入库为止。

【例 2–5】 2019 年 8 月 3 日，本公司向本市安阳新鑫金属有限公司购进红铜 20 吨，单价每吨 35 000 元，增值税额 91 000 元，收到对方开来的增值税专用发票。材料验收入库无差错。开出转账支票付款。

1. 收到的对方开来的增值税专用发票

如表 2–10 和表 2–11 所示。

表2–10

河南增值税专用发票

4100122130　　　　№ 00380711

抵　扣　联　　　　开票日期：2019年08月03日

购买方	名　称	安阳殷鉴礼品有限公司					密码区	0*<+2/》2、1*45+5–<>>*–984–1524–545/39>53
	纳税人识别号	91310040213456080M						
	地址、电话	安阳市文峰区仁义巷8号 0372-3333222						
	开户行及账号	安阳银行鼓楼支行 17060817060917061O						
货物或应税劳务、服务名称	规格型号	单位	数量	单价	金额		税率	税额
*铜合金*红铜		吨	20	35000.00	700000.00		13%	91000.00
合　计					¥700000.00			¥91000.00
价税合计（大写）	人民币柒拾玖万壹仟元整						（小写）¥791000.00	
销售方	名　称	安阳新鑫金属有限公司					备注	
	纳税人识别号	91310040213000508M						
	地址、电话	安阳市岳飞路258号 0372 – 2223333						
	开户行及账号	工商银行文峰支行 17060770608170609						

收款人：章学　　复核：　　开票人：李芝　　销售方：（章）

第二联：抵扣联　购买方扣税凭证

表2–11

河南增值税专用发票

4100122130　　　　№ 00380711

发　票　联　　　　开票日期：2019年08月03日

购买方	名　称	安阳殷鉴礼品有限公司					密码区	0*<+2/》2、1*45+5–<>>*–984–1524–545/39>53
	纳税人识别号	91310040213456080M						
	地址、电话	安阳市文峰区仁义巷8号 0372-3333222						
	开户行及账号	安阳银行鼓楼支行 17060817060917061O						
货物或应税劳务、服务名称	规格型号	单位	数量	单价	金额		税率	税额
*铜合金*红铜		吨	20	35000.00	700000.00		13%	91000.00
合　计					¥700000.00			¥91000.00
价税合计（大写）	人民币柒拾玖万壹仟元整						（小写）¥791000.00	
销售方	名　称	安阳新鑫金属有限公司					备注	
	纳税人识别号	91310040213000508M						
	地址、电话	安阳市岳飞路258号 0372 – 2223333						
	开户行及账号	工商银行文峰支行 17060770608170609						

收款人：章学　　复核：　　开票人：李芝　　销售方：（章）

第三联：发票联　购买方记账凭证

【解析】以上两张凭证，第二联不作为安阳殷鉴公司的会计原始凭证，供购买方向税务局申报抵扣增值税用；第三联作为会计原始凭证，表达了本公司购进了20吨红铜，每吨35 000元，合计700 000元，对应的增值税额是91 000元。

2. 填制的材料入库单

如表2–12所示。

表2–12

材 料 入 库 单

供货单位：安阳新鑫金属有限公司　　　　NO. 433102

发票号码：00380711　　2019年08月03日　　收货仓库：

材料类别	材料名称	材料规格	计量单位	数量		单价	金额
				应收	实收		
	红铜		吨	20	20	35000	700000

收料：郭质夫　　仓库验收：曹子建　　交料人：韩安国

【解析】通过此凭证，表达了安阳殷鉴公司收到了20吨红铜，验收入库，应收数量与实收数量相同。

3. 填写的转账支票

如表2–13所示。

表2–13

安阳银行

转账支票存根

支票号码：01143105

科目＿＿＿＿＿＿

对方科目＿＿＿＿＿

出票日期 2019年08月03日

收款人：安阳殷鉴礼品有限公司

金 额：¥791000.00

用 途：支付货款

单位主管　会计

本支票付款期十天

安阳银行　转账支票　　01143105

出票日期（大写）贰零壹玖年零捌月零叁日　　付款行名称：安阳银行鼓楼支行

收款人：安阳新鑫金属有限公司　　出票人账号：170608170609170610

人民币（大写）	柒拾玖万壹仟元整	百	十	万	千	百	十	元	角	分
		¥	7	9	1	0	0	0	0	0

用途 支付货款

上列款项请从

我账户内支付

出票人签章

安阳殷鉴礼品有限公司 财务专用章

门魏印西

密码＿＿＿＿＿＿

行号＿＿＿＿＿＿

复核　记账

【解析】通过此凭证，安阳殷鉴公司存放在安阳银行鼓楼支行的存款减少791 000元，用于支付购买红铜的价款700 000元和对应的增值税款91 000元。

（三）销售业务的原始凭证

销售过程是企业生产经营过程的最后阶段，该阶段企业的主要任务是将生产的产品或购买的商品销售出去，收回货币资金，以保证企业经营的正常运行。

【例 2-6】2019 年 9 月 10 日，安阳殷鉴礼品有限公司销售给林州商都礼品有限公司 800# 青铜鼎 2 件，价款 160 000 元；8# 青铜鼎 50 件，价款 40 000 元。开具增值税专用发票，货款尚未收到。发票格式如表 2-14 至表 2-16 所示。

表2-14

河南增值税专用发票

4102017745　　　　№ 00389600

此联不作报销扣税凭证使用　　　　开票日期：2019 年 09 月 10 日

购买方 名称	林州商都礼品有限公司					密码区	0*<+2/》2、 1*45+5-<>> *-984-1524 -545/39>5+
购买方 纳税人识别号	41010945005806598K						
购买方 地址、电话	林州市金水区花园路 43 号						
购买方 开户行及账号	林州银行金水支行 170602170643460681						
货物或应税劳务、服务名称	规格型号	单位	数量	单价	金额	税率	税额
*工艺品*青铜鼎	800#	件	2	80000.00	160000.00	13%	20800.00
*工艺品*青铜鼎	8#	件	50	800.00	40000.00	13%	5200.00
合计					¥200000.00		¥26000.00
价税合计（大写）	人民币贰拾贰万陆仟元整				（小写）¥226000.00		
销售方 名称	安阳殷鉴礼品有限公司					备注	
销售方 纳税人识别号	91310040213456080M						
销售方 地址、电话	安阳市文峰区仁义巷 8 号 0372-3333222						
销售方 开户行及账号	安阳银行鼓楼支行 170608170609170610						

第一联：记账联　销售方记账凭证

收款人：郑廷玉　　复核：　　开票人：李廷寿　　销售方：（章）

（印章：安阳殷鉴礼品有限公司 91310040213456080M 发票专用章）

表2-15

4102017745　　　**河南增值税专用发票**　　　№ 00389600

抵　扣　联　　　开票日期：2019年09月10日

购买方	名　　称	林州商都礼品有限公司					密码区	0*<+2/》2、 1*45+5-<>> *-984-1524 -545/39>5+
	纳税人识别号	410109450058065981K						
	地址、电话	林州市金水区花园路43号						
	开户行及账号	林州银行金水支行 17060217064346068I						
货物或应税劳务、服务名称	规格型号	单位	数量	单价	金额	税率	税额	
*工艺品*青铜鼎	800#	件	2	80000.00	160000.00	13%	20800.00	
*工艺品*青铜鼎	8#	件	50	800.00	40000.00	13%	5200.00	
合　　计					¥200000.00		¥26000.00	
价税合计（大写）	人民币贰拾贰万陆仟元整					（小写）¥226000.00		
销售方	名　　称	安阳殷鉴礼品有限公司					备注	
	纳税人识别号	91310040213456080M						
	地址、电话	安阳市文峰区仁义巷8号 0372-33333222						
	开户行及账号	安阳银行鼓楼支行 17060817060917061O						

收款人：郑廷玉　　复核：　　开票人：李廷寿　　销售方：（章）

第二联：抵扣联　购买方扣税凭证

表2-16

4102017745　　　**河南增值税专用发票**　　　№ 00389600

发　票　联　　　开票日期：2019年09月10日

购买方	名　　称	林州商都礼品有限公司					密码区	0*<+2/》2、 1*45+5-<>> *-984-1524 -545/39>5+
	纳税人识别号	410109450058065981K						
	地址、电话	林州市金水区花园路43号						
	开户行及账号	林州银行金水支行 17060217064346068I						
货物或应税劳务、服务名称	规格型号	单位	数量	单价	金额	税率	税额	
*工艺品*青铜鼎	800#	件	2	80000.00	160000.00	13%	20800.00	
*工艺品*青铜鼎	8#	件	50	800.00	40000.00	13%	5200.00	
合　　计					¥200000.00		¥26000.00	
价税合计（大写）	人民币贰拾贰万陆仟元整					（小写）¥226000.00		
销售方	名　　称	安阳殷鉴礼品有限公司					备注	
	纳税人识别号	91310040213456080M						
	地址、电话	安阳市文峰区仁义巷8号 0372-33333222						
	开户行及账号	安阳银行鼓楼支行 17060817060917061O						

收款人：郑廷玉　　复核：　　开票人：李廷寿　　销售方：（章）

第三联：发票联　购买方记账凭证

【解析】通过销售发票凭证，表明安阳殷鉴公司将两种规格的青铜鼎销售给林州商都礼品有限公司，形成殷鉴公司的收入 200 000 元和按照销售额和适用税率计算的并向购买方收取的增值税款 26 000 元；同时没有收到现款，形成了应该向林州商都礼品有限公司收取的款项 226 000 元。

【例 2-7】2019 年 9 月 18 日，收到林州商都礼品有限公司开来的转账支票，公司收回货款 226 000 元，收到对方开来的转账支票正联。公司填制进账单，随同转账支票交给开户银行收款。单据格式如表 2-17 至表 2-20 所示。

表2-17

付款期限自出票之日起十天

10401130

中国工商银行　转账支票

01345003

出票日期（大写）贰零壹玖 年 零玖 月 壹拾捌 日　　付款行名称：林州银行金水支行

收款人：安阳殷鉴礼品有限公司　　出票人账号：170602170643460681

人民币（大写）		百	十	万	千	百	十	元	角	分
	贰拾贰万陆仟元整	¥	2	2	6	0	0	0	0	0

用途 支付货款　　密码＿＿＿＿＿＿

上列款项请从

我账户内支付

出票人签章　（林州商都礼品有限公司 财务专用章）（周成 印）　　复核　　记账

表2-18

安阳银行　进账单（回单）

2019 年 09 月 18 日

出票人	全　称	林州商都礼品有限公司	收款人	全　称	安阳殷鉴礼品有限公司
	账　号	170602170643460681		账　号	170608170609170610
	开户银行	林州银行金水支行		开户银行	安阳银行鼓楼支行

金额	人民币（大写）	贰拾贰万陆仟元整	百	十	万	千	百	十	元	角	分
			¥	2	2	6	0	0	0	0	0

票据种类	转账支票	票据张数	1
票据号码	01345003		

复核　　记账　　（安阳银行 鼓楼支行 2019年09月18日 受理专用章）收款人开户银行签章

此联是开户银行交给持票人的回单

注：本回执不作收款证明，仅供查询用。

表2-19

安阳银行　进账单（贷方凭证）

2019年09月18日

出票人			收款人		
全称	林州商都礼品有限公司		全称	安阳殷鉴礼品有限公司	
账号	170602170643460681		账号	170608170609170610	
开户银行	林州银行金水支行		开户银行	安阳银行鼓楼支行	

金额	人民币（大写）	百	十	万	千	百	十	元	角	分
	贰拾贰万陆仟元整	¥	2	2	6	0	0	0	0	0

票据种类	转账支票	票据张数	1
票据号码	01345003		

安阳银行 鼓楼支行 2019年09月19日 转讫章

复核　　记账　　收款人开户银行签章

此联是收款人开户银行作贷方凭证

注：本联是银行记账的原始凭证。

表2-20

安阳银行　进账单（收账通知）

2019年09月18日

出票人			收款人		
全称	林州商都礼品有限公司		全称	安阳殷鉴礼品有限公司	
账号	170602170643460681		账号	170608170609170610	
开户银行	林州银行金水支行		开户银行	安阳银行鼓楼支行	

金额	人民币（大写）	百	十	万	千	百	十	元	角	分
	贰拾贰万陆仟元整	¥	2	2	6	0	0	0	0	0

票据种类	转账支票	票据张数	1
票据号码	01345003		

安阳银行 鼓楼支行 2019年09月19日 转讫章

复核　　记账　　收款人开户银行签章

此联是开户银行交给持票人的收账通知

注：本回执作为收款人的收款证明。

【解析】通过此笔业务与凭证，安阳殷鉴公司应该收取林州商都礼品有限公司的款项减少226 000元，存放在银行的存款增加226 000元。

（四）期间费用的原始凭证

期间费用是指企业当期发生的、不能直接归属于某个特定产品成本而应计入当期损益的费用，是企业在经营过程中随着时间的推移而不断地发生，与产品生产活动的管理和销售有一定的关系，但与产品的制造过程没有直接关系的各种费用。期间费用按照经济用途可分为销售费用、管理费用和财务费用。

1. 采购发票与电汇付款凭证

【例 2-8】安阳殷鉴礼品有限公司为推广本公司产品，于 2019 年 11 月 3 日至 11 月 5 日，在郑州金豪展览中心展览本公司产品，11 月 10 日通过电汇方式向对方支付展销摊位费，收到对方开来的增值税专用发票，展销摊位费 40 000 元，增值税额 2 400 元。单据格式如表 2-21 至表 2-23 所示。

表2-21

4100151130　　　　河南增值税专用发票　　　　№ 00380759

抵　扣　联

开票日期：2019年11月05日

购买方	名　称	安阳殷鉴礼品有限公司					密码区	0*<+2/》2、1*45+5-<>>*-984-1524-545 39>5+
	纳税人识别号	91310040213456080M						
	地址、电话	安阳市文峰区仁义巷8号 0372-3333222						
	开户行及账号	安阳银行鼓楼支行 170608170609170610						
货物或应税劳务、服务名称		规格型号	单位	数量	单价	金额	税率	税额
*会展服务*展销摊位费			个	4	10000	40000.00	6%	2400.00
合　计						¥40000.00		¥2400.00
价税合计（大写）		人民币肆万贰仟肆佰元整					（小写）	¥42400.00
销售方	名　称	郑州金豪展览中心有限公司					备注	
	纳税人识别号	41010245500152662M						
	地址、电话	郑州市郑汴路96号 0371-85053288						
	开户行及账号	郑州银行金水支行 2686568016263560003						

收款人：赵丽　　复核：李斌　　开票人：张山　　销售方：（章）

第二联：抵扣联　购买方扣税凭证

郑州金豪展览中心有限公司
41010245500152662M
发票专用章

表2-22

4100151130 河南增值税专用发票 № 00380759

发票联

（全国统一发票监制章 河南 国家税务总局监制）

开票日期：2019年11月05日

购买方	名称	安阳殷鉴礼品有限公司			密码区	0*<+2/》2、 1*45+5-<>> *-984-1524 -545 39>5+	
	纳税人识别号	91310040213456080M					
	地址、电话	安阳市文峰区仁义巷8号 0372-3333222					
	开户行及账号	安阳银行鼓楼支行 170608170609170610					
货物或应税劳务、服务名称	规格型号	单位	数量	单价	金额	税率	税额
*会展服务*展销摊位费		个	4	10000	40000.00	6%	2400.00
合计					¥40000.00		¥2400.00
价税合计（大写）	人民币肆万贰仟肆佰元整				（小写）¥42400.00		
销售方	名称	郑州金豪展览中心有限公司			备注		
	纳税人识别号	41010245500152662M					
	地址、电话	郑州市郑汴路96号 0371-85053288					
	开户行及账号	郑州银行金水支行 2686568016263560032					

（郑州金豪展览中心有限公司 41010245500152662M 发票专用章）

收款人：赵丽　　复核：李斌　　开票人：张山　　销售方：（章）

第三联：发票联 购买方记账凭证

表2-23

安阳银行　电汇凭证

NO：0534230

☑普通☐加急　　委托日期　2019年11月10日

汇款人	全称	安阳殷鉴礼品有限公司	收款人	全称	郑州金豪展览中心有限公司
	账号	170608170609170610		账号	268656801626356003
	汇出行名称	安阳银行鼓楼支行		汇入行名称	郑州银行金水支行

金额	人民币（大写）肆万贰仟肆佰元整	千	百	十	万	千	百	十	元	角	分
				¥	4	2	4	0	0	0	0

支付密码

附加信息及用途：付展销摊位费

（安阳银行 鼓楼支行 2019年11月10日 转讫章）

此联是给汇款人的回单

【解析】通过此笔业务与凭证，安阳殷鉴公司存放在安阳银行鼓楼支行的存款减少 42 400 元，同时形成费用 40 000 元和对应的增值税额 2 400 元（本公司是增值税一般纳税人）。

2. 借款单

职工因公借款必须填写正式的借款单。借款单通常由借款人和单位填写并签章，并按照单位会计制度规定由单位负责人或会计主管等签批。经会计部门审核后方可支取现金或签发现金支票。一联式借款单直接作为会计原始凭证，一式两联的借款单中另一联由借款人存查。单位收回借款时，应另开收据或退还借款单副本，不得退还原借款单。

【例 2–9】2019 年 10 月 15 日，安阳殷鉴礼品有限公司仓库主管曹子建预借差旅费 2 000 元，去郑州采购材料。其借款单如表 2–24 所示。

表2–24

借　款　单

2019 年 10 月 15 日

借款人	曹子建	部门	仓库	职务	主管
借款事由	到郑州采购原材料				
借款金额	（大写）人民币贰仟元整	现金收讫		（小写）¥2000.00	
部门领导审批意见	业务需要，请批示。 曹子建 2019 年 10 月 15 日		单位负责人审批意见	准支。 魏西门 2019 年 10 月 15 日	
出纳	郑廷玉		经手	曹子建	

【解析】通过此笔业务与凭证，安阳殷鉴公司的库存现金减少 2 000 元，同时形成了从曹子建处收回款项等的权利。

3. 差旅费报销单

单位职工因公出差报销时需填制差旅费报销单。差旅费报销单是费用报销单的一种，报销医药费、交通费、电话费等应填制相应的费用报销单。差旅费报销单为一联式，后面应粘贴各种费用发票等。费用归类填写。附单据数按照附件的自然张数填写。报销范围、标准、比例、各种补助津贴应按相关规定计算填写，出差补助天数按自然天数计算（头尾两天都算）。

差旅费报销单的主要内容有报销日期、报销单位、报销人姓名和职务、出差事由、出差天数、往返日期及时间、起程及到达地名、交通费金额、住宿费金额、其他费用、借款金额、报销金额、退款或补款数额等项目。差旅费报销单必须按照单位会计制度经单位负责人或会计主管等签批，经会计部门审核后方可报销。

【例 2–10】2019 年 10 月 25 日，仓库主管曹子建到郑州采购材料返回，报销差旅费。曹子建差旅费单据包括火车票 2 张、出租车票 2 张、住宿发票 1 张。企业对火车票、出租车票、旅馆发票采用实报实销的方法，伙食补助每天 50 元。参考格式如表 2–25 所示。

表2-25

差旅费报销单

2019年10月25日

<table>
<tr><td>单位名称</td><td colspan="4">仓库</td><td>姓名</td><td>曹子建</td><td>职务</td><td>仓库主管</td></tr>
<tr><td>出差事由</td><td colspan="6">采购材料</td><td rowspan="2">出差日期</td><td rowspan="2">自2019年10月16日至2019年10月25日共10天</td></tr>
<tr><td>到达地点</td><td colspan="6">郑州</td></tr>
<tr><td rowspan="3">项目</td><td colspan="6">交通工具</td><td rowspan="2">住宿费</td><td rowspan="2">伙食补助</td></tr>
<tr><td>火车</td><td>汽车</td><td>飞机</td><td>轮船</td><td>出租车</td><td>其他</td></tr>
<tr><td>161.00</td><td></td><td></td><td></td><td>80.00</td><td></td><td>共9天1800元</td><td>共10天500元</td></tr>
<tr><td colspan="8">总计金额（大写）人民币贰仟伍佰肆拾壹元整</td><td>小写：¥2541.00</td></tr>
<tr><td rowspan="2">单位负责人审批意见</td><td colspan="3" rowspan="2">准报。
魏西门
2019年10月25日</td><td colspan="2">附单据</td><td>预借金额</td><td>应补付金额</td><td>应退回金额</td></tr>
<tr><td colspan="2">5张</td><td>¥2000.00</td><td>¥541.00</td><td></td></tr>
</table>

会计主管：韩圭　　　报销人：曹子建　　　出纳：郑廷玉

附件如表2-26至2-30所示。

表2-26

G0029576

安阳东　至　郑州东

G309

2019年10月16日11:12分开　02车6F号

¥80.50元　　二等座

曹子建　　4105022001****0601

表2-27

R6903456

郑州东　至　安阳东

G72

2019年10月25日15:00分开　05车14B号

¥80.50元　　二等座

曹子建　　4105022001****0601

表2-28

河南省郑州市出租汽车统一车票

发　票　联

144010370374

02654908

监督电话：0371-39586110

此发票手写无效

电话	94221290
车号	豫 ATD907
证号	001
日期	2019-10-16
上车	15:04
下车	15:22
单价	2.60 元
里程	14.45km
候时	00:00:31
金额	¥32.00
卡号	
卡原额	
卡余额	

全国统一发票监制章 河南 国家税务总局监制

郑州白云山出租汽车集团公司 91440105741873781M 发票专用章

表2-29

河南省郑州市出租汽车统一车票

发　票　联

144010370374

02666788

监督电话：0371-39586110

此发票手写无效

电话	94245908
车号	豫 ATD792
证号	0001
日期	2019-10-25
上车	16:04
下车	16:22
单价	2.60 元
里程	10.11km
候时	00:03:31
金额	¥48.00
卡号	
卡原额	
卡余额	

全国统一发票监制章 河南 国家税务总局监制

郑州白云山出租汽车集团公司 91440105741873781M 发票专用章

表2–30

041001831004　　　　河南增值税普通发票　　　　№ 00352439

发　票　联

（全国统一发票监制章　河南　国家税务总局监制）

开票日期：2019年10月25日

购买方	名称	安阳殷鉴礼品有限公司				密码区	9*<+2/》2、1*45+5-<>> *-984-54	
	纳税人识别号	91310040213456080M						
	地址、电话	安阳市文峰区仁义巷8号 0372-3333222						
	开户行及账号	安阳银行鼓楼支行 170608170609170610						
货物或应税劳务、服务名称	规格型号	单位	数量	单价	金额	税率	税额	
*住宿服务*住宿费		间·日	9	188.6792	1698.11	6%	101.89	
合计					¥1698.11		¥101.89	
价税合计（大写）	人民币壹仟捌佰元整				（小写）¥1800.00			
销售方	名称	郑州贝壳酒店有限公司				备注		
	纳税人识别号	914101007721592 8XT						
	地址、电话	郑州市中原区南大街82号 0371-89833526						
	开户行及账号	郑州银行东城分行东成路分理处 60660606006932						

（郑州贝壳酒店有限公司　9141010077215928XT　发票专用章）

第二联：发票联　购买方记账凭证

收款人：龚龙　　复核：　　开票人：孙正　　销售方：（章）

【解析】通过此笔业务与凭证，安阳殷鉴公司发生差旅费2 541元，同时曹子建10月15日的差旅费借款2 000元可抵消，公司补付给曹子建现金541元。

任务三　原始凭证的审核

为了正确地反映和监督各项经济业务，保证核算资料的真实性、合法性、正确性、完整性、及时性，会计机构和经办业务的有关部门，必须对原始凭证进行严格认真地审核。在会计核算工作中，原始凭证只有经过会计人员审核无误后，才能作为填制记账凭证和登记账簿的依据。

一、原始凭证审核的主要内容

审核原始凭证，应从原始凭证的内容实质和形式两方面进行。

（一）从内容实质上审核

从内容实质上审核主要审核凭证的真实性、合法性和合理性。

1. 审核原始凭证的真实性

审核原始凭证的基本内容——凭证的名称、接受凭证单位的名称、填制凭证的日期、经济业务的内容、金额、填制单位和填制人员及有关人员的印章和名称、凭证的附件和凭证的编号等，是否真实和正确。凡有下列情况之一者不能作为真实的原始凭证：

① 未写接受单位名称或名称不符。

② 数量和金额计算不正确。

③ 有关责任人员未签名或未盖章。

④ 凭证联次不符。

⑤ 有涂改、挖补、刮擦或者用药水消除字迹等变造痕迹，严重污染不能清晰辨认。

2. 审核原始凭证的合法性

审核经济业务的发生是否符合国家和有关部门的政策、法规、计划、预算等。凡有下列情况之一者不能作为合法的原始凭证：

① 多计或少计收入、支出、费用、成本。

② 擅自扩大开支范围，提高开支标准。

③ 不按国家规定的资金渠道和用途使用资金、挪用资金进行基本建设。

④ 巧立名目，虚报冒领，滥发奖金、津贴、补贴、加班费、防护用品或其他实物，违反规定借出公款、公物。

⑤ 签发空头支票以套取现金。

⑥ 不按国家规定的标准、比例提取费用。

⑦ 私分公共财物和资金。

⑧ 擅自动用公款、公物请客送礼。

3. 审核原始凭证的合理性

所记录的内容是否符合业务活动的需要，是否符合有关的计划、定额、限额和预算等。

（二）从形式上审核

从形式上审核主要检查原始凭证的填写是否完整、计算是否准确、手续是否完备。常见原始凭证的形式审核要点如下：

① 收料单。主要审核验收是否及时，收料单内容是否与发票一致，发票数量与实收数量是否一致；不一致时原因是否合理，处理是否合规合理；验收人是否签名等。

② 领料单。主要审核数量金额计算是否正确，签名是否齐全等。

③ 收据。主要审核交款人、款项内容是否正确，大小写金额是否一致，“现金收讫”章是否加盖等。

④ 借款单。主要审核借款人是否签名，大小写金额是否一致，审批人是否签名等。

⑤ 支票。主要审核支票种类是否正确，是否用碳素墨水书写，支票内容、开户行名称、

出票人账号、收款人是否正确，用途是否合理，大小写金额是否一致，存根联与正联是否相符，签章是否齐全。

⑥ 银行进账单。主要审核收付款人、账号及开户行名称是否正确，进账单上的金额是否与支票一致，大小写金额是否一致等。

⑦ 现金存款单（现金缴款单）。主要审核收款人、账号及开户行名称是否正确，大小写金额是否一致等。

⑧ 发票。主要审核是否印有税务局监制章，购货单位、商品或劳务名称、金额计算是否正确，大小写金额是否一致，供应单位发票专用章是否加盖等。根据发票代码和发票号码可以通过税务部门发票信息查询系统查询发票名称、开具单位、发票状态、查询次数等信息，以判断发票真伪。

二、原始凭证审核后的处理

① 对于完全符合要求的原始凭证，会计人员应及时办理会计手续，并在原始凭证上加盖“现金收讫”“现金付讫”或“转账付讫”等印章。

② 对于真实、合法、合理但内容不够完整、填写有错误的原始凭证，应退回给有关经办人员，由其负责将有关凭证补充完整、更正错误或重开后，再办理正式会计手续。

③ 对于不真实、不合法的原始凭证，会计机构、会计人员有权不予受理。对弄虚作假、严重违法的原始凭证，在不予受理的同时，应当予以扣留，并及时向单位领导人报告，请求查明原因，追究当事人的责任。

【更上层楼】

按照《会计档案管理办法》（2015 年修订发布），自 2016 年起企业的原始凭证需保管 30 年。

【项目检测】

一、填空题

1. ____________，也称单据，是在经济业务发生时取得或填制的会计凭证，是记录和证明经济业务发生或完成情况的原始依据，是会计核算的重要原始资料。

2. 原始凭证按照来源不同分为____________和____________。

3. 原始凭证按照填制的手续和内容不同分为__________、__________和__________。

4. ____________是指在经济业务发生、执行或完成时，由本单位的经办人员自行填制的原始凭证，如收料单、产品入库单、借款单等。

5. ____________是指在一定期间内，连续多次记载若干不断重复发生的同类经济业务，直到期末，凭证填制手续才算完成，以期末累计数作为记账依据的原始凭证，如限额领料单。

6. 原始凭证填制的基本要求是：______________、______________、______________、

____________、顺序使用。

7. 凡填有大写和小写金额的原始凭证，大写与小写金额必须____________。

8. 凡是金额有误的原始凭证，应当由____________。

9. 审核原始凭证，应从原始凭证的____________和____________两方面进行。

二、单项选择题

1. 原始凭证的基本内容不包括（　）。

A. 原始凭证名称及编号　　B. 填制日期

C. 会计科目　　D. 接收单位名称

2. 经济业务发生时直接取得或填制的凭证是（　）。

A. 收款凭证　　B. 原始凭证

C. 记账凭证　　D. 转账凭证

3. 不属于自制原始凭证的是（　）。

A. 收料单　　B. 借款单

C. 收到的电费发票　　D. 工资发放明细表

4. 不能作为原始凭证的是（　）。

A. 销货发票　　B. 银行存款余额调节表

C. 领料单　　D. 职工出差住宿费发票

5. 不属于原始凭证的有（　）。

A. 车票　　B. 借据

C. 固定资产卡片　　D. 收料单

6. 属于原始凭证的是（　）。

A. 折旧计算表　　B. 销售合同

C. 生产计划　　D. 委托加工协议

7. 可以作为原始凭证的是（　）。

A. 购销合同　　B. 请购单

C. 银行对账单　　D. 购货时收到的发票

8. 属于外来原始凭证的是（　）。

A. 收料单　　B. 收款后开出的收据

C. 出差的住宿发票　　D. 经济合同

9. 出差人员预借差旅费时，填写的借款单属于（　）。

A. 自制原始凭证　　B. 外来原始凭证

C. 付款凭证　　D. 累计凭证

10. 差旅费报销单是（　）。

A. 外来原始凭证　　B. 记账凭证

C. 汇总原始凭证　　D. 累计原始凭证

11. 限额领料单是一种（　）。

A. 一次凭证　　B. 汇总凭证

C. 累计凭证　　D. 外来凭证

12.（　）指在一定期间内，连续多次记载若干不断重复发生的同类经济业务，直到期末，凭证填制手续才算完成，以期末累计数作为记账依据的原始凭证。

A. 一次凭证　　B. 累计凭证

C. 汇总凭证　　D. 原始凭证汇总表

13. 外来原始凭证一般都是（　）。

A. 一次凭证　　B. 汇总凭证

C. 累计凭证　　D. 原始凭证汇总表

14. 会计人员对于不真实、不合法的原始凭证和违法收支，应当（　）。

A. 不予受理　　B. 予以受理

C. 予以纠正　　D. 延后受理

15. 会计人员对于真实、合法、合理但内容不准确、不完整的原始凭证，应当（　）。

A. 不予受理　　B. 予以受理

C. 予以纠正　　D. 予以退回，要求更正、补充

16. 审核原始凭证时，发现原始凭证有除金额以外的错误，应当（　）。

A. 由原填制单位更正并且加盖公章　　B. 由经办人员更正

C. 由会计人员更正　　D. 由会计主管人员更正

17. 审核原始凭证时，发现原始凭证金额有错误的，应当（　）。

A. 在原始凭证上更正　　B. 由出具单位更正并且加盖公章

C. 由经办人更正　　D. 由出具单位重开，不得在原始凭证上更正

18. 审核原始凭证所记录的内容是否符合业务活动的需要，是否符合有关的计划、定额、限额和预算，属于审核（　）。

A. 合理性　　B. 合法性

C. 真实性　　D. 完整性

19. 原始凭证有错误的，正确的处理方法是（　）。

A. 向单位负责人报告　　B. 退回，不予受理

C. 由出具单位重开或更正　　D. 本单位代为更正

20. 外来原始凭证如有遗失，做法不正确是（　）。

A. 由原开出单位出具证明　　B. 由原开出单位重开

C. 所开证明中注明原始凭证的号码、内容、金额并加盖出具单位公章

D. 由接受单位会计机构负责人、会计主管人员和单位领导人批准后代作原始凭证

三、判断题

（　）1. 发票和收据都是外来原始凭证。

（　）2. 如果原始凭证发生错误应由出具单位进行更正，并在更正处加盖印章。

（　）3. 原始凭证上的金额有错误，应当由出具单位重开，不得在原始凭证上更正。

（　）4. 外来的原始凭证一般都是累计凭证。

（　）5. 原始凭证审核时，对填写内容不完整的，会计人员有权拒绝办理。

(　　) 6. 原始凭证等会计档案一般不得对外借出。确因工作需要且根据国家有关规定必须借出的，应当严格按照规定办理相关手续。

(　　) 7. 有些单据，如购货合同、请购单、对账单等，虽然不能证明经济业务已经发生或完成，但是也可以作为原始凭证进行会计核算。

(　　) 8. 汇总凭证是根据若干张同类型原始凭证汇总编制的，所以不是原始凭证。

(　　)9. 外来原始凭证是在经济业务发生或完成时从其他单位或个人处取得的原始凭证。

(　　) 10. 自制原始凭证是指在经济业务发生、执行或完成时，由本单位的经办人员自行填制的原始凭证，如收料单、领料单。

(　　) 11. 领料凭证汇总表、工资结算汇总表等是累计原始凭证。

(　　) 12. 从外单位取得的原始凭证，必须有填制单位的公章。

四、名词解释题

1. 原始凭证

2. 外来原始凭证

3. 自制原始凭证

4. 累计原始凭证

5. 一次原始凭证

6. 汇总原始凭证

五、简答题

1. 原始凭证填制的基本要求是什么?

2. 原始凭证审核的主要内容包括什么?

3. 期间费用是什么?包括哪些内容?

六、实训题

【目的】掌握原始凭证的填制技能。

【资料】安阳殷鉴公司 2019 年发生的经济业务。

1. 2019 年 7 月 26 日向本市安阳新鑫金属有限公司购进红铜 10 吨,单价每吨 40 000 元,增值税额 52 000 元,收到对方开来的增值税专用发票,材料验收入库无差错,开出转账支票付款。请代保管员郭质夫等填制材料入库单,代出纳员郑廷玉填制转账支票。(表 2–31 至表 2–34)

表2-31

河南增值税专用发票

4100122130　　　　№ 00380722

抵扣联

开票日期：2019年07月26日

购买方			密码区
	名称	安阳殷鉴礼品有限公司	0*<+2/》2、
	纳税人识别号	91310040213456080M	1*45+5-<>>
	地址、电话	安阳市文峰区仁义巷8号 0372-3333222	*-984-1524
	开户行及账号	安阳银行鼓楼支行 17060817060917061 0	-545/39>53

货物或应税劳务、服务名称	规格型号	单位	数量	单价	金额	税率	税额
*铜合金*红铜		吨	10	40000.00	400000.00	13%	52000.00
合计					¥400000.00		¥52000.00
价税合计（大写）	人民币肆拾伍万贰仟元整					（小写）¥452000.00	

销售方			备注
	名称	安阳新鑫金属有限公司	
	纳税人识别号	91310040213000508M	
	地址、电话	安阳市岳飞路258号 0372-2223333	
	开户行及账号	工商银行文峰支行 17060717060817060 9	

收款人：章学　　复核：　　开票人：李芝　　销售方：（章）

（安阳新鑫金属有限公司 91310040213000508M 发票专用章）

第二联：抵扣联　购买方扣税凭证

（此联不作为会计原始凭证，供购买方向国家税务局申报抵扣增值税用）

表2-32

河南增值税专用发票

4100122130　　　　№ 00380722

发票联

开票日期：2019年07月26日

购买方			密码区
	名称	安阳殷鉴礼品有限公司	0*<+2/》2、
	纳税人识别号	91310040213456080M	1*45+5-<>>
	地址、电话	安阳市文峰区仁义巷8号 0372-3333222	*-984-1524
	开户行及账号	安阳银行鼓楼支行 17060817060917061 0	-545/39>53

货物或应税劳务、服务名称	规格型号	单位	数量	单价	金额	税率	税额
*铜合金*红铜		吨	10	40000.00	400000.00	13%	52000.00
合计					¥400000.00		¥52000.00
价税合计（大写）	人民币肆拾伍万贰仟元整					（小写）¥452000.00	

销售方			备注
	名称	安阳新鑫金属有限公司	
	纳税人识别号	91310040213000508M	
	地址、电话	安阳市岳飞路258号 0372-2223333	
	开户行及账号	工商银行文峰支行 17060717060817060 9	

收款人：章学　　复核：　　开票人：李芝　　销售方：（章）

（安阳新鑫金属有限公司 91310040213000508M 发票专用章）

第三联：发票联　购买方记账凭证

表2–33

材料入库单（记账联）

供货单位：　　　　　　　　　　　　　　　　　　　　　　　　NO. 433520

发票号码：　　　　　　　　　　年　月　日　　　　　　　　　收货仓库：

材料类别	材料名称	材料规格	计量单位	数量		单价	金额
				应收	实收		

收料：　　　　　　　　　　仓库验收人：　　　　　　　　　　交料人：

表2–34

安阳银行 转账支票存根 40104123 01142875	付款期限自出票之日起十天	安阳银行　转账支票 40104123 01142875
附加信息 ________		出票日期（大写）　年　月　日　付款行名称：
________		收款人：　　　　　　　　出票人账号：
出票日期__年__月__日		人民币（大写）　十 万 千 百 十 元 角 分
收款人：________		用途 ________　　密码 ________
________		上列款项请从 我账户内支付
金　额：________		出票人签章　　　复核　　　记账
用　途：________		
单位主管　　会计		

2. 8月5日，销售一批青铜鼎8#给相州商都礼品有限公司，数量200件，单价每件700元，价款140 000元，增值税额18 200元，价税合计158 200元，开出一式三联增值税专用发票（记账联、发票联和抵扣联），对方以转账支票办理结算。请填制增值税专用发票和进账单（购货单位：相州商都礼品有限公司，纳税识别号：410102450000450000，地址：相州市商都路39号，电话：0372–6666888，开户行及账号：工商银行商都支行、170606170607170608）。请代销售部李延寿等开具增值税专用发票，代出纳员郑廷玉等填制银行进账单。（表2–35至表2–41）

表2-35

4100122130　　　**河南增值税专用发票**　　　№ 00380756

此联不作报销扣税凭证使用　　　开票日期：____年__月__日

购买方	名　　称						密码区	略
	纳税人识别号							
	地 址、电 话							
	开户行及账号							
货物或应税劳务、服务名称		规格型号	单位	数量	单价	金额	税率	税额
合　　计								
价税合计（大写）						（小写）		
销售方	名　　称						备注	
	纳税人识别号							
	地 址、电 话							
	开户行及账号							

第一联：记账联　销售方记账凭证

收款人：　　　复核：　　　开票人：　　　销售方：（章）

表2-36

4100122130　　　**河南增值税专用发票**　　　№ 00380756

抵扣联　　　开票日期：____年__月__日

购买方	名　　称						密码区	略
	纳税人识别号							
	地 址、电 话							
	开户行及账号							
货物或应税劳务、服务名称		规格型号	单位	数量	单价	金额	税率	税额
合　　计								
价税合计（大写）							（小写）	
销售方	名　　称						备注	
	纳税人识别号							
	地 址、电 话							
	开户行及账号							

第二联：抵扣联　购买方扣税凭证

收款人：　　　复核：　　　开票人：　　　销售方：（章）

表2-37

4100122130　　　河南增值税专用发票　　　№ 00380756

（全国统一发票监制章　河　南　国家税务总局监制）

发　票　联

开票日期：____年__月__日

购买方	名　称						密码区	略
	纳税人识别号							
	地 址、电 话							
	开户行及账号							
货物或应税劳务、服务名称		规格型号	单位	数量	单价	金额	税率	税额
合　计								
价税合计（大写）							（小写）	
销售方	名　称						备注	
	纳税人识别号							
	地 址、电 话							
	开户行及账号							

第三联：发票联　购买方记账凭证

收款人：　　复核：　　开票人：　　销售方：（章）

增值税专用记账联是销货方的原始凭证，供销货方记录销售收入、增值税销项税额用；抵扣联不作为会计原始凭证，供购买方向国家税务局申报抵扣增值税用；发票联是购买方的会计原始凭证。

表2-38

付款期限自出票之日起十天

中国工商银行　转账支票

10203330
01746987

出票日期（大写）贰零壹玖 年 零捌 月 零伍 日　　付款行名称：工行商都支行

收款人：安阳殷鉴礼品有限公司　　出票人账号：170606170607170608

人民币（大写）	百	十	万	千	百	十	元	角	分
壹拾伍万捌仟贰佰元整	¥	1	5	8	2	0	0	0	0

用途 货　款

上列款项请从我账户内支付

出票人签章　（相州商都礼品有限公司 财务专用章）（殷商印迁）

密码 ______

复核　　记账

表2–39

安阳银行　进账单（回单）

____年__月__日

<table>
<tr><td rowspan="3">出票人</td><td>全　　称</td><td></td><td rowspan="3">收款人</td><td>全　　称</td><td colspan="9"></td><td rowspan="8">此联是开户银行交给持票人的回单</td></tr>
<tr><td>账　　号</td><td></td><td>账　　号</td><td colspan="9"></td></tr>
<tr><td>开户银行</td><td></td><td>开户银行</td><td colspan="9"></td></tr>
<tr><td rowspan="2">金额</td><td rowspan="2">人民币
（大写）</td><td colspan="3" rowspan="2"></td><td>百</td><td>十</td><td>万</td><td>千</td><td>百</td><td>十</td><td>元</td><td>角</td><td>分</td></tr>
<tr><td></td><td></td><td></td><td></td><td></td><td></td><td></td><td></td><td></td></tr>
<tr><td colspan="2">票据种类</td><td></td><td>票据张数</td><td></td><td colspan="9" rowspan="3">收款人开户银行签章</td></tr>
<tr><td colspan="2">票据号码</td><td colspan="3"></td></tr>
<tr><td colspan="5">复核　　　　　　记账</td></tr>
</table>

注：本回执不作收款证明，仅供查询用。

表2–40

安阳银行　进账单（贷方凭证）

____年__月__日

<table>
<tr><td rowspan="3">出票人</td><td>全　　称</td><td></td><td rowspan="3">收款人</td><td>全　　称</td><td colspan="9"></td><td rowspan="8">此联是开户银行作贷方凭证</td></tr>
<tr><td>账　　号</td><td></td><td>账　　号</td><td colspan="9"></td></tr>
<tr><td>开户银行</td><td></td><td>开户银行</td><td colspan="9"></td></tr>
<tr><td rowspan="2">金额</td><td rowspan="2">人民币
（大写）</td><td colspan="3" rowspan="2"></td><td>百</td><td>十</td><td>万</td><td>千</td><td>百</td><td>十</td><td>元</td><td>角</td><td>分</td></tr>
<tr><td></td><td></td><td></td><td></td><td></td><td></td><td></td><td></td><td></td></tr>
<tr><td colspan="2">票据种类</td><td></td><td>票据张数</td><td></td><td colspan="9" rowspan="3">收款人开户银行签章</td></tr>
<tr><td colspan="2">票据号码</td><td colspan="3"></td></tr>
<tr><td colspan="5">复核　　　　　　记账</td></tr>
</table>

注：本联是银行记账的原始凭证。

表2–41

安阳银行 进账单（收账通知）

____年__月__日

<table>
<tr><td rowspan="3">出票人</td><td>全　称</td><td></td><td rowspan="3">收款人</td><td>全　称</td><td colspan="9"></td><td rowspan="7">此联是开户银行交给持票人的收账通知</td></tr>
<tr><td>账　号</td><td></td><td>账　号</td><td colspan="9"></td></tr>
<tr><td>开户银行</td><td></td><td>开户银行</td><td colspan="9"></td></tr>
<tr><td rowspan="2">金额</td><td rowspan="2">人民币（大写）</td><td colspan="3" rowspan="2"></td><td>百</td><td>十</td><td>万</td><td>千</td><td>百</td><td>十</td><td>元</td><td>角</td><td>分</td></tr>
<tr><td></td><td></td><td></td><td></td><td></td><td></td><td></td><td></td><td></td></tr>
<tr><td>票据种类</td><td></td><td>票据张数</td><td></td><td colspan="10" rowspan="2">收款人开户银行签章</td></tr>
<tr><td>票据号码</td><td colspan="3"></td></tr>
<tr><td colspan="4">复核　　　　记账</td><td colspan="10"></td></tr>
</table>

注：本回执作为收款人的收款证明。

3. 8 月 8 日，销售部业务员李延寿赴武汉参加展销会，经批准向财务部借差旅费 3 500 元，出纳员审核无误后付现金。请代业务员李延寿、总经理魏西门、部门领导崔子钟、出纳员郑廷玉等填制借款单。（表 2–42）

表2–42

借　款　单

年　月　日

<table>
<tr><td>借款人</td><td></td><td>部门</td><td></td><td>职务</td><td></td></tr>
<tr><td>借款事由</td><td colspan="5"></td></tr>
<tr><td>借款金额</td><td colspan="4">人民币（大写）</td><td>（小写）</td></tr>
<tr><td>部门领导审批意见</td><td colspan="2">年　月　日</td><td>单位负责人审批意见</td><td colspan="2">年　月　日</td></tr>
<tr><td>出纳</td><td colspan="2"></td><td>经手</td><td colspan="2"></td></tr>
</table>

4. 8 月 18 日，销售部业务员李延寿出差回来报销差旅费，余款退回。其中：火车票 2 张，出租车票 2 张，住宿发票 1 张。企业对火车票、出租车票、旅馆发票采用实报实销的方法，伙食补助每天 40 元。请填制差旅费报销单和收据。（表 2–43 至表 2–48）

表2-43

G6029586

安阳东 至 武汉

G531

2019 年 8 月 9 日 10:22 分开　02 车 5A 号

¥317. 00 元　二等座

李延寿　4105221998****0601

表2-44

H6903456

武汉 至 安阳东

G402

2019 年 8 月 18 日 16:21 分开　14 车 10F 号

¥317. 00 元　二等座

李延寿　4105221998****0601

表2-45

湖北省武汉市出租汽车统一车票

发　票　联

全国统一发票监制章 湖北 国家税务总局监制

144010370392

02654908

监督电话：027-65898774

此 发 票 手 写 无 效

电话	94221290
车号	鄂 ATD607
证号	001
日期	2019-08-09
上车	14:04
下车	14:32
单价	2.00 元
里程	15.00km
候时	00:00:31
金额	¥30.00
卡号	
卡原额	
卡余额	

武汉天山出租汽车集团公司 5401057418737811M 发票专用章

表2-46

湖北省武汉市出租汽车统一车票

发　票　联

全国统一发票监制章 湖北 国家税务总局监制

144010370392

82666763

监督电话：027-65898774

此 发 票 手 写 无 效

电话	94245908
车号	鄂 ATD792
证号	0001
日期	2019-08-18
上车	11:04
下车	11:32
单价	2.00 元
里程	16.00km
候时	00:03:31
金额	¥32.00
卡号	
卡原额	
卡余额	

武汉天山出租汽车集团公司 5401057418737811M 发票专用章

表2-47

042011823504　　湖北增值税普通发票　　№ 08096837

发　票　联

开票日期：2019年8月18日

购买方	名　称	安阳殷鉴礼品有限公司					密码区	9*<+2/》2、1*45+5-<>> *-984-54
	纳税人识别号	91310040213456080M						
	地址、电话	安阳市文峰区仁义巷8号 0372-3333222						
	开户行及账号	安阳银行鼓楼支行 170608170609170610						
货物或应税劳务、服务名称	规格型号	单位	数量	单价	金额	税率	税额	
*住宿服务*住宿费		间·日	8	250.00	2000.00	6%	120.00	
合　计					¥2000.00		¥120.00	
价税合计（大写）	人民币贰仟壹佰贰拾元整				（小写）¥2120.00			
销售方	名　称	武汉新富贵酒店有限公司					备注	
	纳税人识别号	53108207488678956R						
	地址、电话	武汉市东湖大街822号 027-89836677						
	开户行及账号	武汉农村商业银行东城分行 60660606060[illegible]278						

收款人：龙飞　　复核：　　开票人：孙新　　销售方：（章）

第二联：发票联　购买方记账凭证

表2-48

差旅费报销单

年　月　日

单位名称			姓名			职务		
出差事由						出差日期		
到达地点								
项目	交通工具						住宿费	伙食补助
	火车	汽车	飞机	轮船	出租车	其他		
							共　天　元	共　天　元
总计金额（大写）							小写：	
单位负责人审批意见	年　月　日	附单据	预借金额	应补付金额	应退回金额			
		张						

会计主管：　　报销人：　　出纳：

【**实训要求**】根据业务填制原始凭证。

【**项目学习评价**】

表2–49

成功之处	
不足之处	
改进措施	

项目三　会计要素与会计等式

【项目学习目标、学习方法、建议学时】

表3-1

学习目标		学习方法	建议学时
知识目标	① 掌握会计六要素的概念、基本特征及分类； ② 理解会计等式的含义、种类、意义。	会计要素和会计等式是会计基础知识点，采取以学生为中心的讲授法、讨论法等，重在对教材知识点的剖析及理解，从而帮助学生夯实基础，深化知识理解，让学生深刻理解会计要素、会计等式的含义，为进一步学习会计核算方法打下坚实的理论基础。	6
技能目标	① 理解会计六要素的确认计量规则内容； ② 掌握会计等式及其变形的含义。		
情感态度价值观目标	通过基础会计知识学习让学生体验学习会计乐趣，激发学习会计兴趣，进而培养专业兴趣。		

【项目学习】

任务一　会计要素

（一）会计要素的概念

会计对象是会计核算和监督的内容，具体是指社会再生产过程中能以货币表现的经济活动，即资金运动或价值运动。会计要素是对会计对象所做的基本分类，是会计核算对象的具体化，是用于反映会计主体财务状况和经营成果的基本单位。会计要素是财务报表基本构成单位，也叫财务报表要素。

会计要素分为反映企业财务状况的会计要素和反映企业经营成果的会计要素，我国《企业会计准则》将会计要素界定为六个，即资产、负债、所有者权益、收入、费用和利润。其中，资产、负债和所有者权益三项会计要素侧重反映企业的财务状况，构成资产负债表要素；收入、费用和利润三项会计要素侧重于反映企业的经营成果，构成利润表要素。企业财务状况是企业在一定时期的资产及权益情况，是资金运动相对静止状态时的表现。企业经营成果是指一定时期内企业生产经营活动所创造的有效劳动成果的总和。简单通俗地说，经营成果就是看你一段时间有没有赚到钱。

（二）会计要素的内容

1. 资产

（1）资产的概念

资产是指企业过去的交易或者事项形成的由企业拥有或控制的、预期会给企业带来经济利益的资源。

（2）资产的特征

① 资产预期会给企业带来经济利益。

资产具有能够直接或间接导致资金或现金等价物流入企业的潜力。这种潜力可以来自企业日常的生产经营活动，也可以是非日常活动；带来的经济利益可以是现金或者现金等价物，或者是可以转化为现金或者现金等价物的形式，或者是减少现金或现金等价物流出的形式。例如，从银行借入短期借款带来的资金就是企业的资产。

如果某一项目预期不能给企业带来经济利益，就不能将其确认为企业的资产；前期已经确认为资产的项目，如果不能再为企业带来经济利益，也不能再将其确认为企业的资产。

② 资产是由企业拥有或者控制的资源。

资产作为一项资源，应为企业拥有或者控制，具体是指企业享有某项资源的所有权（如企业购买的机器设备），或者虽然不拥有某项资源的所有权，但该资源能被企业控制。

通常在判断资产是否存在时，所有权是考虑的首要因素，但在有些情况下，虽然某些资产不为企业所拥有，即企业并不拥有其所有权，但企业控制这些资产，同样表明企业能够从这些资产中获取经济利益。

③ 资产是由企业过去的交易或者事项形成的。

资产应当由企业过去的交易或者事项所形成，过去的交易或者事项包括购买、生产、建造行为或者其他交易或者事项，只有过去的交易或者事项才能产生资产，企业预期在未来发生的交易或者事项不形成资产。例如，企业有购买某项材料的意愿或者计划，但是购买行为尚未发生，就不符合资产的定义，不能因此而确认资产。

（3）资产的分类

按照不同的标准，资产可以分为不同的类别。按耗用、出售或变现期限的长短，可分为流动资产和非流动资产。流动资产是指企业可以在一年或者超过一年的一个营业周期内变现或者运用的资产，是企业资产中必不可少的组成部分。流动资产在周转过渡中，从货币形态开始，依次改变其形态，最后又回到货币形态（货币资金→储备资金 / 固定资金→生产资金→成品资金→货币资金），各种形态的资金与生产流通紧密相结合，周转速度快，变现能力强。常见流动资产包括库存现金、银行存款、其他货币资金、应收票据、应收账款、预付账款、应收股利、应收利息、其他应收款、在途物资、原材料、库存商品、委托加工物资、包装物、低值易耗品。非流动资产是指流动资产以外的资产，主要包括在建工程、固定资产、无形资产等。

2. 负债

（1）负债的概念

负债是指企业过去的交易或者事项形成的、预期会导致经济利益流出企业的现时义务。

（2）负债的特征

① 负债是企业承担的现时义务。

现时义务是指企业在现行条件下已承担的义务。未来发生的交易或者事项形成的义务，不属于现时义务，不应当确认为负债。

② 负债的清偿预期会导致经济利益流出企业。

导致经济利益流出企业的形式多种多样，例如，用现金偿还或以实物资产形式偿还，以提供劳务形式偿还，部分转移资产、部分提供劳务形式偿还等。

③ 负债是由过去的交易或者事项形成的。

企业将在未来发生的承诺、签订的合同等，不形成负债。

（3）负债的分类

负债一般按其偿还期限的长短划分为流动负债和非流动负债。流动负债是指将在一年或超过一年的一个营业周期内偿还的债务，主要包括短期借款、应付票据、应付账款、预收货款、应付职工薪酬、应交税费、应付股利、其他应付款等。非流动负债是指偿还期在一年或超过一年的一个营业周期以上的债务，包括长期借款、应付债券、长期应付款等。

3. 所有者权益

（1）所有者权益的概念

所有者权益是指企业资产扣除负债后由投资人享有的剩余权益。公司的所有者权益又称为股东权益。所有者权益是投资人对企业资产的剩余索取权，它是企业的资产扣除债权人权益后应由投资人享有的部分，既可反映投资人投入资本的保值增值情况，又体现了保护债权人权益的理念。

（2）所有者权益的特征

所有者权益与债权人权益比较，一般具有以下四个基本特征：

① 所有者权益在企业经营期内可供企业长期、持续地使用，企业不必向投资人返还资本金。而负债则须按期返还给债权人。

② 企业投资人凭其对企业投入的资本，享受税后分配利润的权利。所有者权益是企业分配税后净利润的主要依据。而债权人除按规定取得利息外，无权分配企业的盈利。

③ 企业所有者有权行使企业的经营管理权，或者授权管理人员行使经营管理权。但债权人并没有经营管理权。

④ 企业的所有者对企业的债务和亏损负有限的责任或无限的责任。而债权人对企业的其他债务不承担责任，一般也不承担企业的亏损。

【更上层楼】

资产、负债、所有者权益的常见内容请参考本书第 63 页“常用总分类会计科目表”。

4. 收入

（1）收入的概念

收入是指企业在日常活动中形成的、会导致所有者权益增加的，与投资人投入资本无关的经济利益的总流入。

（2）收入的特征

① 收入从企业的日常活动中产生，而不是从偶发的经济业务中产生。

② 收入可能表现为企业资产的增加，或企业负债的减少，或者二者兼而有之。

③ 收入只包括本企业经济利益的流入，不包括为第三方或客户代收的款项。

④ 收入会导致企业所有者权益的增加。

（3）收入的分类

① 收入按企业从事日常活动的性质不同，分为销售商品收入、提供劳务收入和让渡资产使用权收入。

② 收入按企业经营业务的主次不同，分为主营业务收入和其他业务收入。主营业务收入是指企业为完成其经营目标所从事的经常性活动所实现的收入，如销售商品收入、提供劳务收入。其他业务收入是指企业为完成其经营目标所从事的与经常性活动相关的活动实现的收入，包括材料销售收入、技术转让收入、固定资产出租收入、包装物出租收入等。

5. 费用

（1）费用的概念

费用是企业在日常活动中发生的、会导致所有者权益减少的，与向所有者分配利润无关的经济利益的总流出。

（2）费用的特征

① 费用是企业在日常活动中形成的。企业非日常活动中所形成的经济利益的流出不能确认为费用，如因自然灾害造成的财产损毁应确认为损失而不是费用。

② 费用可能表现为资产的减少（如付钱支付广告费）或负债的增加（如发生业务招待费但是没有付款，欠账），或者二者兼而有之。费用最终会导致企业资源的减少，这种减少具体表现为企业的资金支出。从这个意义上说，费用本质是资源流出企业，它与资源流入企业所形成的收入相反。它也可理解为资产的耗费，其目的是为了取得收入，从而获得更多资产。

③ 费用最终会减少企业的所有者权益。一般而言，企业的所有者权益会随着收入的增长而增加；相反，费用的增加会减少所有者权益。

（3）费用的分类

费用按经济用途分类，可以分为营业成本和期间费用。

营业成本是指企业所销售商品或者提供劳务的成本。营业成本应当与所销售商品或者所提供劳务而取得的收入进行配比。营业成本又分为主营业务成本和其他业务成本。

期间费用是指不计入营业成本、直接计入发生当期损益的费用，包括销售费用、管理费用和财务费用。销售费用是指企业销售商品或提供劳务的过程中发生的各种费用，如企业在销售商品过程中发生的销售人员的职工薪酬、包装费、保险费、展览费、广告费等。管理费用是指企业行政管理部门为组织和管理生产经营活动而发生的各种费用，包括企业董事会和行政管理部门在企业经营管理中发生的，或者应当由企业统一负担的公司经费、工会经费、失业保险费、劳动保险费、董事会费、聘请中介机构费、咨询费、诉讼费、业务招待费、办公费、差旅费、邮电费、管理人员薪酬等。财务费用是指企业为筹集生产经营所需资金等而发生的筹资费用，包括利息支出（减利息收入）、金融机构手续费等。

6. 利润

（1）利润的概念

利润是指企业在一定会计期间的经营成果。如果企业实现了利润，表明企业的所有者权益会增加；反之，如果企业发生了亏损（即利润为负数），表明企业的所有者权益会减少。

（2）利润的层次及计算公式

营业利润是指企业在销售商品、提供劳务等日常活动中所产生的利润。

营业利润 = 营业收入 − 营业成本 − 税金及附加 − 销售费用 − 管理费用 − 财务费用 − 资产减值损失 ± 公允价值变动收益（损失） ± 投资收益（损失）

利润总额 = 营业利润 + 营业外收入 − 营业外支出

净利润 = 利润总额 − 所得税费用

【更上层楼】

会计要素是会计对象划分的第二层次。会计对象的第一层次是资金运动，第三层次是会计科目。会计要素是个抽象的概念，是连接会计对象和会计科目的媒介，在实际工作中我们不会直接使用会计要素，但是弄清楚各会计要素的内容以及属于该会计要素的会计科目有哪些，更容易理解企业发生的经济业务应计入哪些会计科目。

任务二　会计等式

一、会计等式的概念和种类

（一）会计等式的概念

会计等式又称会计恒等式、会计方程式，是揭示会计要素之间内在平衡关系的数学表达式。会计等式揭示各会计要素之间的联系，是复式记账、试算平衡和编制资产负债表、利润表的理论依据。

（二）会计等式的种类

1. 静态会计等式

静态会计等式是反映企业在某一特定日期财务状况的会计等式，是由静态会计要素（资产、负债和所有者权益）组合而成。

任何企业要从事生产经营活动，必定有一定数量的资产。而每一项资产，如果一分为二地看，就不难发现，一方面，任何资产只不过是经济资源的一种实际存在或表现形式，或为机器设备，或为现金、银行存款等；另一方面，这些资产都是按照一定的渠道进入企业的，或由投资人投入，或通过银行借入等，即必定有其提供者。显然，一般人们不会无偿地将经济资源（即资产）让渡出去，也就是说，企业中任何资产都有其相应的权益要求，谁提供了资产谁就对企业具有要求权，这种要求权在会计上称为权益。这种恒等关系用公式表示为：

资产 = 权益

这一等式表明，会计等式之所以成立就是因为资产和权益是同一事物的两个方面：一方面是归企业所有的一系列财产（资产），另一方面是对这些财产的一系列要求权（权益）。而且，由于权益要求表明资产的来源，而全部来源又必与全部资产相等，因此全部资产必须等于全部权益，权益就是资产的来源渠道。而资产是资金的流向渠道，是资金的占有。

上面的恒等式中权益通常分为两种：一是以投资人的身份向企业投入资产而形成的权益，称为所有者权益；二是以债权人的身份向企业提供资产而形成的权益，称为债权人权益。债权人权益在会计上被称为负债。因此，上面的恒等式可进一步表示为：

资产 = 负债 + 所有者权益

债权人和投资人对企业的要求权（权益）是不同的。债权人希望借款人到期能顺利偿还本金，并能支付预定的利息；投资人则希望通过有效的经营等活动，尽可能多地赚取利润。另外，企业赚得再多，债权人也只能得到约定的本息，多余的归于投资人。

静态会计等式反映了企业某一特定时点资产、负债和所有者权益三者之间平衡关系，又被称为基本会计等式。对基本会计等式，要牢记：任何时点，企业的所有资产，无论其处于何种形态（如现金、银行存款、固定资产等），都必须有相应的来源，或者是借入的，或者是投资人投入的，或者是经营过程中所赚取的（这一部分也归投资人）。换言之，企业的所有资产都必定有相应的来源，即“资产 = 负债 + 所有者权益”这一等式，在任何情况下，其左右平衡的关系都不会被破坏。

2. 动态会计等式

企业在生产发展的过程中，要将资产投入运营。在一定的会计期间，一方面要发生各种费用，另一方面又会取得各种收入。收入减去费用，其多余部分就是利润；反之，如果费用超过收入，其差额部分就是亏损。动态会计等式就是反映企业在一定会计期间经营成果的会计等式，是由动态会计要素（收入、费用和利润）组合而成，即：

收入 − 费用 = 利润

3. 综合会计等式（动静结合等式）

企业是由投资人投资设立的，企业实现的利润归属于投资人（所有者），利润的实现总是表现为所有者权益的增加；反之，如果亏损，由投资人（所有者）承担，从而引起所有者权益的减少，由此形成新的平衡关系。因此，在会计期末，可将动态会计等式代入静态会计等式，得到：

资产 = 负债 + 所有者权益 + 利润 = 负债 + 所有者权益 +（收入 – 费用）

综合会计等式将财务状况要素（资产、负债和所有者权益）和经营成果要素（收入、费用和利润）进行有机结合，完整地反映了企业财务状况和经营成果的内在联系。

二、经济业务对会计恒等式的影响

1. 对“资产 = 权益”等式的影响

（1）资产与权益同时等额增加，总额增加（等号两边同增）

【例 3–1】安阳殷鉴公司购入一批原材料 40 000 元，货款尚未支付。

【解析】这笔经济业务导致原材料这类资产增加 40 000 元，同时权益（应付账款）也增加 40 000 元，不改变等式平衡关系。

（2）资产与权益同时等额减少，总额减少（等号两边同减）

【例 3–2】安阳殷鉴公司用银行存款 60 000 元偿还应付账款。

【解析】这笔经济业务导致资产（银行存款）减少 60 000 元，同时权益（应付账款）也减少了 60 000 元，资产、权益同时减少，不改变等式平衡关系。

（3）资产方等额有增有减，权益不变，总额不变（等号左边一增一减）

【例 3–3】安阳殷鉴公司从银行支取现金 20 000 元。

【解析】这笔经济业务导致一类资产（银行存款）减少 20 000 元，同时另一类资产（库存现金）增加 20 000 元，这属于资产内部等额有增有减，不改变等式平衡关系。

（4）权益方等额有增有减，总额不变（等号右边一增一减）

【例 3–4】安阳殷鉴公司从银行借入短期借款 50 000 元，偿还应付账款。

【解析】这笔经济业务导致一类权益（短期借款）增加 50 000 元，同时另一类权益（应付账款）减少 50 000 元，这属于权益内部有增有减，不改变等式平衡关系。

2. 对“资产 = 负债 + 所有者权益”的影响（九类经济业务对等式的影响）

假设安阳殷鉴公司 2019 年 7 月底（即 2019 年 8 月初）会计等式如下：

资产（100 000）= 负债（40 000）+ 所有者权益（60 000）

（1）资产、负债同时增加

【例 3–5】8 月 6 日取得短期借款 20 000 元，存入银行。

【解析】该经济业务使公司的银行存款增加 20 000 元，短期借款增加 20 000 元，等式变为：

资产（100 000 + 20 000）= 负债（40 000 + 20 000）+ 所有者权益（60 000）

整理得：

资产（120 000）= 负债（60 000）+ 所有者权益（60 000），平衡关系不变。

（2）资产、所有者权益同时增加

【例 3-6】8 月 11 日收到投资单位投来的货币资金 50 000 元，作为本公司的资本金，存入银行。

【解析】该经济业务使公司的银行存款增加 50 000 元，实收资本增加 50 000 元，等式变为:

资产（120 000 + 50 000）= 负债（60 000）+ 所有者权益（60 000 + 50 000）

整理得:

资产（170 000）= 负债（60 000）+ 所有者权益（110 000），平衡关系不变。

（3）资产、负债同时减少

【例 3-7】8 月 13 日通过转账方式归还短期借款 10 000 元。

【解析】该经济业务使公司的短期借款减少 10 000 元，银行存款减少 10 000 元，等式变为:

资产（170 000 – 10 000）= 负债（60 000 – 10 000）+ 所有者权益（110 000）

整理得:

资产（160 000）= 负债（50 000）+ 所有者权益（110 000），平衡关系不变。

（4）资产、所有者权益同时减少

【例 3-8】8 月 15 日转账归还投资人投资款 40 000 元，减少公司注册资本。

【解析】该经济业务使公司的实收资本减少 40 000 元，银行存款减少 40 000 元，等式变为:

资产（160 000 – 40 000）= 负债（50 000）+ 所有者权益（110 000 – 40 000）

整理得:

资产（120 000）= 负债（50 000）+ 所有者权益（70 000），平衡关系不变。

（5）资产内部之间一增一减

【例 3-9】8 月 23 日企业收回外单位欠本公司的货款 30 000 元，存入银行。

【解析】该经济业务使公司的银行存款增加 30 000 元，应收账款减少 30 000 元，等式变为:

资产（120 000 + 30 000 – 30 000）= 负债（50 000）+ 所有者权益（70 000）

整理得:

资产（120 000）= 负债（50 000）+ 所有者权益（70 000），平衡关系不变。

（6）负债增加，所有者权益减少

【例 3-10】8 月 26 日企业宣告发放现金股利 10 000 元，尚未发放形成应付股利。

【解析】该经济业务使公司的利润分配中的未分配利润减少 10 000 元，应付股利增加 10 000，等式变为:

资产（120 000）= 负债（50 000 + 10 000）+ 所有者权益（70 000 – 10 000）

整理得:

资产（120 000）= 负债（60 000）+ 所有者权益（60 000），平衡关系不变。

（7）负债减少，所有者权益增加

【例 3-11】8 月 30 日企业所欠别的企业货款 20 000 元转为对本企业的资本投入。

【解析】该经济业务使公司的应付账款减少 20 000 元，实收资本增加 20 000 元，等式变为:

资产（120 000）= 负债（60 000 – 20 000）+ 所有者权益（60 000 + 20 000）

整理得：

资产（120 000）= 负债（40 000）+ 所有者权益（80 000），平衡关系不变。

（8）负债项目内部一增一减

【例 3-12】8 月 30 日开具并承诺未来兑付一张商业承兑汇票，以抵偿前欠货款 15 000 元。

【解析】该经济业务使公司的应付账款减少 15 000 元，应付票据增加 15 000 元，等式变为：

资产（120 000）= 负债（40 000 + 15 000 – 15 000）+ 所有者权益（80 000）

整理得：

资产（120 000）= 负债（40 000）+ 所有者权益（80 000），平衡关系不变。

（9）所有者权益项目一增一减

【例 3-13】8 月 31 日企业将盈余公积金 9 000 元转作实收资本。

【解析】该经济业务使公司的盈余公积金减少 9 000 元，实收资本增加 9 000 元，等式变为：

资产（120 000）= 负债（40 000）+ 所有者权益（80 000 + 9 000 – 9 000）

整理得：

资产（120 000）= 负债（40 000）+ 所有者权益（80 000），平衡关系不变。

综上所述，经济业务的发生虽然会引起会计要素金额上发生增减变动，但不会破坏会计等式，平衡关系依然存在。

【项目检测】

一、填空题

1. 会计静态要素为 ____________、____________ 和 ____________。

2. 资产按照流动性（即耗用、出售或变现期限的长短）分为 ____________________、____________。

3. 期间费用包括 ____________、____________ 和 ____________。

4. 营业成本包括 ____________、____________。

5. 基本会计等式为 ______________________________________。

二、单项选择题

1. 收回应收账款 50 000 元，存入银行。这一经济业务引起的会计要素的变动是（　）。

A. 资产总额不变　　B. 资产增加，负债增加

C. 资产增加，负债减少　　D. 资产减少，负债增加

2. 以银行存款交纳应交的企业所得税，所引起的变化为（　）。

A. 一项资产减少，一项权益增加　　B. 一项资产减少，一项负债减少

C. 一项负债减少，一项资产增加　　D. 一项资产减少，另一项资产增加

3. 引起资产和负债同时增加的经济业务是（　）。

A. 以银行存款购入原材料一批　　B. 以银行存款支付前欠货款

C. 收回应收账款存入银行　　D. 购入电视机一部，款暂欠

4. 能够引起资产总额增加的事项有（　）。

A. 接受投资人投资　　B. 以银行存款偿还债务

C. 从银行提取现金　　D. 将资本公积转增资本

5. 引起资产和负债同时减少的经济活动是（　）。

A. 以银行存款偿付前欠货款　　B. 以现金支付办公费用

C. 购买材料货款尚未支付　　D. 收回应收账款

6. 属于资产的项目是（　）。

A. 预付账款　　B. 预收账款

C. 资本公积　　D. 管理费用

7. 属于所有者权益的项目是（　）。

A. 应付债券　　B. 长期借款

C. 银行存款　　D. 资本公积

8. 属于负债的项目有（　）。

A. 预付账款　　B. 应交税费

C. 盈余公积　　D. 资本公积

9. 资产、负债和所有者权益是表示企业（　）的会计要素。

A. 财务状况　　B. 经营状况

C. 经营成果　　D. 财务成果

10. 属于流动负债的项目是（　）。

A. 长期借款　　B. 预付账款

C. 预收账款　　D. 其他应收款

三、判断题

（　）1. 静态会计要素反映企业在某一特定日期财务状况，包括资产、负债和所有者权益。

（　）2. 资产和权益在数量上始终是相等的。

（　）3. 企业接受投资人投入实物，能同时引起资产和所有者权益同时增加。

（　）4. 费用可表现为资产的减少或负债的增加。

（　）5. 所有经济业务的发生，都会引起会计恒等式两边同时发生变化。

（　）6. 资产与权益是同一事物两个不同的侧面，两者是辩证统一的。

（　）7. 负债是企业现在的交易或者事项所引起的现有义务。

（　）8. 资产按流动性分为流动资产和固定资产。

（　）9. 凡是长期收不回来的资产都属于长期投资。

（　）10. 所有者权益是投资人对企业全部资产的所有权。

四、名词解释题

1. 会计要素

2. 资产

3. 收入

4. 利润

5. 会计等式

五、简答题

1. 会计六要素是什么？哪些是静态要素，哪些是动态要素？

2. 会计的静态等式、动态等式、综合等式各是什么？

六、实训题

1. 某公司的资产、负债和所有者权益项目及其余额如表 3–2 所示。

表3–2

单位：元

原材料	6 000	应付账款	30 000
短期借款	50 000	库存现金	3 000
实收资本	180 000	银行存款	60 000
应付票据	10 000	应交税费	7 000
应收账款	8 000	固定资产	200 000

【要求】将上述项目按资产、负债和所有者权益归类，并分别计算资产、负债和所有者权益的合计。

资产类：

负债类：

所有者权益类：

资产合计 =

负债合计 =

所有者权益合计 =

2. 企业经济业务按其对财务状况等式的影响不同可以分为以下九种基本类型，请各自举一个经济业务的例子，并指出各个会计要素所涉及的项目以及其余额是增加还是减少。

（1）一项资产增加，另一项资产等额减少的经济业务。

（2）一项资产增加，一项负债等额增加的经济业务。

（3）一项资产增加，一项所有者权益等额增加的经济业务。

（4）一项资产减少，一项负债等额减少的经济业务。

（5）一项资产减少，一项所有者权益等额减少的经济业务。

（6）一项负债增加，另一项负债等额减少的经济业务。

（7）一项负债增加，一项所有者权益等额减少的经济业务。

（8）一项所有者权益增加，一项负债等额减少的经济业务。

（9）一项所有者权益增加，另一项所有者权益等额减少的经济业务。

【项目学习评价】

表3–3

成功之处	
不足之处	
改进措施	

项目四　账户与复式记账法

【项目学习目标、学习方法、建议学时】

表4-1

<table>
<tr><th colspan="2">学习目标</th><th>学习方法</th><th>建议学时</th></tr>
<tr><td>知识目标</td><td>理解会计要素,会计科目、账户的概念、内容、分类，二者的区别，掌握不同类别账户的结构，掌握借贷记账法的记账规则，掌握会计分录书写要求。</td><td rowspan="3">理论指导实践，理解会计等式、借贷记账法的规则要求等基本理论，知道来龙去脉；理论与实践相结合，从实践强化学习，充分调动积极性，使学习效果达到最优。</td><td rowspan="3">6</td></tr>
<tr><td>技能目标</td><td>掌握分录书写规范要求，会进行试算平衡。</td></tr>
<tr><td>情感态度价值观目标</td><td>教学中渗透职业道德、行为规范教育，以更好地从事会计工作。</td></tr>
</table>

【项目学习】

任务一　会计科目与账户

企业会计的核算对象可以分为资产、负债、所有者权益、收入、费用和利润六大要素，然而企业的经济业务纷繁复杂，六要素的分类就比较粗略，难以满足会计信息使用者的要求。为提供分类更细、更具体的会计信息，就需要设置会计科目。

一、会计科目及其分类

（一）会计科目的概念

会计科目简称科目，是按照经济业务的内容和企业管理的要求，对会计要素的具体内容进行分类核算的项目。设置会计科目是进行会计核算的一种专门方法，是对会计对象的具体内容的科学归类，是进行会计核算和提供会计信息的基础。

（二）会计科目的分类

1. 按其归属的会计要素分类

① 资产类科目：按资产的流动性又分为反映流动资产的科目和反映非流动资产的科目。

② 负债类科目：按负债的偿还期限又分为反映流动负债的科目和反映非流动负债的科目。

③ 共同类科目：共同类科目的特点是需要从其期末余额所在方向界定其性质。

④ 所有者权益类科目：按权益的形成和性质可分为反映资本的科目和反映留存收益的科目。

⑤ 成本类科目：包括“生产成本”“劳务成本”“制造费用”等。

⑥ 损益类科目：又分为反映收益类科目和费用类科目。收益类科目包括“主营业务收入”“其他业务收入”“投资收益”“营业外收入”等。费用类科目包括“主营业务成本”“其他业务成本”“税金及附加”“销售费用”“管理费用”“财务费用”“所得税费用”等。

按照会计科目的经济内容进行分类，遵循了会计要素的基本特征，它将各项会计要素的增减变化分门别类地进行归集，清晰反映了企业的财务状况和经营成果。

2. 按其核算信息详略程度分类

为了使企业提供的会计信息更好地满足各会计信息使用者的不同要求，必须对会计科目按照其核算信息的详略程度进行级次划分。一般情况下，可以将会计科目分为总分类科目和明细分类科目。

① 总分类科目又称一级科目或总账科目，是对会计要素的具体内容所做的总括分类，它提供总括性的核算指标，如“原材料”“应收账款”“固定资产”“应付账款”等。

② 明细分类科目包括二级科目和明细科目，是对总分类科目所含内容所做的更为详细的分类，它能提供更为详细、具体的核算指标。如“应收账款”总分类科目下按照具体单位名称分设的明细科目，具体反映应向该单位收取的货款金额。如果有必要，还可以在二级科目下分设三级科目、四级科目等进行会计核算，每往下设置一级都是对上一级科目的进一步分类。

在我国，企业一般依据国家统一会计制度设置总分类科目，各单位可以根据自身特点自行增设、删减或合并某些会计科目，尤其是明细分类科目。依据《企业会计准则——应用指南》等，企业常用的会计科目如表 4–2 所示。

表4–2

常用总分类会计科目表

编号	名称	编号	名称	编号	名称
	一、资产类		二、负债类		五、成本类
1001	库存现金	2001	短期借款	5001	生产成本
1002	银行存款	2201	应付票据	5101	制造费用
1012	其他货币资金	2202	应付账款	5201	劳务成本
1101	交易性金融资产	2203	预收账款	5301	研发支出

续 表

编号	名称	编号	名称	编号	名称
1121	应收票据	2211	应付职工薪酬		六、损益类
1122	应收账款	2221	应交税费	6001	主营业务收入
1123	预付账款	2231	应付股利	6051	其他业务收入
1221	其他应收款	2232	应付利息	6101	公允价值变动损益
1401	材料采购	2241	其他应付款	6111	投资收益
1402	在途物资	2601	长期借款	6301	营业外收入
1403	原材料		三、共同类（略）	6401	主营业务成本
1405	库存商品		四、所有者权益类	6402	其他业务成本
1601	固定资产	4001	实收资本	6403	税金及附加
1602	累计折旧	4002	资本公积	6601	销售费用
1604	在建工程	4101	盈余公积	6602	管理费用
1605	工程物资	4103	本年利润	6603	财务费用
1701	无形资产	4104	利润分配	6701	营业外支出
1702	累计摊销			6711	所得税费用
1901	待处理财产损溢				

二、账户及其分类

（一）账户的概念

账户是根据会计科目设置的，具有一定格式和结构，用于分类反映会计要素的增减变动情况及其结果的载体。

每一个账户都有一个名称，用以说明该账户核算的经济内容。账户是根据会计科目设置的，因此账户的名称必须与会计科目一致。会计科目的名称就是账户的名称，会计科目规定的核算内容就是账户应记录反映的经济内容，因而账户应该根据会计科目的分类相应地设置。

（二）账户的分类

1. 按经济内容分类

① 资产类账户是用来核算资产的增减变动及结余情况的账户。按照流动性可以分为流动资产类账户和非流动资产类账户。流动资产类账户主要有“库存现金”“银行存款”“应收票据”“应收账款”“原材料”“库存商品”等，非流动资产类账户主要有“固定资产”“无形资产”等。

② 负债类账户是用来核算债务的增减变动和结余情况的账户。按照流动性分为流动性负

债类账户和非流动负债类账户。流动负债类账户主要有“短期借款”“应付票据”“应付账款”“应付职工薪酬”“应交税费”等，非流动负债类账户主要有“长期借款”“应付债券”等。

③ 所有者权益类账户是用来核算所有者权益的增减变动和结余情况的账户，主要有“实收资本”“资本公积”“盈余公积”等。

④ 成本类账户是用来归集生产费用、计算产品生产成本、劳务成本等的账户，主要有“生产成本”“制造费用”“劳务成本”等。

⑤ 损益类账户是指其在一定时期的发生额合计要在当期期末结转到“本年利润”账户，用以计算确定一定时期内损益的账户。损益类账户分为收益类账户和费用类账户。收益类账户主要有“主营业务收入”“其他业务收入”“投资收益”等，费用类账户主要有“主营业务成本”“其他业务成本”“税金及附加”“管理费用”“销售费用”“财务费用”“营业外支出”“所得税费用”等。

2. 按提供核算指标详细程度分类

① 总分类账户是根据总分类科目开设的账户，又称“总账账户”“一级账户”或“统御账户”。总分类账户所提供的是综合资料，用以记录各会计要素具体内容增减变动总括情况的账户。总分类账户只以金额进行记录，如“原材料”总分类账户提供的是企业全部材料金额的增减变化及结存情况。

② 明细分类账户是根据明细会计科目开设的，用以记录相关总账详细情况的账户。明细分类账户的核算，除了用货币计量以外，必要时还需要使用实物量单位（米、千克等）等来计量。

总分类账户与明细分类账户二者密切相关。总分类账户控制和统驭所属的明细分类账户，是明细分类账户的综合化；明细分类账户是总分类账户的具体化和补充说明。二者结合，构成了完整的账户体系。

（三）账户的内容和结构

每个账户起码要划分出两个方位，即一方登记增加额，另一方登记减少额，这是一切账户的基本结构。账户之间最本质的区别在于所反映的经济内容不同。

为了便于说明问题，账户的基本结构可简化为左右两方，以下是教学中常用的“T”形账户格式，如图 4–1 所示。

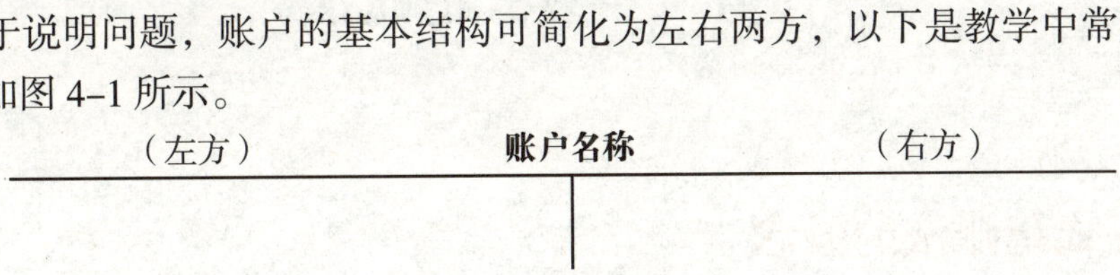

图4–1　“T”形账户结构

账户分为左方、右方两个方向。在借贷记账法下，其左方一律称为“借方”，右方一律称为“贷方”。

实务中，账户的基本结构应同时具备以下内容。

① 账户名称，即会计科目，表明账户核算的内容。

② 日期和凭证号数，即所依据记账凭证的日期和编号。

③ 摘要，概括说明经济业务的内容。

④ 金额，即增加、减少的金额和余额。

借贷记账法下账户的基本格式如表 4–3 所示。

表4–3

账户的基本格式

户名：××××（会计科目）

年		凭证字号	摘要	借方	贷方	借或贷	余额
月	日						

账户中登记本期增加的金额，称为本期增加发生额；登记本期减少的金额，称为本期减少发生额；增减相抵后的差额，称为余额，余额按照时间不同，分为期初余额和期末余额。

账户金额四要素的关系：

期末余额 = 期初余额 + 本期增加发生额 – 本期减少发生额

（四）账户与会计科目的关系

从理论上讲，会计科目与账户是两个不同的概念，既有联系，又有区别。会计科目与账户都是对会计对象具体内容的分类，两者核算内容一致，性质相同。会计科目是账户的名称，也是设置账户的依据；账户是会计科目的具体运用，具有一定的结构和格式，并通过其结构反映某项经济业务的增减变动及余额。

任务二　复式记账法

一、复式记账法的概念

复式记账法是以“资产 = 权益”的平衡关系作为记账基础，对发生的每一项经济业务，都要以相等的金额在相互联系的两个或两个以上账户进行记录的记账方法。复式记账法是由单式记账法演变和发展而来的。复式记账法可分为借贷记账法、增减记账法和收付记账法。借贷记账法是目前国际上通用的记账方法，我国《企业会计准则——基本准则》规定企业应当采用借贷记账法记账。

二、借贷记账法

（一）借贷记账法的概念

借贷记账法是以“借”和“贷”作为记账符号，以“有借必有贷，借贷必相等”为记账规则的一种复式记账法。

（二）借贷记账法的记账规则：有借必有贷，借贷必相等

① 在运用借贷记账法记账时，对每项经济业务，既要记录一个（或几个）账户的借方，又必然要记录另一个（或几个）账户的贷方，即“有借必有贷”。

所记录的账户可以是同类账户，也可以是不同类账户，但必须是两个记账方向，既不能全部记入借方，也不能全部记入贷方。

② 账户借方记录的金额必然等于账户贷方的金额，即“借贷必相等”。

（三）不同种类账户的登记

如果将综合会计等式“资产 = 负债 + 所有者权益 + 利润 = 负债 + 所有者权益 +（收入 – 费用）”变形为“资产 + 费用 = 负债 + 所有者权益 + 收入”，可以发现：等式左边是资产、费用（成本），是资金的占用和流向渠道，增加数在借方登记，减少数在贷方登记。等式右边是负债、所有者权益和收益（收入），是资金的来源渠道，增加数在贷方登记，减少数在借方登记。

账户的余额在账户记录增加的一方，资产类账户的借方表示增加，期初期末余额均在借方；负债和所有者权益类账户的贷方表示增加，期初期末余额均在贷方。资产、负债、所有者权益类账户一般都有余额，有余额的账户有时也叫实账户；又因为它们列示于资产负债表中，所以又称为资产负债表账户。损益类账户期末时都转到“本年利润”了，所以没有余额，没有余额的账户有时也叫虚账户；又因为它们列示于利润表中，所以又称为利润表账户。

1. 资产类账户结构

资产类账户结构如图 4-2 所示。

借方	资产类账户		贷方
期初余额 本期增加额	××× ××× ……	本期减少额	××× ……
本期借方发生额合计 期末余额	××× ×××	本期贷方发生额合计	×××

图4-2　资产类账户结构

资产类账户期末借方余额 = 期初借方余额 + 借方发生额（增加）– 贷方发生额（减少）。

2. 负债、所有者权益类账户结构

负债、所有者权益类账户结构如图 4–3 所示

借方		负债、所有者权益类账户	贷方
		期初余额	×××
本期减少额	×××	本期增加额	×××
	……		……
本期借方发生额合计	×××	本期贷方发生额合计	×××
		期末余额	×××

图4–3 负债、所有者权益类账户结构

负债、所有者权益类账户期末贷方余额 = 期初贷方余额 + 贷方发生额（增加）– 借方发生额（减少）。

3. 成本类账户结构

成本类账户结构如图 4–4 所示。

借方		成本类账户	贷方
期初余额	×××		
本期增加额	×××	本期减少额	×××
	……		……
本期借方发生额合计	×××	本期贷方发生额合计	×××
期末余额	×××		

图4–4 成本类账户结构

“生产成本”账户有余额时，表示在产品的成本；“制造费用”账户期末分配转入“生产成本”账户，一般无余额。

4. 损益类账户结构

收益类账户结构如图 4–5 所示。

借方		收益类账户	贷方
本期减少额	×××	本期增加额	×××
	……		……
本期借方发生额合计	×××	本期贷方发生额合计	×××

图4–5 收益类账户结构

本期的收益通常在期末全部转入“本年利润”账户进行转销，结转后无余额。

费用类账户结构如图 4–6 所示。

借方	费用类账户		贷方
本期增加额	××× ……	本期减少额	××× ……
本期借方发生额	×××	本期贷方发生额	×××

图4–6　费用类账户结构

本期的费用通常在期末全部转入“本年利润”账户进行转销，结转后无余额。

各类账户的结构可汇总为表 4–4。

表4–4

账户结构汇总简表

账户	借方	贷方	期末余额
资产类	增加	减少	一般在借方
负债、所有者权益类	减少	增加	一般在贷方
成本类	增加	减少	一般在借方
费用类	增加	减少	一般无余额
收益类	减少	增加	一般无余额

（四）会计分录

1. 会计分录的概念

会计分录简称分录，是指根据经济业务的内容指明应借应贷的账户名称及其金额的记录。

2. 会计分录的要素

会计分录的要素有记账方向、账户名称、记账金额。

3. 会计分录的种类

简单分录是指只涉及两个账户的会计分录，即“一借一贷”。复合分录是指涉及两个（不包括两个）以上账户的会计分录，有“一借多贷”“多借一贷”“多借多贷”三类。

4. 做会计分录的步骤

① 分析经济业务涉及的所有账户。

② 判断涉及的账户属于什么类别。

③ 确定涉及账户的金额，判断是增加还是减少。

④ 根据账户的不同类别判断是记入所涉及账户的借方还是贷方。

⑤ 根据记账规则写出分录内容并检查更正。

5. 会计分录书写规范

① 先借后贷，上借下贷，借、贷符号后均带冒号“：”。

② “贷”的符号、会计科目、金额应分别在“借”的符号、会计科目、金额的后面，分别错开一到两个汉字的位置，以保持借贷账户清晰明了。

③ 在一借多贷的会计分录中可写多个“贷”，也可只写第一个“贷”，其余的“贷”省略。在多借一贷的会计分录中，可写多个“借”，也可只写第一个“借”，其余的“借”省略。

④ 数字要相应对齐。如果借方有多个科目，那么这些科目所对应的金额要以元位为基准对齐，贷方亦然。借方和贷方的金额以元位为基准错开。

规范示例：

业务：从银行提取现金 2 000 元。编制会计分录如下：

借：库存现金　　2 000

　　贷：银行存款　　2 000

业务：收回货款，含现金 3 000，存入银行 5 000 元。编制会计分录如下：

借：库存现金　　3 000

　　银行存款　　5 000

　　贷：应收账款　　8 000

业务：向龙泉公司购进原材料 50 000 元，其中 40 000 元货款通过银行存款支付，其余 10 000 元货款尚未支付。编制会计分录如下：

借：原材料　　50 000

　　贷：银行存款　　40 000

　　　　应付账款　　10 000

三、借贷记账法的具体应用举例

安阳殷鉴礼品有限公司 2019 年 12 月份发生下列经济业务：

【例 4-1】3 日，某投资者以 300 000 元向本企业投资，款项当即存入银行。

【解析】这笔业务使资产要素中的银行存款增加，记入“银行存款”账户的借方；同时投资者投入资本增加，对本企业而言所有者权益要素中的实收资本项目增加，记入“实收资本”账户的贷方。编制会计分录如下：

借：银行存款　　300 000

　　贷：实收资本　　300 000

【例 4-2】5 日，向本市金属材料公司购入材料 2 000 千克，单价 100 元，货款为 200 000 元，材料已验收入库，款项尚未支付（暂不考虑增值税）。

【解析】这笔业务使资产要素中的原材料增加记入借方，记入“原材料”账户的借方；同时使负债要素中的应付账款增加，记入“应付账款”账户的贷方。编制会计分录如下：

借：原材料　　200 000

　　贷：应付账款　　200 000

【例 4-3】10 日，依法减少注册资本 100 000 元，以银行存款付给投资者。

【解析】这笔业务使所有者权益要素中的实收资本减少，记入“实收资本”账户的借方；

同时使资产要素中的银行存款减少，记入“银行存款”账户的贷方。编制会计分录如下：

借：实收资本　　100 000

　　贷：银行存款　　100 000

【例 4-4】12 日，以银行存款 130 000 元，偿还前欠本市金属材料公司部分货款。

【解析】这笔业务使负债要素中的应付账款减少，记入“应付账款”账户的借方；同时使资产要素中的银行存款减少，记入“银行存款”账户的贷方。编制会计分录如下：

借：应付账款　　130 000

　　贷：银行存款　　130 000

【例 4-5】15 日，以银行存款购进设备一台，买价 85 000 元，设备验收合格，交付有关部门使用（暂不考虑增值税）。

【解析】这笔业务使资产要素中的固定资产增加，记入“固定资产”账户的借方；同时使资产要素中的银行存款减少，记入“银行存款”账户的贷方。编制会计分录如下：

借：固定资产　　85 000

　　贷：银行存款　　85 000

【例 4-6】18 日，经股东会决议批准，并报工商行政管理部门登记，将盈余公积金 150 000 元转增资本。

【解析】这笔业务使所有者权益要素中的盈余公积减少，记入“盈余公积”账户的借方；同时使所有者权益要素中的实收资本增加，记入“实收资本”账户的贷方。编制会计分录如下：

借：盈余公积　　150 000

　　贷：实收资本　　150 000

【例 4-7】20 日，借入短期借款一笔，以抵付原欠银行长期借款 70 000 元。

【解析】这笔业务使负债要素中的长期借款减少，记入“长期借款”账户的借方；同时使负债要素中的短期借款增加，记入“短期借款”账户的贷方。编制会计分录如下：

借：长期借款　　70 000

　　贷：短期借款　　70 000

【例 4-8】25 日，将现金 1 900 元存入银行。

【解析】这笔业务使资产要素中的银行存款增加，记入“银行存款”账户的借方；同时使资产要素中的库存现金减少，记入“库存现金”账户的贷方。编制会计分录如下：

借：银行存款　　1 900

　　贷：库存现金　　1 900

【例 4-9】25 日，某债权人同意将本企业赊欠的货款 100 000 元转作对本企业进行投资。

【解析】这笔业务使负债要素中的应付账款减少，记入“应付账款”账户的借方；同时使所有者权益要素中的实收资本增加，记入“实收资本”账户的贷方。编制会计分录如下：

借：应付账款　　100 000

　　贷：实收资本　　100 000

【例 4-10】26 日，企业购入材料 120 000 元，材料已验收入库，以银行存款支付货款 100 000 元，其余 20 000 元暂欠（暂不考虑增值税）。

【解析】这笔业务使资产要素中的原材料增加，记入“原材料”账户的借方；同时使资产要素中的银行存款减少，记入“银行存款”账户的贷方，又使负债要素中的应付账款增加，记入“应付账款”账户的贷方。编制会计分录如下：

借：原材料　　120 000
　贷：银行存款　　100 000
　　应付账款　　20 000

【例 4-11】27 日，企业收到债务人交来现金 2 000 元，银行转账支票 46 000 元，以清偿前欠本企业的货款，支票当日存入银行。

【解析】这笔业务使资产要素中的库存现金增加，记入“库存现金”账户的借方，又使资产要素中的银行存款增加，记入“银行存款”账户的借方；同时使资产要素中的应收账款减少，记入“应收账款”账户的贷方。编制会计分录如下：

借：库存现金　　2 000
　银行存款　　46 000
　贷：应收账款　　48 000

【例 4-12】28 日，销售商品售价 30 000 元，货款没有收到（暂不考虑增值税）。

【解析】这笔业务使资产要素中的应收账款增加，记入“应收账款”账户的借方；同时使损益类账户的主营业收入增加，记入“主营业务收入”账户的贷方。编制会计分录如下：

借：应收账款　　30 000
　贷：主营业务收入　　30 000

【例 4-13】29 日，用现金 800 元支付行政管理部门的水电费。

【解析】这笔业务使损益类账户中的管理费用增加，记入“管理费用”账户的借方；同时使资产要素中的库存现金减少，记入“库存现金”账户的贷方。编制会计分录如下：

借：管理费用　　800
　贷：库存现金　　800

四、借贷记账法的试算平衡

试算平衡是指依据“资产 = 权益”的平衡关系与借贷记账法的记账规则，通过对所有账户的发生额和余额进行汇总、计算和比较，以检验账户正确性的一种验证方法，包括发生额试算平衡法和余额试算平衡法。

通过试算平衡，可以检查会计记录的正确性，并可查明出现不正确记录的原因，进行调整，从而为财务报表的编制提供准确的资料。

1. 发生额试算平衡法

本期发生额试算平衡法是指将全部账户的本期借方发生额和本期贷方发生额分别加总后，利用“有借必有贷，借贷必相等”的记账规则来检验本期发生额账户处理正确性的一种试算平衡方法。其试算平衡公式如下：

全部账户本期借方发生额合计 = 全部账户本期贷方发生额合计

（发生额是属于期间动态的会计指标，反映资金的增减变化，所以又称为动态平衡公式）

这种试算平衡方法的原理是：在平时编制会计分录时，都遵循“有借必有贷，借贷必相等”，将其记入有关账户经汇总后，也必然是“借贷必相等”。

2. 余额试算平衡法

余额试算平衡法就是根据本期所有账户借方余额合计与贷方余额合计的恒等关系，检验本期账户记录是否正确的方法。其理论依据是“资产 = 权益”的恒等关系。余额试算平衡法又可分为期初余额试算平衡与期末余额试算平衡两类。其试算平衡公式如下：

全部账户的借方期初余额合计 = 全部账户的贷方期初余额合计

全部账户的借方期末余额合计 = 全部账户的贷方期末余额合计

（余额是属于时点静态的会计指标，反映资金增减变动后的结果，所以又称为静态平衡公式）

余额试算平衡法的基本原理：在借贷记账法下，资产账户的期末余额在借方，负债和所有者权益账户的期末余额在贷方，因为存在“资产 = 负债 + 所有者权益”的平衡关系，所以全部账户的借方期末余额合计数应当等于全部账户的贷方期末余额合计数。

表 4–5 就是一个简易的总分类账户本期发生额和余额试算平衡表。

表4–5

总分类账户本期发生额和余额试算平衡表

单位：元

账户名称	期初余额		本期发生额		期末余额	
	借方	贷方	借方	贷方	借方	贷方
库存现金	300		2 000		2 300	
银行存款	200 000		220 000	107 000	313 000	
原材料	4 700		15 000	12 000	7 700	
固定资产	160 000		40 000		200 000	
短期借款		10 000	30 000	20 000		0
应付账款		50 000	35 000	15 000		30 000
实收资本		320 000		200 000		520 000
生产成本	15 000		12 000		27 000	
合计	380 000	380 000	354 000	354 000	550 000	550 000

通过表格我们发现金额有以下规律：

所有总账科目的期初借方余额之和 380 000 元 = 所有总账科目的期初贷方余额之和 380 000 元

所有总账科目的借方发生额之和 354 000 元 = 所有总账科目的贷方发生额之和 354 000 元

所有总账科目的期末借方余额之和 550 000 元 = 所有总账科目的期末贷方余额之和

550 000 元

试算平衡应用举例：

【例 4-14】安阳殷鉴礼品有限公司企业 2019 年 12 月初有关资料如表 4-6 所示。

表4-6

总分类账户期初余额表

单位：元

资产类账户	借方余额	负债和所有者权益类账户	贷方余额
库存现金	10 000	短期借款	30 000
银行存款	270 000	应付账款	100 000
应收账款	48 000	长期借款	80 000
原材料	30 000	实收资本	890 000
库存商品	330 000	资本公积	10 000
固定资产	690 000	盈余公积	268 000
合计	1 378 000	合计	1 378 000

根据本项目【例 4-1】至【例 4-13】的分录为例填制试算平衡表，并进行本期发生额和期末余额的试算平衡，如表 4-7 所示。

表4-7

总分类账户本期发生额和余额试算平衡表

单位：元

账户	期初余额		本期发生额		期末余额	
	借方	贷方	借方	贷方	借方	贷方
库存现金	10 000		2 000	2 700	9 300	
银行存款	270 000		347 900	415 000	202 900	
应收账款	48 000		30 000	48 000	30 000	
原材料	30 000		320 000		350 000	
库存商品	330 000				330 000	
固定资产	690 000		85 000		775 000	
短期借款		30 000		70 000		100 000
应付账款		100 000	230 000	220 000		90 000
长期借款		80 000	70 000			10 000
实收资本		890 000	100 000	550 000		1 340 000
资本公积		10 000				10 000
盈余公积		268 000	150 000			118 000
管理费用			800		800	
主营业务收入				30 000		30 000
合计	1 378 000	1 378 000	1 335 700	1 335 700	1 698 000	1 698 000

【注意】如果试算不平衡，说明账户记录有错误；如果试算平衡，说明账户的记录基本正确，但不一定完全正确。这是因为有些错误并不影响借贷双方的平衡。不影响平衡关系的错误通常包括以下几个方面：

① 某项经济业务在有关账户中全部重记、全部漏记。

② 某项经济业务记录的应借应贷科目正确，但借贷双方金额同时多记或少记，且金额一致。

③ 某项经济业务记错账户，而方向无误。

④ 某项经济业务记录的应借、应贷账户相互颠倒。

⑤ 记录某账户的错误金额一多一少，恰好互相抵消。

【项目检测】

一、填空题

1. 企业拥有的资产资金来源一个是 ________ 投入的，另一个是 ________ 投入的。

2. 会计分录三要素是 ________________、________________、________________。

3. 借贷记账法记账规则是 ____________________，____________________。

4. 资产类账户增加在 ____ 方，减少在 ____ 方，余额在 ____ 方。

5. 借贷记账法的试算平衡包括 ____________________、____________________。

6. 账户按照提供信息的详细程度分为 ________________、________________。

7. 损益类账户中的收益类账户贷方登记 ______________________，费用类账户的借方登记 _____________。

8. 账户四个金额之间的关系式 ____。

9. “制造费用”属于 __________ 类账户。

10. 我国企业目前采用的记账方法是 ____________________。

二、单项选择题

1. 经济业务发生后，（　）会计等式的平衡关系。

A. 不会打破　　B. 根据不同业务，有时会打破

C. 会打破　　D. 根据会计人员的判断，有时会打破

2. 借贷记账法下账户的基本结构是左边为（　）。

A. 增加方　　B. 减少方

C. 借方　　D. 贷方

3. 下列各账户中，在借贷记账法下，本期增加的金额应记入借方的有（　）。

A. “实收资本”　　B. “银行存款”

C. “主营业务收入”　　D. “长期借款”

4. 某资产类账户期初余额为 2 000 元，借方本期发生额为 6 000 元，贷方本期发生额为 5 000 元，则该账户期末余额为（　）元。

A. 1 000　　B. 2 000

C. 3 000　　D. 13 000

5. 下列账户属于损益类账户的是（　）。

A. “制造费用”　　B. “生产成本”

C. “管理费用”　　D. “库存商品”

6. 会计科目与账户的区别主要是（　）。

A. 记录资产和权益的增减变动情况不同

B. 记录资产和负债的结果不同

C. 反映的经济内容不同

D. 账户有结构而会计科目没有结构

7. 一般情况下，在会计核算中不应编制（　）的分录。

A. 一借一贷　　B. 多借多贷

C. 一借多贷　　D. 多借一贷

8. 总分类账户与明细分类账户，是对账户按（　）进行分类的结果。

A. 经济内容　　B. 提供指标的详细程度

C. 经济用途　　D. 结构和用途

9. 实收资本是指企业实际收到的投资者投入的资本，它是企业（　）中的重要组成部分。

A. 资产　　B. 负债

C. 所有者权益　　D. 收入

10. 下列项目中引起资产和负债同时增加的经济业务是（　）。

A. 以银行存款购买材料　　B. 向银行借入长期借款并存入银行存款账户

C. 以银行存款上缴税金　　D. 收到外商捐赠的设备

11. 对会计对象具体内容进行总括分类的科目是（　）。

A. 总分类科目　　B. 二级或明细科目

C. 明细科目　　D. 总分类科目和二级科目

12. 某日，甲公司的资产总额为 400 万元，流动负债总额为 50 万元，所有者权益总额为 250 万元，则当日该公司的非流动负债总额为（　）。

A. 100 万元　　B. 150 万元　　C. 300 万元　　D. 350 万元

13. 下列不应计入当期损益的是（　）。

A. 管理费用　　B. 财务费用　　C. 所得税费用　　D. 制造费用

14. 最基本的会计等式是（　）。

A. 资产＋负债 = 所有者权益　　B. 资产 = 负债＋所有者权益

C. 收入 − 费用 = 利润　　D. 收入 − 成本 = 利润

15. “应付账款”账户的期初余额为 8 000 元，本期增加额为 12 000 元，期末金额为 6 000 元，则该账户的本期减少额为（　）。

A. 10 000 元　　B. 4 000 元　　C. 2 000 元　　D. 14 000 元

16. 企业的会计科目必须反映（　）的特点。

A. 会计对象　　B. 会计职能

C. 会计本质　　　　D. 会计定义

17. 以银行存款缴纳税金，所引起的变动为（　）。

A. 一项资产减少，一项所有者权益减少

B. 一项资产减少，一项负债减少

C. 一项资产减少，一项资产增加

D. 一项资产减少，一项负债增加

18. 借贷记账法的贷方登记的是（　）。

A. 资产的增加，负债及所有者权益增加

B. 资产的增加，负债及所有者权益减少

C. 资产的减少，负债及所有者权益增加

D. 资产的减少，负债及所有者权益减少

19. 在账户的左右两方中，哪一方记增加，哪一方记减少，取决于（　）。

A. 所采用的记账方法　　　　B. 所记录的经济业务和内容

C. 账户的具体格式　　　　D. 所采用的记账方法和账户的性质

20. “预付账款”账户的期初余额为 120 000 元，本期减少额为 50 000 元，期末金额为 90 000 元，则该账户的本期增加额为（　）。

A. 20 000 元　　B. 30 000 元　　C. 80 000 元　　D. 160 000 元

三、判断题

（　）1. 预付账款是负债类账户。

（　）2. 任何经济业务的发生都不会打破资产与权益的平衡关系，而且也不会使资产与权益数额发生变化。

（　）3. 借贷记账法中的“借”“贷”分别表示债权和债务。

（　）4. 账户是根据会计科目设置的，会计科目与账户核算的经济业务内容是相同的。

（　）5. “制造费用”账户，期末结转后一般没有余额。

（　）6. 将现金 1 000 元存入银行后，企业的总资产增加 1 000 元。

（　）7. 负债类与所有者权益类账户的结构式相同。

（　）8. 发生额试算平衡的依据是会计恒等式。

（　）9. 在借贷记账法下，一个账户的借方若用来记录增加额，则其贷方用来记录减少额。

（　）10. 总分类账户对明细分类账户起着补充说明和统驭控制的作用。

四、名词解释题

1. 复式记账法

2. 会计科目

3. 账户

4. 借贷记账法

5. 总分类账户

6. 试算平衡

五、简答题

1. 会计科目按照经济内容分为哪几类?

2. 资产、负债、所有权权益、成本、收益、费用类账户增加额、减少额分别在哪方?

3. 余额试算平衡公式和发生额试算平衡公式各是什么?

六、实训题

1. 利用账户余额计算公式填列表 4–8。

表4-8

账户名称	期初余额		本期发生额		期末余额	
	借方	贷方	借方	贷方	借方	贷方
银行存款	4 000 000		300 000	2 000 000	(　　)	
短期借款		200 000	(　　)	500 000		400 000
固定资产	(　　)		200 000	300 000	600 000	
管理费用	0		80 000	(　　)	0	
盈余公积		800 000	400 000	600 000		(　　)
本年利润		30 000	100 000	(　　)		40 000
主营业务收入		0	(　　)	15 000 000		0
应交税费		80 000	0	80 000		(　　)
生产成本	(　　)		150 000	800 000	50 000	
预收账款		15 000	30 000	20 000	(　　)	

2. 写出下列经济业务的会计分录。

（1）向深圳发展银行借入半年期借款 200 000 元，存入银行存款账户。

（2）购入甲材料一批，买价 18 000 元（不考虑增值税），全部款项以银行存款支付，材料已验收入库。

（3）采购员小王为出差预借差旅费 3 000 元，付给现金。

（4）以银行存款 25 000 元支付广告费。

（5）国家投入资本金 150 000 元，存入银行。

（6）用银行存款 40 000 元支付前欠货款。

（7）购买原材料 80 000 元，已入库；购买机床一台 200 000 元；均以银行存款支付。

（8）用现金 500 元支付行政部门电话费。

（9）银行存款 20 000 元缴纳税款。

（10）预收销货定金 90 000 元，存入银行。

3. 某企业 2019 年 5 月 1 日“银行存款”账户的期初余额为 180 000 元，5 月份发生的存款收支业务如下：

（1）6 日，以银行存款购入原材料 24 000 元。

（2）9 日，收回前欠货款 8 000 元，存入银行。

（3）12 日，从银行提取现金 5 000 元备用。

（4）19 日，收到投资者投资 65 000 元，存入银行。

（5）25 日，以银行存款 32 000 元购买机器设备 2 台。

要求：（1）写出以上业务的会计分录。

（2）计算“银行存款”本期发生额及该账户的期末余额。（写出计算过程，并用“T”形账户表示）

4. 依据项目二的【例 2–1】至【例 2–4】的原始凭证及解析，试分析业务，编制会计分录；尝试编制【例 2–5】至【例 2–10】的业务的会计分录。

【项目学习评价】

表4–9

成功之处	
不足之处	
改进措施	

项目五　记账凭证

【项目学习目标、学习方法、建议学时】

表5-1

学习目标		学习方法	建议学时
知识目标	① 熟练掌握记账凭证的填制要求； ② 熟练掌握记账凭证的填制方法； ③ 熟练掌握记账凭证的审核内容。	依据原始凭证填制记账凭证； 依据原始凭证审核记账凭证。	6
技能目标	① 培养学生的填制凭证技能； ② 培养学生的审核凭证技能。	依据原始凭证填制记账凭证； 依据原始凭证审核记账凭证。	
情感态度价值观目标	① 培养学生认真细致的工作作风、严谨的工作态度； ② 教育学生遵纪守法，不做假账。	在教与学中进行道德体悟，使学生养成细致、严谨的工作作风，培养会计职业操守。	

【项目学习】

任务一　记账凭证概述

一、记账凭证的概念

记账凭证是会计人员根据审核无误的原始凭证或汇总原始凭证，按照经济业务的内容加以分类，应用借贷记账法和会计科目，据以确定会计分录而填制的会计凭证，是登记账簿主要依据。

二、记账凭证的种类

记账凭证按其用途可以分为专用记账凭证和通用记账凭证。

（一）专用记账凭证

专用记账凭证是指分类反映经济业务的记账凭证。这种记账凭证按其反映经济业务的内容不同，可以分为收款凭证、付款凭证和转账凭证，也可分为现金收款凭证、现金付款凭证、银行存款收款凭证、银行存款付款凭证和转账凭证五类。

① 收款凭证。收款凭证是指用于记录现金和银行存款收款业务的记账凭证。

② 付款凭证。付款凭证是指用于记录现金和银行存款付款业务的记账凭证。

③ 转账凭证。转账凭证是指用于记录不涉及现金和银行存款业务的记账凭证。

（二）通用记账凭证

通用记账凭证是指用来反映所有业务的记账凭证。

三、记账凭证的填制基本要求

学习会计的过程中广泛使用的会计分录，在实际工作中是通过填制记账凭证来体现的，而且记账凭证的内容更加丰富全面。因此，正确填制记账凭证，对于保证账簿记录的正确性有重要意义。

① 审核无误。审核无误是指在对原始凭证审核无误的基础上才能填制记账凭证。

② 内容完整。内容完整是指记账凭证该包括的内容都应填写齐全，不能遗漏。

③ 分类正确。分类正确是指根据经济业务的内容，正确区别不同类型的原始凭证，正确应用会计科目。

④ 连续编号。连续编号是指记账凭证应当按处理经济业务的先后顺序连续编号。

四、填制记账凭证的具体要求

① 内容填写必须完整。记账凭证的基本内容包括记账凭证的名称，填制日期，凭证编号，摘要，借贷方会计科目、方向和金额，附件张数，记账符号，填制人员、记账人员、会计主管、审核人员及出纳人员的签名或盖章。

填写日期一般是填制记账凭证的当天日期，也可以根据管理需要，填写经济业务发生的日期或月末日期。如报销差旅费的记账凭证填写报销当日的日期；收、付款记账凭证按货币资金收付的日期填写；计提和分配费用等转账业务的记账凭证，应以当月最后的日期填写。

② 摘要应与原始凭证内容一致，表述要简短精练，要点突出。

③ 会计科目须按照全国统一的会计制度和企业会计准则等的规定填写，以保证核算口径一致，汇总分析方便。

④ 会计分录应保证借贷金额平衡，每张记账凭证必须填写合计金额，并在合计金额前加人民币符号“¥”。如有空行，应当自金额栏最后一笔数字下的空行处至合计数上的空行处画线注销。

⑤ 除结账和更正错误的记账凭证外，记账凭证必须附有原始凭证并注明张数。

原始凭证的张数一般以自然张数为准。差旅费等零散票券，可贴在一张纸上，作为一张原始凭证。一张原始凭证涉及几张记账凭证的，可将原始凭证附在一张主要记账凭证后面，在其他记账凭证上注明主要记账凭证的编号。如果一张记账凭证所附原始凭证较多（如供电公司收取居民电费的发票记账联）或需要随时查阅，可以将该部分原始凭证单独装订。在该记账凭证上注明“附件另订”和原始凭证的名称及编号。原始凭证另行装订后要加具自制封面，写明相应的记账凭证月份及编号。一张原始凭证所列支出需要由两个以上单位共同负担时，由保存该原始凭证的单位开出原始凭证分割单，交其他单位作为原始凭证。

⑥ 记账凭证的编号。无论采用哪种编号方法，都应该按月顺序分类编号，即每月每类凭证都从 1 号编起，顺序编至月末，如收字第 1 号、付字第 1 号、转字第 1 号等。一笔经济业务填制两张以上记账凭证的可采用分数编号，如$4\frac{1}{3}$、$4\frac{2}{3}$、$4\frac{3}{3}$。

⑦ 记账凭证发生错误，应当重新填制。如已登记入账，可以依据不同情况采用画线更正法、红字冲销法、补充登记法进行更正。错账更正方法的具体运用见项目九任务一。

⑧ 记账凭证登记入账后，应在“记账”栏标明已入账标记“√”。

⑨ 实行会计电算化的单位，其机制记账凭证应当符合对记账凭证的要求。

任务二　记账凭证的填制

一、专用记账凭证的填制

（一）收款凭证的填制

收款凭证是根据使现金、银行存款增加的经济业务填制的。填制收款凭证的要求是：

① 由出纳根据审核无误的收取款项的原始凭证填制，程序必须是先收款后填制收款凭证。

② 在收款凭证左上方的“借方科目”处填写“库存现金”或“银行存款”。

③ 填写收款凭证的填制日期和收款凭证编号。

④ 在收款凭证内填写经济业务的摘要。

⑤ 在收款凭证内“贷方科目”栏填写与“库存现金”或“银行存款”对应的贷方科目。

⑥ 在“金额”栏填写金额。

⑦ 在收款凭证的“附件”处填写所附原始凭证的张数。

⑧ 在收款凭证的下方由出纳、制单（常由为该经济业务收款的出纳填制）等相关责任人签字、盖章。

【例 5-1】2018 年 11 月 12 日，安阳殷鉴礼品有限公司（本公司）收到安阳小屯文化有限公司上月所欠货款 30 000 元，已存入银行。出纳郑廷玉填制收款凭证如表 5–2 所示。

表5–2

收款凭证

借方科目：银行存款　　2018年11月12日　　收字第1号

摘要	贷方科目		金额									记账
	总账科目	明细科目	百	十	万	千	百	十	元	角	分	
收到货款	应收账款	安阳小屯文化有限公司			3	0	0	0	0	0	0	
附件 1 张	合计			¥	3	0	0	0	0	0	0	

会计主管：　出纳：郑廷玉　记账：　复核：　制单：郑廷玉

（二）付款凭证的填制

付款凭证是根据现金、银行存款减少的经济业务填制的。填制付款凭证的要求是：

① 由出纳根据审核无误的支付款项的原始凭证填制，程序必须是先付款后填制付款凭证。

② 在付款凭证左上方的“贷方科目”处填写“库存现金”或“银行存款”。

③ 填写付款凭证的填制日期和付款凭证编号。

④ 在付款凭证内填写经济业务的摘要。

⑤ 在付款凭证内“借方科目”栏填写与“库存现金”或“银行存款”对应的借方科目。

⑥ 在“金额”栏填写金额。

⑦ 在付款凭证的“附件”处填写所附原始凭证的张数。

⑧ 在付款凭证的下方由出纳、制单（常由为该经济业务付款的出纳填制）等相关责任人签字、盖章。

【例 5–2】2018 年 11 月 15 日，安阳殷鉴礼品有限公司（本公司）从安阳新鑫金属有限公司采购红铜 1 吨，单价 40 000 元，材料已入仓库。价税合计 46 400 元，已付款。出纳郑廷玉填制付款凭证如表 5–3 所示。

表5–3

付款凭证

贷方科目：银行存款　　2018年11月15日　　付字第1号

摘要	借方科目		金额									记账
	总账科目	明细科目	百	十	万	千	百	十	元	角	分	
支付采购材料款	原材料	红铜			4	0	0	0	0	0	0	
支付采购材料款	应交税费	应交增值税（进项税额）				6	4	0	0	0	0	
附件 2 张	合计			¥	4	6	4	0	0	0	0	

会计主管：　出纳：郑廷玉　记账：　复核：　制单：郑廷玉

【注意】对于库存现金和银行存款之间相互划转的经济业务，如将现金存入银行或从银行提取现金，按规定只填制付款凭证，以免重复记账。

（三）转账凭证的填制

转账凭证是根据与现金、银行存款无关的经济业务填制的。填制转账凭证的要求是：

① 由会计人员根据审核无误的不涉及款项收支的原始凭证填制。

② 填写填制转账凭证的日期和凭证编号。

③ 在转账凭证内填写经济业务的摘要。

④ 在转账凭证内填写经济业务涉及的全部会计科目，顺序是借方在上面贷方在下面。

⑤ 在“金额”栏填写金额。

⑥ 在转账凭证的“附件”填写所附原始凭证的张数。

⑦ 在转账凭证的下方由制单等相关责任人签字、盖章。

【例 5-3】2018 年 11 月 16 日，安阳殷鉴礼品有限公司（本公司）销售给林州红旗渠商贸公司 800# 青铜鼎 5 件，零售价 80 000 元 / 件，价税款尚未收到。会计马青霞填制转账凭证如表 5-4 所示。

表5-4

转账凭证

2018 年 11 月 16 日　　　　转字第 1 号

摘要	科目名称		借方金额									贷方金额									记账
	总账科目	明细科目	百	十	万	千	百	十	元	角	分	百	十	万	千	百	十	元	角	分	
赊销商品	应收账款	林州红旗渠公司		4	6	4	0	0	0	0	0										
赊销商品	主营业务收入	青铜鼎 800#											4	0	0	0	0	0	0	0	
赊销商品	应交税费	应交增值税（销项税额）												6	4	0	0	0	0	0	
附件 2 张	合计		¥	4	6	4	0	0	0	0	0	¥	4	6	4	0	0	0	0	0	

会计主管：　　记账：　　复核：　　制单：马青霞

上述内容中是将记账凭证分为收款凭证、付款凭证、转账凭证三类，如果单位收付款经济业务多，可以根据需要将记账凭证分为库存现金收款凭证（编号“现收字第 × 号”）、银行存款收款凭证（编号“银收字第 × 号”）、库存现金付款凭证（编号“现付字第 × 号”）、银行存款付款凭证（编号“银付字第 × 号”）、转账凭证（编号“转字第 × 号”）五类。其填制方法请参照上述内容。

二、通用记账凭证的填制

通用记账凭证的名称为“记账凭证”，集收款、付款和转账凭证于一身，通用于收款、付款和转账等各种类型的经济业务。其填制方法与转账凭证基本相同，请参照上述转账凭证填制的内容。

【**例 5-4**】2018 年 11 月 27 日，安阳殷鉴礼品有限公司（本公司）从银行提取备用金 2 700 元。出纳郑廷玉填制通用记账凭证如表 5-5 所示。

表5-5

记 账 凭 证

2018 年 11 月 27 日　　记字第 1 号

摘 要	科目名称		借方金额									贷方金额									记账
	总账科目	明细科目	百	十	万	千	百	十	元	角	分	百	十	万	千	百	十	元	角	分	
提取备用金	库存现金					2	7	0	0	0	0										
提取备用金	银行存款														2	7	0	0	0	0	
附件 1 张	合 计				¥	2	7	0	0	0	0			¥	2	7	0	0	0	0	

会计主管：　　出纳：郑廷玉　　记账：　　复核：　　制单：郑廷玉

任务三　记账凭证的审核

记账凭证是登记账簿的主要依据，为了保证账簿登记的正确，记账凭证填制完毕后必须进行审核。审核的重点是其完整性、规范性、正确性，主要内容包括：

① 记账凭证的日期是否正确：记账凭证的填制日期一般是会计人员填制记账凭证的日期。

② 记账凭证是否编号，编号是否连续。

③ 经济业务摘要是否正确地反映了经济业务的基本内容。

④ 会计科目的使用是否正确：记账凭证上所写的总分类账科目及明细分类账科目名称和内容是否规范并前后一致，总分类账科目和明细分类账科目是否填列齐全。

⑤ 记账凭证所列金额计算是否准确，书写是否清楚、符合要求。

⑥ 记账凭证是否附有原始凭证，所附原始凭证的张数与记账凭证上填写的附件张数是否相符。

⑦ 出纳、制单等有关人员是否正确签名盖章。

对审核发现的错误要及时改正，对尚未登账的记账凭证的错误，必要时可作废错误凭证重新填制；发现已经登账的记账凭证的错误，应根据错误类型采用画线更正法、红字更正法或补充登记法，详见项目九任务一的相关内容。

【更上层楼】

按照《会计档案管理办法》（2015年修订发布），自2016年起企业的记账凭证需保管30年。

【项目检测】

一、填空题

1. 记账凭证是会计人员根据审核无误的_____，按照经济业务的内容加以分类，应用借贷记账法和会计科目，据以确定会计分录而填制的_____，是登记账簿主要依据。

2. 记账凭证按其用途可以分为________和________。

3. 专用记账凭证按照反映的经济内容不同，可分为_____、_____和_____。

4. 收款凭证是指用于记录现金和银行存款_____的记账凭证。

5. ______是指用于记录现金和银行存款付款业务的记账凭证。

6. ______是指用于记录不涉及现金和银行存款业务的记账凭证。

二、单项选择题

1. 记账凭证的基本内容不包括（　）。

A. 记账凭证名称及编号　　B. 附件张数

C. 会计科目　　D. 接收单位名称

2. 记账凭证分为收款凭证、付款凭证和转账凭证的依据是（　）。

A. 凭证用途的不同　　B. 凭证填制手续的不同

C. 记载经济业务内容不同　　D. 所包括的会计科目是否单一

3. 从银行提取现金的经济业务，应填制（　）。

A. 一张转账凭证　　B. 一张收款凭证

C. 一张付款凭证　　D. 一张收款凭证和一张付款凭证

4. 企业购进原材料20 000元，款项未付，应编制的记账凭证是（　）。

A. 转账凭证　　B. 付款凭证

C. 收款凭证　　D. 以上均可

5. 关于记账凭证填制的要求，不正确的是（　）。

A. 记账凭证各项内容必须完整　　B. 记账凭证应连续编号

C. 可以将不同内容和类别的原始凭证汇总填制在一张记账凭证上

D. 填制记账凭证时若发生错误，应当重新填制

6. 关于记账凭证的审核，下列表述不正确的是（　）。

A. 内容是否真实　　B. 由出纳人员进行审核

C. 会计科目是否正确　　D. 项目是否齐全

7. 下列业务中，应编制付款凭证的是（　）。

A. 收回前欠货款30 000元

B. 购入材料10 000元，货款未付

C. 以银行存款归还前欠货款 50 000 元

D. 接受投资者投入资金 200 000 元

8. 登记账簿的主要依据是（　）。

A. 原始凭证　　B. 记账凭证　　C. 会计分录　　D. 会计档案

9. 填制记账凭证时，（　）不是需要填写的内容。

A. 填制日期　　B. 借贷方会计科目

C. 凭证编号　　D. 单位负责人

三、判断题

（　）1. 收款凭证是依据库存现金收款业务所编制的记账凭证。

（　）2. 记账凭证填制完经济业务事项后，如有空行，应当自金额栏最后一笔金额数字下的空行处至合计数上的空行处画线注销。

（　）3. 所有记账凭证都必须附有原始凭证，否则不能作记账的依据。

（　）4. 若记账凭证已登记账簿，应在“记账”栏内标记“√”，以防重记或漏记。

（　）5. 无论采用专用记账凭证还是通用记账凭证，都应该按月顺序编号，即每月凭证都从 1 号编起，顺序编至月末。

（　）6. 原始凭证与记账凭证是按照来源和用途的不同分类的，两者合称为会计凭证。

四、名词解释题

1. 记账凭证

2. 收款凭证

五、简答题

1. 记账凭证填制的具体要求包括哪些？

2. 记账凭证审核的内容有哪些？

六、实训题

1. 记账凭证填制实训。

要求：依据下列提供的安阳殷鉴礼品有限公司 2019 年 11 月的原始凭证，分别用专用记账凭证和通用记账凭证两类凭证进行填写。

（1）9 日，出纳员郑廷玉从银行存款提取备用现金 3 000 元。原始凭证如表 5-6 所示，请代郑廷玉填制记账凭证。

表5-6

安 阳 银 行
现金支票存根
40104112
01143879
附加信息 ______
出票日期 2019 年 11 月 9 日
收款人：安阳殷鉴礼品有限公司
金 额：¥ 3000.00
用 途：备用金
单位主管　　会计

（2）10 日，张敏为办公室购买办公用品，共计 288.40 元，已领用。出纳员郑廷玉付以现金。请代郑廷玉填制记账凭证。（表 5-7 和表 5-8）

（3）12 日，公司销售给郑州商都礼品有限公司 800# 青铜鼎 1 件，价款 85 000 元；8# 青铜鼎 200 件，价款 160 000 元。开具增值税专用发票，货款尚未收到。（表 5-9）

表5-7

办 公 费 报 销 单

报销日期：2019 年 11 月 10 日

费用项目	类别	金额	负责人意见	准报。 魏西门
办公用品		288.40		
			审核意见	核对无误。 韩圭
			报销人	张敏
合计（大写）：人民币贰佰捌拾捌元肆角整			¥288.40	

表5-8

041001831004　　河南增值税普通发票　　№ 00397189

发票联　　开票日期：2019年11月10日

购买方	名　称	安阳殷鉴礼品有限公司				密码区	9*<+2/》2、1*45+5-<>>*-984-1524-545/3988/	
	纳税人识别号	9131004021345608OM						
	地址、电话	安阳市文峰区仁义巷8号 0372-3333222						
	开户行及账号	安阳银行鼓楼支行 170608170609170610						
货物或应税劳务、服务名称	规格型号	单位	数量	单价	金额	税率	税额	
*计算机配套产品*键盘鼠标套装		套	2	140.00	280.00	3%	8.40	
合　计					280.00		8.40	
价税合计（大写）	人民币贰佰捌拾捌元肆角整				（小写）¥288.40			
销售方	名　称	安阳明远商贸有限公司				备注		
	纳税人识别号	913100402130005003						
	地址、电话	安阳市团结路25号 0372-2283433						
	开户行及账号	工商银行北关支行 170607170602470630						

第二联：发票联　购买方记账凭证

收款人：　　复核：　　开票人：赵光义　　销售方：（章）

表5-9

4102017745　　河南增值税专用发票　　№ 00389789

此联不作报销扣税凭证使用　　开票日期：2019年11月12日

购买方	名　称	郑州商都礼品有限公司				密码区	0*252/》2、1*45+5-<>>*-984-1524-545/39>5+	
	纳税人识别号	41010945005806598K						
	地址、电话	郑州市金水区花园路43号						
	开户行及账号	郑州市支行 170602170643460681						
货物或应税劳务、服务名称	规格型号	单位	数量	单价	金额	税率	税额	
*工艺品*青铜鼎	800#	件	1	85000.00	85000.00	13%	11050.00	
*工艺品*青铜鼎	8#	件	200	800.00	160000.00	13%	20800.00	
合　计					¥245000.00		¥31850.00	
价税合计（大写）	人民币贰拾柒万陆仟捌佰伍拾元整				（小写）¥276850.00			
销售方	名　称	安阳殷鉴礼品有限公司				备注		
	纳税人识别号	9131004021345608OM						
	地址、电话	安阳市文峰区仁义巷8号 0372-3333222						
	开户行及账号	安阳银行鼓楼支行 170608170609170610						

第一联：记账联　销售方记账凭证

收款人：郑廷玉　　复核：韩圭　　开票人：李延寿　　销售方：（章）

（4）17 日，收到林州红旗渠商贸公司开来的面值 266 650 元的转账支票正联，公司填制进账单，随同转账支票交给开户银行，款项存入银行。（表 5–10 和表 5–11）

表5–10

付款期限自出票之日起十天

中国银行　转账支票　　10404112　00114353

出票日期（大写）贰零壹玖 年 壹拾壹 月 壹拾柒 日　　付款行名称：中国银行林州支行

收款人：安阳殷鉴礼品有限公司　　出票人账号：4105814105824105 83

人民币（大写）	百	十	万	千	百	十	元	角	分
贰拾陆万陆仟陆佰伍拾元整	¥	2	6	6	6	5	0	0	0

用途货款

上列款项请从

我账户内支付

出票人签章

林州红旗渠商贸有限公司 财务专用章

殷商 印都

密码

复核　　记账

表5–11

安阳银行　进账单（收账通知）

2019 年 11 月 17 日

出票人	全称	林州红旗渠商贸有限公司	收款人	全称	安阳殷鉴礼品有限公司
	账号	410581410582410583		账号	170608170609170610
	开户银行	中国银行林州支行		开户银行	安阳银行鼓楼支行

金额 人民币（大写）	百	十	万	千	百	十	元	角	分
贰拾陆万陆仟陆佰伍拾元整	¥	2	6	6	6	5	0	0	0

票据种类	转账支票	票据张数	1
票据号码	00114353		

安阳银行
鼓楼支行
2019年11月17日
转讫章

复核　　记账　　收款人开户银行签章

此联是开户银行交给持票人的收账通知

注：本回执作为收款人的收款证明。

2. 记账凭证审核实训。

要求：根据下列资料，认真审核记账凭证的正确性和完整性。如有错误，重新填制正确的记账凭证。

（1）2019 年 12 月 12 日，安阳殷鉴礼品有限公司（本公司）收到林州红旗渠有限公司开立的转账支票，支付上月所欠货款 30 600 元。公司填制进账单，随同转账支票交给开户银行，款已存入银行。填制凭证如表 5–12 所示。

表5-12

收 款 凭 证

借方科目：银行存款　　　　2019 年 12 月 12 日　　　　银收字第 9 号

摘要	贷方科目		金额									记账
	总账科目	明细科目	百	十	万	千	百	十	元	角	分	
收到上月货款	应收账款	灵州红旗渠公司			3	0	6	0	0	0	0	
附件 1 张	合　　计			¥	3	0	6	0	0	0	0	

会计主管：　　出纳：郑廷玉　　记账：　　复核：　　制单：郑廷玉

（2）2019 年 12 月 20 日，安阳殷鉴礼品有限公司（本公司）以现金购买办公用品一批，共计 568 元，当即交付车间使用。填制记账凭证如表 5-13 所示。

表5-13

付 款 凭 证

贷方科目：库存现金　　　　2019 年 12 月 20 日　　　　银付字第 4 号

摘要	借方科目		金额									记账
	总账科目	明细科目	百	十	万	千	百	十	元	角	分	
购办公用品	管理费用						5	6	8	0	0	
附件 1 张	合　　计					¥	5	8	6	0	0	

会计主管：　　出纳：　　记账：　　复核：　　制单：郑廷玉

（3）2019 年 12 月 25 日，安阳殷鉴礼品有限公司（本公司）从银行提取现金 1 000 元，填制记账凭证如表 5-14 所示。

表5-14

收 款 凭 证

借方科目：库存现金　　　　2019 年 12 月 25 日　　　　现付字第 4 号

摘要	贷方科目		金额									记账
	总账科目	明细科目	百	十	万	千	百	十	元	角	分	
提取现金	银行存款					1	0	0	0	0	0	
附件 1 张	合　　计				¥	1	0	0	0	0	0	

会计主管：　　出纳：郑廷玉　　记账：　　复核：　　制单：郑廷玉

3. 记账凭证综合实训。

以项目二中【项目检测】第六题填制后审核无误的原始凭证为依据分别填制专用记账凭证、通用记账凭证，并与同学交叉审核。

【项目学习评价】

表5–15

成功之处	
不足之处	
改进措施	

项目六　企业基础经济业务的会计核算

【项目学习目标、学习方法、建议学时】

表6–1

学习目标		学习方法	建议学时
知识目标	① 掌握企业基础经济业务的会计科目； ② 掌握企业基础经济业务的账务处理。	结合例题理解与掌握会计科目，学习基础经济业务的处理。	12
技能目标	① 熟练基础经济业务的会计分录； ② 能够对基础经济业务进行简单会计核算。	通过典型例题导入；通过对基础经济业务的练习，掌握会计分录的书写。	
情感态度价值观目标	引导学生在会计核算中建立严谨的工作态度、诚信的价值观。	在教与学中进行道德教育，培养学生了解会计规范，养成严谨的会计工作作风。	

【项目学习】

任务一　筹集资金的核算

企业为了开展经营活动，必须拥有一定数量的资金。资金进入企业的渠道主要有两种：① 实收资本，即投资者投入的资本，形成所有者权益；② 债权资本，即向债权人借入的资本，形成债权人的权益，企业的义务，即负债。

一、接受投资业务的核算

实收资本代表着一家企业的实力，是创办企业的“本钱”，也是一家企业维持正常的经营活动的最基本的条件，是企业独立承担民事责任的资金保证。

资本公积主要是投资者或者他人投入到企业、所有权归属于投资者并且金额超过法定资本部分的资本，是企业所有者权益的重要组成部分。

（一）常用账户

1.“实收资本”账户

“实收资本”账户用来核算企业接受投资者投入的资本金。① 贷方登记增加数；② 借方登记减少数；③ 期末为贷方余额，表示实收资本的实有数额；④ 按照投资主体设置明细账进行明细分类核算。

2.“资本公积”账户

“资本公积”账户用来核算企业资本公积的增减变动及其结余情况。① 贷方登记增加数；② 借方登记减少数；③ 期末为贷方余额，表示资本公积的实有数额。

3.“银行存款”账户

“银行存款”账户用来核算企业存入银行或其他金融机构的各种款项。① 借方登记存入的款项；② 贷方登记提取或支出的款项；③ 期末为借方余额，表示企业存在银行或其他金融机构的各种款项。

（二）账务处理举例

本项目以安阳殷鉴培训有限公司为例，阐述企业主要经济业务的核算。

【例 6-1】安阳殷鉴培训有限公司收到安阳小屯文化有限公司投资款 400 000 元，款项已存入银行。编制会计分录如下：

借：银行存款	400 000	
贷：实收资本——小屯公司		400 000

【例 6-2】安阳殷鉴培训有限公司收到银泰公司作为资本投入的专利技术一项，合同约定价值为 700 000 元；同时收到富光公司作为资本投入的展示柜一组，投资合同约定价值为 900 000 元。编制会计分录如下：

借：无形资产——专利技术	700 000	
固定资产——展示柜	900 000	
贷：实收资本——银泰公司		700 000
——富光公司		900 000

【例 6-3】安阳殷鉴培训有限公司由三位投资者投资 200 万元设立，出资额分别为 40 万元、70 万元、90 万元。一年后，公司引入投资者乙炳加入，注册资本增加到 250 万元。按照协议，乙炳拥有公司 20% 的股权，需缴入资金 75 万元。公司已收到该笔投资，款项存入银行。编制会计分录如下：

借：银行存款	750 000	
贷：实收资本——乙炳		500 000
资本公积——资本溢价		250 000

二、借入资金业务的核算

（一）常用账户

1.“短期借款”账户

“短期借款”账户是用来核算企业借款的取得、归还及余额的负债类账户。① 贷方登记取得借款的增加数；② 借方登记归还借款的减少数；③ 期末为贷方余额，表示企业尚未归还的短期借款；④ 按照债权人和借款种类设置明细账进行明细分类核算。

2.“长期借款”账户

“长期借款”账户是用来核算企业从银行或其他金融机构借入的期限超过 1 年（不含 1 年）的各种借款的增减变动情况的负债类账户。① 贷方登记借入的长期借款本金及应付利息；② 借方登记到期偿还的借款本息；③ 期末为贷方余额，表示尚未到期归还的长期借款数额。

3.“财务费用”账户

“财务费用”账户是用来核算企业为筹集资金所发生的相关费用情况的费用类账户。① 借方登记增加数；② 贷方登记期末结转到“本年利润”账户的转销数；③ 期末结转后无余额。

4.“应付利息”账户

“应付利息”账户是用来核算企业因借入资金而发生利息的应付、偿还及余额情况的负债类账户。① 贷方登记应付而未付利息的增加数；② 借方登记应付而未付利息的减少数；③ 期末为贷方余额，表示企业尚未归还的应付而未付利息的累计数。

（二）账务处理举例

【例 6-4】2019 年 2 月 5 日，安阳殷鉴培训有限公司从银行借入 2 年期限的借款 1 200 000 元，年利率为 8%，所借款项已存入银行。编制会计分录如下：

借：银行存款　　　　1 200 000

　　贷：长期借款　　　　1 200 000

【例 6-5】2019 年 6 月 1 日，安阳殷鉴培训有限公司从银行借入一笔短期借款 20 000 元，期限为半年，年利率为 5%，利息到期直接支付。由于利息费用金额较小不预提。编制会计分录如下：

借：银行存款　　　　20 000

　　贷：短期借款　　　　20 000

【例 6-6】2019 年 12 月 1 日，安阳殷鉴培训有限公司 6 月 1 日借入的 20 000 元短期借款到期，偿还本息。编制会计分录如下：

利息 = 本金 × 期限 × 利率 = 20 000 × 6/12 × 5% = 500（元）

借：短期借款　　　　20 000

　　财务费用　　　　500

　　贷：银行存款　　　　20 500

【例 6-7】2020 年 1 月 1 日，安阳殷鉴培训有限公司从银行借入一笔 3 个月期限的短期借款 120 000 元，年利率为 5%。所借款项已存入银行。根据借款协议，本金到期后一次归还，利息分月支付。编制会计分录如下：

（1）1 月 1 日，借入短期借款：

借：银行存款　　　　　　　　　120 000
　　贷：短期借款　　　　　　　　　　120 000

（2）1 月末，计提 1 月应负担的利息费用：

借：财务费用——利息支出　　　　500
　　贷：应付利息　　　　　　　　　　500

（3）1 月末，支付 1 月份利息：

借：应付利息　　　　　　　　　　500
　　贷：银行存款　　　　　　　　　　500

为简化核算，也可将上面两个分录合并。

计提 2 月应负担的利息和支付利息的分录同 1 月份。

（4）3 月末支付银行借款本金及利息：

借：财务费用——利息支出　　　　500
　　短期借款　　　　　　　　　120 000
　　贷：银行存款　　　　　　　　　　120 500

任务二　物资采购的核算

企业为了开展销售活动，必须采购各种物资。本任务以实际成本法为例讲解，不考虑增值税。

一、常用账户

1.“在途物资”账户

“在途物资”账户用来核算企业采用实际成本（或进价）进行材料和商品等物资的日常核算、货款已付但尚未入库的在途物资的采购成本。① 借方登记购入材料商品等物资的买价和采购费用（实际采购成本）；② 贷方登记已验收入库材料、商品等物资应结转的实际采购成本；③ 期末为借方余额，表示企业期末在途材料、商品等物资的采购成本；④ 按照供应单位和物资品种进行明细核算。

2.“原材料”账户

“原材料”账户用来核算企业库存的各种材料的增减变动及其结存的实际成本。① 借方登记已验收入库材料的实际成本或计划成本；② 贷方登记所发出材料的实际成本或计划成本；③ 期末为借方余额，表示结存材料的实际成本或计划成本；④ 按照材料的种类、名称和规格型号进行明细核算。

3.“库存商品”账户

“库存商品”账户用来核算企业库存的各种商品的实际成本（或进价）或计划成本（或售价），包括库存产成品、外购商品、存放在门市部准备出售的商品、发出展览的商品以及寄存在外的商品等。① 借方登记验收入库的库存商品成本；② 贷方登记发出的库存商品成本；③ 期末为借方余额，表示企业期末库存商品的实际成本（或进价）或计划成本（或售价）；④ 按照材料的种类、品种和规格型号进行明细核算。

4.“应付账款”账户

“应付账款”账户用来核算企业因采购材料、商品和接受劳务而与供应单位发生的结算债务的增减变动及其余额。① 贷方登记企业因购入材料、商品和接受劳务等尚未支付的款项；② 借方登记偿还的应付账款；③ 期末余额一般在贷方，表示企业期末尚未支付的应付账款余额，如为借方余额，表示企业期末预付账款的余额。

5.“应付票据”账户

“应付票据”账户用来核算企业购买材料、商品和接受劳务等开出、承兑的商业汇票，包括银行承兑汇票和商业承兑汇票。① 贷方登记企业开出、承兑的商业汇票；② 借方登记企业已经支付或者到期无力支付的商业汇票；③ 期末余额在贷方，表示企业尚未到期的商业汇票的票面金额。

6.“预付账款”账户

“预付账款”账户用来核算企业因按照购货合同规定，向供应单位预付购货款项而与供应单位发生的债权结算的增减变动及其余额。① 借方登记企业向供应单位的预付款项，表明债权的增加；② 贷方登记收到供应单位的供货时应冲销的预付款项，表明债权的减少；③ 期末如有借方余额，表示企业尚未收到货物的预付款项，如有贷方余额，表示企业收到货物的款项大于预付款项尚未补付的购货款；④ 按照供应单位设置明细账，进行明细核算。

二、账务处理举例

【例 6-8】2019 年 6 月 16 日，安阳殷鉴培训有限公司从华夏书城购入塑料玩具一批。货款 226 000 元，款项用银行存款支付，塑料玩具已入库。编制会计分录如下：

借：库存商品——塑料玩具	226 000	
贷：银行存款		226 000

【例 6-9】17 日，安阳殷鉴培训有限公司从旭日公司购入积木一批。货款 113 000 元，款项尚未支付，积木已入库。编制会计分录如下：

借：库存商品——积木	113 000	
贷：应付账款——旭日公司		113 000

【例 6-10】18 日，安阳殷鉴培训有限公司从阳光商贸公司购入笔记本一批。货款 33 900 元，笔记本尚未到达，款项用银行存款支付。编制会计分录如下：

借：在途物资——笔记本	33 900	

贷：银行存款　　　　　　　　　　　　33 900

【例 6-11】19 日，安阳殷鉴培训有限公司从阳光商贸公司购入的笔记本到达，验收入库。编制会计分录如下：

借：库存商品——笔记本　　　　　　　33 900

贷：在途物资——笔记本　　　　　　　33 900

【例 6-12】20 日，安阳殷鉴培训有限公司准备从星海公司购入挂图一批。按照购销合同规定，向星海公司预付货款 67 800 元。编制会计分录如下：

借：预付账款——挂图　　　　　　　　67 800

贷：银行存款　　　　　　　　　　　　67 800

【例 6-13】21 日，安阳殷鉴培训有限公司从鸿运公司购入桌游卡牌一批，货款 565 000 元；桌游棋具一批，货款 339 000 元。已开出商业承兑汇票一张，商品尚未入库。编制会计分录如下：

借：在途物资——桌游卡牌　　　　　　565 000

——桌游棋具　　　　　　339 000

贷：应付票据——鸿运公司　　　　　　904 000

【例 6-14】23 日，安阳殷鉴培训有限公司以银行存款支付从鸿运公司购入商品的运费 4 520 元。公司按商品价款分配采购费用。

运费分配率 = 4 520 ÷（565 000+339 000）= 0.005

桌游卡牌应分摊的运费 = 565 000 × 0.005 = 2 825（元）

桌游棋具应分摊的运费 = 339 000 × 0.005 = 1 695（元）

根据分配结果编制会计分录如下：

借：在途物资——桌游卡牌　　　　　　2 825

——桌游棋具　　　　　　1 695

贷：应付票据——鸿运公司　　　　　　4 520

【例 6-15】24 日，安阳殷鉴培训有限公司从鸿运公司购入的卡牌和棋具运达，验收入库。编制会计分录如下：

借：库存商品——桌游卡牌　　　　　　567 825

——桌游棋具　　　　　　340 695

贷：在途物资——桌游卡牌　　　　　　567 825

——桌游棋具　　　　　　340 695

任务三　销售与费用的核算

销售过程是企业通过对外提供劳务和服务、出售有形和无形资产，实现利润的一个关键环节。销售包括两项：① 销售产品、商品，自制半成品等，统称产品销售；② 除产品、商品销售以外的原材料销售、包装物销售、废旧物资销售、技术转让、固定资产出租、包装物出租、提供运输等，统称为其他销售。

一、销售业务的核算

在不考虑销售税费的情况下，销售过程包括三项内容：① 确认销售收入的实现；② 计算并结转销售成本；③ 发生并支付销售费用。

（一）销售收入的概念及分类

销售收入是指企业因产品销售和其他销售等所形成的经济利益的流入。销售收入按照是否属于主营业务，分为主营业务收入和其他业务收入。

主营业务收入是指企业在其主要的经营活动中获得的经济利益的总流入，如制造业企业的销售产品收入、商品流通企业的销售商品收入等。

其他业务收入是指企业主营业务收入以外的所有通过销售商品、提供劳务及让渡资产使用权等日常活动中所形成的经济利益的流入，包括材料销售、包装物销售与出租、废旧物资出售、无形资产出租等。

（二）销售成本的概念及分类

企业为生产产品、提供劳务等发生的可归属于产品成本、劳务成本等的费用，应当确认产品销售收入、劳务收入时，将已销售产品、已提供劳务的成本等计入当期损益。

销售成本是指已销售产品的生产成本或已提供劳务的劳务成本以及其他销售的业务成本。企业在销售过程中，为取得销售收入必然要付出一定数量的商品或提供一定数量的劳务、服务等。销售成本的确认与计量采用“因果配比”方式，包括主营业务成本和其他业务成本两部分。

1. 主营业务成本

主营业务成本是指企业销售商品、产品、半成品以及提供工业性劳务等业务所形成的成本。将销售一定数量产品的生产成本或提供一定数量产品的生产成本或提供一定劳务数量的劳务成本，与出售该产品或提供该劳务的销售收入配比，形成了主营业务成本。其计算公式如下：

主营业务成本 = 产品销售数量或提供劳务数量 × 产品单位生产成本或单位劳务成本

2. 其他业务成本

其他业务成本是指企业销售材料、出租包装物、出租无形资产、出租固定资产等业务所形成的成本。与其他业务收入相配比的其他业务成本，包括销售材料的成本、出租固定资产的折旧额、出租无形资产的摊销额等。

（三）常用账户

1.“主营业务收入”账户

“主营业务收入”账户用来核算企业因销售商品、提供劳务等主营业务所实现的收入。

① 贷方登记本期实现的主营业务收入；② 借方登记期末转入“本年利润”账户的主营业务收入转出数；③ 该账户在期末结转后应无余额；④ 按照主营业务类别或产品名称设置明细账，进行明细分类核算。

2.“其他业务收入”账户

“其他业务收入”账户用来核算企业其他销售或其他业务收入所实现的收入。① 贷方登记本期实现的其他业务收入；② 借方登记期末转入“本年利润”账户的其他业务收入转出数；③ 期末结转后无余额；④ 按照其他业务的种类设置明细账，进行明细分类核算。

3.“主营业务成本”账户

“主营业务成本”账户用来核算企业与主营业务收入配比应确认的主营业务成本（如已销售商品的进价、已确认劳务收入的劳务成本等）的发生和结转。① 借方登记从“库存商品”“劳务成本”账户转入的本期已销售商品的成本或已实现的劳务成本；② 贷方登记期末转入“本年利润”账户的本期已销商品成本的转出数；③ 该账户在期末结转后应无余额；④ 按照商品类别或名称设置明细账，进行明细分类核算。

4.“其他业务成本”账户

“其他业务成本”账户用来核算企业与其他业务收入配比应确认的其他销售或其他业务成本的发生和结转。① 借方登记从相关账户（如原材料、累计折旧等）转入的本期已发生的其他业务成本；② 贷方登记期末转入“本年利润”账户的本期已发生其他业务成本的转出数；③ 该账户在期末结转后应无余额；④ 按照其他业务的种类设置明细账，进行明细分类核算。

5.“应收账款”账户

“应收账款”账户用来核算企业销售业务应向购买单位收取的款项。① 借方登记由于销售业务而产生的债权；② 贷方登记已经收回的应收款项；③ 期末余额一般在借方，表示企业尚未收回的应收款项，如果出现贷方余额，表示企业预收的款项；④ 按照债务单位或个人设置明细账，进行明细分类核算。

6.“应收票据”账户

“应收票据”账户用来核算企业因销售商品、提供劳务等而收到的商业汇票。① 企业收到承兑方签字的商业汇票时借记本账户；② 票据到期（不论是否收到款项）时贷记本账户；③ 期末如有借方余额，表示尚未到期的应收票据款项；④ 按照承兑方（即债务单位）设置明细账，进行明细分类核算。

7.“预收账款”账户

“预收账款”账户用来核算企业按照合同规定向购买单位预收的款项及其结算情况。① 企业收到客户预付的款项时贷记本账户；② 企业用商品或劳务抵偿预收账款时借记本账户；③ 期末余额一般在贷方，表示企业需用商品或劳务抵偿的预收款项，如果出现借方余额，表示企业应向客户补收的款项；④ 按照购买单位名称设置明细账，进行明细分类核算。

（四）账务处理举例

【例 6-16】安阳殷鉴培训有限公司向上华公司销售：A 商品 150 件，每件 60 元，价款

9 000 元；B 商品 200 件，每件 40 元，价款 8 000 元。货已发出，收到上华公司开来金额为 17 000 的转账支票。编制会计分录如下：

借：银行存款　　17 000
　　贷：主营业务收入——A 商品　　9 000
　　　　　　　　　——B 商品　　8 000

【例 6-17】安阳殷鉴培训有限公司采用赊销方式向金华公司销售商品：A 商品 300 件，单价 65 元，价款 19 500 元；B 商品 400 件，单价 45 元，价款 18 000 元。货已发出，对方承诺下月付款。编制会计分录如下：

借：应收账款——金华公司　　37 500
　　贷：主营业务收入——A 商品　　19 500
　　　　　　　　　——B 商品　　18 000

【例 6-18】【例 6-17】中向金华公司销售商品业务的发生运杂费 1 000 元，公司用银行存款代垫，未来将随同价款形成的应收账款一起收回。编制会计分录如下：

借：应收账款——金华公司　　1 000
　　贷：银行存款　　1 000

【例 6-19】安阳殷鉴培训有限公司采用商业汇票方式向长江公司销售商品：A 商品 250 件，单价 60 元，价款 15 000 元；B 商品 250 件，单价 40 元，价款 10 000 元。货已发出，收到对方签发并承兑的银行承兑汇票。编制会计分录如下：

借：应收票据——长江公司　　25 000
　　贷：主营业务收入——A 商品　　15 000
　　　　　　　　　——B 商品　　10 000

【例 6-20】安阳殷鉴培训有限公司收到开户银行转来的金额为 38 500 元的金华公司的前欠货款。编制会计分录如下：

借：银行存款　　38 500
　　贷：应收账款——金华公司　　38 500

【例 6-21】安阳殷鉴培训有限公司收到金额为 450 000 元的银行电汇凭证，系预收中楠公司购买 A 商品的全部货款。编制会计分录如下：

借：银行存款　　450 000
　　贷：预收账款——中楠公司　　450 000

【例 6-22】中楠公司预订的 A 商品已发出，销售收入与预收款一致，确认主营业务收入。编制会计分录如下：

借：预收账款——中楠公司　　450 000
　　贷：主营业务收入——A 商品　　450 000

【例 6-23】安阳殷鉴培训有限公司在月末计算并结转本月主营业务成本：A 商品成本 238 000 元，B 商品成本 16 000 元。编制会计分录如下：

借：主营业务成本——A 商品　　238 000
　　　　　　　　——B 商品　　16 000

贷：库存商品——A 商品　　238 000

　　　　　　——B 商品　　16 000

【例 6–24】本市宏光公司急需甲材料，安阳殷鉴培训有限公司向宏光公司转让富余的甲材料，应收宏光公司 42 000 元，对方承诺下月 20 日付款。编制会计分录如下：

借：应收账款——宏光公司　　42 000

　贷：其他业务收入——材料销售　　42 000

【例 6–25】安阳殷鉴培训有限公司在月末计算并结转本月其他业务成本，甲材料成本 40 000 元。编制会计分录如下：

借：其他业务成本——材料销售　　40 000

　贷：原材料——甲材料　　40 000

二、期间费用的核算

（一）期间费用的构成内容

期间费用是指不能直接归属于某个特定的产品成本，而应直接计入当期损益的各种费用。它是企业在经营过程中随着时间的推移而不断地发生的与销售有一定的关系的费用，包括工资薪金费用、折旧费用、修理费用、差旅费用、展览费用、广告费用、业务招待费用、包装费用、印刷费用、办公费用、咨询费用、利息费用等。以上这些费用按照发生的环节、用途并结合"重要性"原则，可将其划分为销售费用、管理费用、财务费用三类。

① 销售费用是指企业在销售过程中发生的除主营业务成本和其他业务成本以外其他所有费用，包括广告费、包装费、展览费、商品维修费、运输费和装卸费，以及为销售本企业产品而专设的销售机构（含销售网点、售后服务网点）的职工薪酬、业务费和折旧费等。

② 管理费用是指企业行政管理部门为组织管理企业的生产经营活动而发生的各种费用，包括行政管理部门职工工资及福利费、折旧费、生产车间和行政管理部门相关的固定资产修理费用、办公费、业务招待费、排污费等。

③ 财务费用是指企业为筹集生产经营所需资金等而发生的筹集费用，包括利息支出（减利息收入）、汇兑损益、手续费等。

（二）常用账户

1. "销售费用"账户

"销售费用"账户用来核算企业在销售商品和材料、提供劳务等日常经营过程中发生的各项费用，具体包括保险费、包装费、广告费、商品维修费、运输费、装卸费，以及为销售本企业的商品而专设的销售机构的职工薪酬、业务费、折旧费等。① 借方登记本期发生的销售费用；② 贷方登记期末转入"本年利润"账户的销售费用（转出数）；③ 期末结转后无余额；④ 按照费用项目进行明细分类核算。

2.“管理费用”账户

“管理费用”账户用来核算企业行政管理部门为组织和管理企业的生产和经营活动而发生的各种费用，具体包括企业在筹建期间发生的开办费、董事会和行政管理部门在企业的经营管理中发生的或者应由企业统一负担的公司经费、工会经费、董事会费、聘请中介机构费、咨询费、诉讼费、业务招待费等。① 借方登记期内发生的各项管理费用；② 贷方登记期末转入“本年利润”账户借方的管理费用转出数；③ 期末结转后无余额；④ 按照费用项目进行明细分类核算。

3.“财务费用”账户

“财务费用”账户用来核算企业为筹集资金所发生的相关费用情况的费用类账户。① 借方登记增加数；② 贷方登记期末结转到“本年利润”账户的转销数；③ 期末结转后无余额；④ 按照费用项目进行明细分类核算。

（三）账务处理举例

【例 6-26】 2019 年 5 月 1 日，安阳殷鉴培训有限公司为宣传新产品发生广告费 2 000 元，用银行存款支付。编制会计分录如下：

借：销售费用——广告费　　2 000

　贷：银行存款　　2 000

【例 6-27】 2019 年 5 月 3 日，安阳殷鉴培训有限公司销售商品一批，销售过程中发生运输费 3 000 元，装卸费 1 000 元，均用银行存款支付。编制会计分录如下：

借：销售费用——运杂费　　4 000

　贷：银行存款　　4 000

【例 6-28】 2019 年 5 月 11 日，安阳殷鉴培训有限公司用库存现金支付业务招待费 900 元。编制会计分录如下：

借：管理费用——业务招待费　　900

　贷：库存现金　　900

【例 6-29】 2019 年 5 月 15 日，办公室职工钱茜出差，安阳殷鉴培训有限公司以库存现金 1 500 元支付。编制会计分录如下：

借：其他应收款——钱茜　　1 500

　贷：库存现金　　1 500

【例 6-30】 2019 年 5 月 20 日，职工钱茜出差回来，经批准报销 1 500 元。编制会计分录如下：

借：管理费用——差旅费　　1 500

　贷：其他应收款——钱茜　　1 500

【例 6-31】 2019 年 5 月 31 日，安阳殷鉴培训有限公司计提本月办公用房的折旧费 3 000 元。编制会计分录如下：

借：管理费用——折旧费　　3 000

　贷：累计折旧　　3 000

【例 6-32】2019 年 5 月 31 日，安阳殷鉴培训有限公司转账支付银行手续费 600 元。编制会计分录如下：

借：财务费用——手续费　　600

　　贷：银行存款　　600

【例 6-33】2019 年 5 月末，安阳殷鉴培训有限公司根据工资结算汇总表，计算并结转本月工资：行政管理人员工资 15 000 元，销售人员工资 20 000 元。编制会计分录如下：

借：管理费用——人工费　　15 000

　　销售费用——人工费　　20 000

　　贷：应付职工薪酬——工资　　35 000

【例 6-34】2019 年 5 月末，安阳殷鉴培训有限公司根据工资附加费用计提表，计算并结转本月社会保险费（基本养老保险、基本医疗保险、失业保险、工伤保险等）：行政管理人员社会保险 4 200 元，销售人员社会保险 5 600 元。编制会计分录如下：

借：管理费用——人工费　　4 200

　　销售费用——人工费　　5 600

　　贷：应付职工薪酬——社会保险费　　9 800

【例 6-35】2019 年 6 月 3 日，安阳殷鉴培训有限公司通过银行代发上月工资。编制会计分录如下：

借：应付职工薪酬——工资　　35 000

　　贷：银行存款　　35 000

【例 6-36】2019 年 6 月 10 日，安阳殷鉴培训有限公司通过银行缴纳上月社会保险费。编制会计分录如下：

借：应付职工薪酬——社会保险费　　9 800

　　贷：银行存款　　9 800

【项目检测】

一、填空题

1. 企业筹集资金的渠道主要有____________________和____________________。

2. 企业从银行或其他金融机构借入的资金，按照期限分为__________________借款和______________借款。

3. “在途物资”账户属于__________账户，“财务费用”账户属于__________账户。

4. “应付利息”账户期末_________余额表示企业尚未归还的应付而未付利息的累计数。

5. “预付账款”账户应按____________________设置明细账进行明细分类核算。

二、单项选择题

1. 企业收到投资人投入的资本时，应贷记（　）账户。

A. 投资收益　　B. 实收资本

C. 资本公积　　D. 盈余公积

2. 采购员出差预借差旅费时，应借记（　）账户。

A. 其他应收款　　B. 管理费用
C. 在途物资　　D. 其他应付款

3. 支付产品广告费时，应借记（　）账户。
A. 管理费用　　B. 销售费用
C. 营业外支出　　D. 其他业务成本

4. “银行存款”账户贷方登记的是（　）。
A. 企业存入的款项　　B. 企业提取或支出的款项
C. 银行存入的款项　　D. 银行提取或支出的款项

5. 常与“主营业务成本”账户的借方相对应的账户是（　）。
A. 在途物资　　B. 库存商品
C. 银行存款　　D. 原材料

6. 不能记入“应付职工薪酬”账户核算的是（　）。
A. 生产工人的工资　　B. 管理人员的工资
C. 工人工资基础上计提的社会保险费　　D. 自银行借入的周转借款

7. 应记入“管理费用”账户的有（　）。
A. 生产产品领用的材料　　B. 管理人员的工资
C. 销售产品的展览费　　D. 企业所得税费用

8. 企业设置“累计折旧”账户来反映固定资产价值的（　）。
A. 增加　　B. 减少
C. 原始价值　　D. 附加价值

9. 下列项目中，与“在途物资”账户可能存在对应关系的账户不包括（　）。
A. 银行存款　　B. 应付账款
C. 库存商品　　D. 应交税费

10. 企业计提短期借款的利息支出时，应贷记（　）账户。
A. 应付利息　　B. 财务费用
C. 短期借款　　D. 管理费用

三、判断题

（　）1. 计提短期借款利息时，应借记“财务费用”账户，贷记“短期借款”账户。

（　）2. “实收资本”账户贷方登记所有者投入企业资本金的减少额，借方登记所有者投入资本金的增加额，期末余额在借方，表示企业期末实收资本总额。

（　）3. 企业从银行或其他金融机构借入的款项均应通过“长期借款”账户进行核算。

（　）4. 企业接受投资的方式只能是现金方式。

（　）5. 为借款支出的借款利息应该记作企业的“管理费用”。

（　）6. 对于企业收到的投资者投入的实物资产，如果确认的资产价值超过其中注册资本中所占的份额，差额应作为资本溢价计入盈余公积。

（　）7. 出差人员预借的差旅费记入“管理费用”。

（　）8. “应付职工薪酬——工资”账户期末如有贷方余额，表示应付未付的工资。

（　）9. 企业发生的与筹集资金有关的费用，应记入“财务费用”账户。

（　）10. 期间费用包括销售费用、管理费用和财务费用。

四、名词解释题

1. 主营业务收入

2. 期间费用

3. 销售费用

4. 管理费用

五、实训题

根据下列资料所给出的经济业务，编制会计分录。

1. 筹资业务核算。

2019 年 8 月，云河公司发生如下与筹资有关的经济业务：

（1）1 日，公司收到花伴公司投资，款项 40 000 元存入银行。

（2）1 日，公司收到投资者投入货币资金 100 000 元（存入银行），投入原材料 60 000 元，投入机器设备一台，评估价为 30 000 元；投入专利技术一项，评估价为 40 000 元。假定不考虑增值税因素。

（3）1 日，公司收到投资者投入资本 1 500 000 元，其中 1 200 000 元作为实收资本，另外 300 000 元作为资本公积，收到投资后已存入银行。

（4）1 日，公司从安阳银行借入一笔生产周转借款，本金为 100 000 元。根据借款合同的约定，借款期限为 3 个月，借款年利率为 6%，到期还本，按月付息。企业按月计提利息。

（5）21 日，公司从建设银行借入 3 年期的借款 500 000 元，年利率为 6.6%，按季度付息。款项存入银行。

（6）25 日，经批准，将公司的资本公积 100 000 元转增为注册资本。

（7）26 日，从银行取得临时借款 60 000 元，存入银行。当日，银行存款全额偿还前欠的购买材料款。

（8）27 日，公司以银行存款 370 000 元归还已到期的短期借款。

（9）31 日，公司计提并支付月初借入的周转借款本月份的利息。

2. 采购业务的核算。

2019 年 9 月，京杭大运河科技公司发生以下与采购有关的经济业务：

（1）10 日，公司购入笔记本电脑 10 台，价款 40 000 元，库存商品验收入库，款项暂欠。

（2）12 日，公司预付给滑州大运河公司货款 30 000 元，准备购入 iPad。

（3）15 日，滑州大运河公司发运来 iPad 一批，价值 25 000 元，商品验收入库，无误。其余货品随后到达。

（4）22 日，公司购进手机一批，价款 120 000 元，其中：以银行存款支付 100 000 元，其余暂欠。库存商品验收入库。

（5）23 日，公司购入设备一台，当日运到并投入使用，价格 66 000 元。公司将设备作为固定资产管理。开出支票支付。

（6）25 日，公司购入电脑配件一批，价值 50 000 元，其中：A 配件重 500 千克，价值 30 000 元；B 配件 300 千克，价值 20 000 元。公司开出商业承兑汇票结算全部款项。

（7）27 日，以银行存款支付电脑配件运费 2 000 元。公司按照重量分配运费。

（8）28 日，电脑配件验收入库，无余缺。公司将电脑配件作为库存商品管理。

3. 销售业务的核算。

2019 年 9 月，滑州大运河商贸公司发生以下与销售有关的经济业务：

（1）2 日，销售给金立公司甲商品 100 件，每件售价 300 元，计 30 000 元，款项尚未收到。

（2）4 日，销售给恒达公司乙商品 700 件，每件售价 200 元，计 140 000 元，收到一张商业汇票。

（3）6 日，销售给兴隆公司剩余的原材料 B 材料 500 千克，每千克售价 40 元，计 20 000 元，款项已收存银行。

（4）7 日，收到恒达公司偿还的前欠乙产品货款 23 400 元，存入银行。

（5）8 日，公司按照合同规定预收一笔货款 120 000 元，存入银行。

（6）30 日，计算得知本月销售的甲商品成本 24 000 元，乙商品成本 100 000 元。

（7）30 日，计算得知本月销售的原材料成本 18 000 元。

4. 费用业务的核算。

2019 年 10 月，枣乡食品公司发生以下经济业务：

（1）8 日，通过银行代发工资户发放上月工资 55000 元。

（2）12 日，行政办公室主任贾升出差回来，经批准报销差旅费 2 000 元。贾升之前已预借差旅费 2 500 元。多余款交还给出纳员。

（3）31 日，计提本月固定资产折旧费，销售部门使用的固定资产计提折旧 10 000 元，管理部门使用的固定资产计提折旧 8 000 元。

（4）31 日，汇总结算本月工资，销售人员工资 35 000 元，管理人员工资 20 000 元。

5. 采购业务的核算进阶。

2019 年 12 月，小南海印刷公司发生以下与采购有关的经济业务：

（1）15 日，公司从安阳顺通材料有限公司购进 7 000 元的封面纸和 46 000 元的封面纸，物资验收入库，无溢缺，企业作为原材料管理，以备印刷图书。货款、税金均未支付。

（2）21 日，公司购入纸张一批，价值 50 000 元，其中：牛皮纸 3 000 千克，价值 6 000 元；商标纸 2 000 千克，价值 4 000 元。另支付运费 1 000 元，公司按照重量分配运费。材料尚未入库。公司开出转账支票结算全部款项。

（3）29 日，公司购入设备一台，价格 9 000 元，当日运到并投入使用，作为固定资产管理。款项未付。

【项目学习评价】

表6–2

成功之处	
不足之处	
改进措施	

项目七　企业会计实训基础

【项目学习目标、学习方法、建议学时】

表7–1

学习目标		学习方法	建议学时
知识目标	① 掌握原始凭证与记账凭证的填制要求； ② 掌握原始凭证与记账凭证的审核内容。	结合实例理解与掌握原始凭证的填制要求，学习常用原始凭证与记账凭证的审核内容。	8
技能目标	① 熟练掌握原始凭证与记账凭证的填制技能； ② 掌握审核原始凭证与记账凭证的技能。	通过图表等方法进一步认知常用的原始凭证； 通过对常用原始凭证和记账凭证的实训练习，掌握填制方法。	
情感态度价值观目标	① 培养学生认真细致的工作作风、严谨的工作态度及服务意识； ② 教育学生遵纪守法，不做假账。	在学与做中进行道德体悟，使学生养成细致、严谨的工作作风，培养会计职业操守。	

【项目实训】

一、模拟实训企业基本情况

公司名称：安阳殷鉴餐饮有限公司。公司简介：小型餐饮业企业，增值税小规模纳税人，增值税征收率为3%；城市维护建设税税率为7%，教育费附加税率为3%，地方教育附加税率为2%；企业所得税税率为25%。企业的增值税、城市维护建设税、教育费附加、地方教育附加按月计算，次月 1 ～ 15 日内缴纳；企业所得税按月计算预缴，按年汇算清缴（12 月份不需预缴，下年度四个月内汇算清缴）。

开户行：安阳银行鼓楼支行

账号：170608170609170610

行号：40104112

地址：安阳市文峰区仁义巷 8 号

电话：0372–3333222

总经理（法定代表人）：魏西门

会计主管：韩圭（兼管凭证复核工作）

会计：马青霞

出纳：郑廷玉

社会信用代码（纳税人识别号）：91310040213456080M

税收征收机关：国家税务总局安阳市文峰区税务局

日常开支审批程序：部门主管初审签字；会计主管审核签字；公司法定代表人终审签字。

公司的记账方法采用借贷记账法，采用记账凭证账务处理程序。公司采用通用记账凭证，凭证编号按月顺序编号。公司采用每月末将损益类账户转入“本年利润”账户的账结法，编制资产负债表和利润表。

二、安阳殷鉴公司2019年11月经济业务文字说明

① 18 日，安阳邺城餐饮有限公司开具金额为 1 580 000 元的转账支票，投资成立安阳殷鉴餐饮有限公司，款项存入安阳银行鼓楼支行。安阳殷鉴公司收到转账支票后，填制了银行进账单，连同转账支票送交银行收款。（原始凭证见表 7–2 和表 7–3，投资协议另行保存，本书不列示）

② 19 日，出纳员郑廷玉填制现金支票，从开户银行提取现金 5 000 元用于零星开支。（原始凭证见表 7–4）

③ 22 日，自安阳银行鼓楼支行贷出为期 6 个月的短期借款一项，金额 80 000 元，款项存入该行。（原始凭证见表 7–5）

④ 25 日，从安阳新鑫食品有限公司购进 8# 套装巧克力和 1# 盒装巧克力，对方开具增值税普通发票，验收入库，无溢缺，企业作为库存商品管理。开出转账支票支付所有款项。本企业是增值税小规模纳税人，不能记录和抵扣增值税进项税额。（原始凭证见表 7–6 和表 7–7）

⑤ 25 日，从北京鑫鑫材料有限公司购进 1# 盒装巧克力，对方开具增值税普通发票，尚未验收入库。货款、税金均未支付。本企业是增值税小规模纳税人，不能记录和抵扣增值税进项税额。（原始凭证见表 7–8）

⑥ 25 日，出纳员郑廷玉签发转账支票，购买价值均为 336 810 元的新厂房两套，对方开具增值税普通发票。两项固定资产经验收合格并投入使用，办公、销售部（前厅）各一套。厂房可用 25 年，预计净残值为零。固定资产自下月起按月平均计提折旧。（原始凭证见表 7–9 至表 7–11）

⑦ 27 日，自安阳燕赵机械有限公司购进销售部（前厅）用前厅成套设备一套，单价 30 000 元，增值税额 3 900 元，对方开具增值税普通发票。固定资产交销售部（前厅）使用。企业暂未支付价税款。前厅成套设备可用 5 年，预计净残值为零。固定资产自下月起按月平均计提折旧。（原始凭证见表 7–12 至表 7–13）

⑧ 27 日，从北京鑫鑫材料有限公司购进的 1# 盒装巧克力验收入库。商品完整验收入库，无溢缺。（原始凭证见表 7–14）

⑨ 27 日，支付购进北京鑫鑫材料有限公司 1# 盒装巧克力的应付款，出纳郑廷玉等开具电汇凭证支付。（原始凭证见表 7–15）

⑩ 29 日，接受个体户李云投资。李云投入 1# 盒装巧克力一批，双方协商一致作价 25 000 元。商品完整验收入库，无溢缺。本公司以现金支付运费 101 元。（原始凭证见表 7–16 至表 7–18，投资协议另行保存）

⑪ 29 日，仓库主管曹子建去北京考察供应商，经批准预借差旅费 2 400 元，现金支付。代曹子建、魏西门、郑廷玉等填制借款单。（原始凭证见表 7–19）

三、安阳殷鉴公司2019年11月经济业务原始凭证

表7–2

交通银行　转账支票　　30109211　01746207

付款期限自出票之日起十天

出票日期（大写）贰零壹玖 年 壹拾壹 月 壹拾捌 日				付款行名称：交通银行安阳分行					
收款人：安阳殷鉴餐饮有限公司				出票人账号：910581410582410538					
人民币（大写） 壹佰伍拾捌万元整	百	十	万	千	百	十	元	角	分
	1	5	8	0	0	0	0	0	0

用途投资款

上列款项请从

我账户内支付

出票人签章　（印章：安阳邺城餐饮有限公司 财务专用章；之傳印说）

密码

复核　　记账

表7–3

安阳银行　进账单（回单）

2019 年 11 月 18 日

出票人	全　称	安阳邺城餐饮有限公司	收款人	全　称	安阳殷鉴餐饮有限公司									
	账　号	910581410582410538		账　号	170608170609170610									
	开户银行	交通银行安阳分行		开户银行	安阳银行鼓楼支行									
金额	人民币（大写）	壹佰伍拾捌万元整			百	十	万	千	百	十	元	角	分	
					1	5	8	0	0	0	0	0	0	
票据种类	转账支票	票据张数	1											
票据号码	01746207													

安阳银行 鼓楼支行 2019年11月18日 受理专用章

收款人开户银行签章

复核　　记账

此联是开户银行交给持票人的收账通知

表7–4

安阳银行

现金支票存根

40104112

01143238

附加信息 ______________

出票日期 2019 年 11 月 19 日

收款人：安阳殷鉴餐饮有限公司

金 额：¥5000.00

用 途：零星开支

单位主管　　会计

付款期限自出票之日起十天

40104112

安阳银行　现金支票

01143238

出票日期（大写）贰零壹玖 年 壹拾壹 月壹拾玖日　付款行名称：安阳银行鼓楼支行

收款人：安阳殷鉴餐饮有限公司　　出票人账号：170608170609170610

人民币（大写）	十	万	千	百	十	元	角	分
伍仟元整		¥	5	0	0	0	0	0

用途 零星开支　　密码 ______________

上列款项请从

我账户内支付

出票人签章　　复核　　记账

安阳殷鉴餐饮有限公司 财务专用章

门魏 印西

表7–5

安阳银行　借款凭证（借据回单）⑤

编号：3368450　　借款日期 2019 年 11 月 22 日

借款单位全称	安阳殷鉴餐饮有限公司	借款账号	170608170606095680
存款账号	170608170609170610	借款用途	厂房装修
借款种类	周转贷款	约定还款日期	2020-05-22
借款利率（月息）	5.5‰	还款方式	逐月还息到期还本

借款金额 人民币（大写）	百	十	万	千	百	十	元	角	分
捌万元整		¥	8	0	0	0	0	0	0

分次偿还借款记录	偿还日期	偿还金额	结欠金额	偿还日期	偿还金额	结欠金额	上列款项已经核准并转入指定账户
							安阳银行 鼓楼支行 2019年11月22日 转讫章

表7–6

041001831004　　**河南增值税普通发票**　　№ 00397159

发　票　联

（全国统一发票监制章 河南 国家税务总局监制）

开票日期：2019年11月25日

购买方	名称	安阳殷鉴餐饮有限公司				密码区	9*<+2/》2、1*45+5–<>>*–984–1524–545/39>5/
	纳税人识别号	91310040213456080M					
	地址、电话	安阳市文峰区仁义巷8号 0372-3333222					
	开户行及账号	安阳银行鼓楼支行 170608170609170610					

货物或应税劳务、服务名称	规格型号	单位	数量	单价	金额	税率	税额
*巧克力制品*套装巧克力	8#	件	600	500.00	300000.00	3%	9000.00
*巧克力制品*盒装巧克力	1#	件	500	150.00	75000.00	3%	2250.00
合计					375000.00		11250.00
价税合计（大写）	人民币叁拾捌万陆仟贰佰伍拾元整				（小写）¥386250.00		

销售方	名称	安阳新鑫食品有限公司	备注
	纳税人识别号	91310040213000508M	
	地址、电话	安阳市岳飞路258号 0372-2223333	
	开户行及账号	工商银行文峰支行 170607170608170609	

（安阳新鑫食品有限公司 91310040213000508M 发票专用章）

收款人：阎道　　复核：华山　　开票人：李丽　　销售方：（章）

第二联：发票联　购买方记账凭证

表7–7

入库单

供应单位：安阳新鑫食品有限公司　　编号：入字第001号

发票号码：00397159　　2019年11月25日　　单位：元

产品名称	规格	计量单位	交付数量	入库数量	溢缺	单价	总价
套装巧克力	8#	件	600	600		515.00	309000.00
盒装巧克力	1#	件	500	500		154.50	77250.00
合计							386250.00

检验：曾子建　　仓库验收：郭质夫　　交料人：曾一伟

表7–8

北京增值税普通发票

011001826004　　　　发票联　　　　№ 00397159

开票日期：2019年11月25日

购买方	名称：安阳殷鉴餐饮有限公司 纳税人识别号：91310040213456080M 地址、电话：安阳市文峰区仁义巷8号 0372-3333222 开户行及账号：安阳银行鼓楼支行 170608170609170610					密码区	9*<+2/》2、 1*45+5-<>> *–984–1524
货物或应税劳务、服务名称	规格型号	单位	数量	单价	金额	税率	税额
*巧克力制品*盒装巧克力	1#	件	270	150	40500.00	3%	1215.00
合　计					40500.00		1215.00
价税合计（大写）	人民币肆万壹仟柒佰壹拾伍元整					（小写）¥41715.00	
销售方	名称：北京鑫鑫材料有限公司 纳税人识别号：87310040213000539M 地址、电话：北京西城区铜钞巷89号 010-89898989 开户行及账号：北京银行西城分行铜钞巷分理处 6066060606606606					备注	

收款人：赵普　　复核：钱王　　开票人：孙山　　销售方：（章）

第二联：发票联　购买方记账凭证

表7–9

河南增值税普通发票

041001831004　　　　发票联　　　　№ 00307187

开票日期：2019年11月25日

购买方	名称：安阳殷鉴餐饮有限公司 纳税人识别号：91310040213456080M 地址、电话：安阳市文峰区仁义巷8号 0372-3333222 开户行及账号：安阳银行鼓楼支行 170608170609170610					密码区	9*<+2/》2、 1*45+5-<>> *–984–1524
货物或应税劳务、服务名称	规格型号	单位	数量	单价	金额	税率	税额
*不动产*房地产	NY-0096-434-43-104	平方米	60	5150.00	309000.00	9%	27810.00
*不动产*房地产	NY-0096-434-43-105	平方米	60	5150.00	309000.00	9%	27810.00
合　计					¥618000.00		¥55620.00
价税合计（大写）	人民币陆拾柒万叁仟陆佰贰拾元整					（小写）¥673620.00	
销售方	名称：安阳卧龙房地产有限公司 纳税人识别号：91310040213000428M 地址、电话：安阳市韩琦路258号 0372-2222888 开户行及账号：工商银行文峰支行 170602570608370607					备注	安阳市文峰区商颂大街街道平原路461号

收款人：舒适　　复核：泰山　　开票人：高诸葛　　销售方：（章）

第二联：发票联　购买方记账凭证

表7–10

安阳银行

现金支票存根

40104123

01143258

附加信息 ____________

出票日期 2019 年 11 月 27 日

收款人：安阳卧龙房地产有限公司

金 额：¥673620.00

用 途：购房款

单位主管 会计

付款期限自出票之日起十天

40104123

安阳银行 转账支票

01143258

出票日期（大写）贰零壹玖 年 壹拾壹 月贰拾伍日 付款行名称：安阳银行鼓楼支行

收款人：安阳卧龙房地产有限公司 出票人账号：170608170609170610

人民币（大写）	陆拾柒万叁仟陆佰贰拾元整	十	万	千	百	十	元	角	分
		6	7	3	6	2	0	0	0

用途 购房款 密码 ____________

上列款项请从

我账户内支付

出票人签章 （安阳殷鉴餐饮有限公司 财务专用章）（魏西门印） 复核 记账

表7–11

固定资产交接（验收）单

2019 年 11 月 25 日

固定资产编号	名称	规格型号	计量单位	数量	单位原值	已提折旧	单位净值	单位净残值	预计使用期限
NY-0096-434-43-104	办公用房	框架结构	套	1	336810.00	0	336810.00	0	25 年
NY-0096-434-43-105	生产用房	框架结构	套	1	336810.00	0	336810.00	0	25 年
总价（净值）					673620.00	0	673620.00	0	
验收意见	验收合格。分别作为办公用房、销售用房投入使用。	验收人签章	魏西门 韩圭 崔子钟		保管使用人签章		魏西门 崔子钟		

表7-12

041001831004　　　**河南增值税普通发票**　　　№ 00358947

全国统一发票监制章 河南 国家税务总局监制

发票联

开票日期：2019年11月27日

购买方 名称	安阳殷鉴餐饮有限公司					密码区	9*<+2/》2、1*45+5-<>>*-984-1524-545/39>5/
购买方 纳税人识别号	91310040213456080M						
购买方 地址、电话	安阳市文峰区仁义巷8号 0372-3333222						
购买方 开户行及账号	安阳银行鼓楼支行 170608170609170610						
货物或应税劳务、服务名称	规格型号	单位	数量	单价	金额	税率	税额
*家用厨房电器具*前厅成套设备		套	1	30000.00	30000.00	13%	3900.00
合计					¥30000.00		¥3900.00
价税合计（大写）	人民币叁万叁仟玖佰元整				（小写）¥33900.00		
销售方 名称	安阳燕赵机械有限公司					备注	
销售方 纳税人识别号	91310040213002679M						
销售方 地址、电话	安阳市文峰区东大街3398号 0372-6875394						
销售方 开户行及账号	招商行安阳分行 60660606079870						

安阳燕赵机械有限公司 91310040213002679M 发票专用章

收款人：赵宋　　复核：吴熙　　开票人：付古　　销售方：（章）

第二联：发票联 购买方记账凭证

表7-13

固定资产交接（验收）单

2019年11月27日

固定资产编号	名称	规格型号	计量单位	数量	原值	已提折旧	单位净值	单位净残值	预计使用期限
27-001	前厅成套设备		套	1	33900.00	0	33900.00	0	5年
总价（净值）					33900.00	0	33900.00	0	
验收意见	验收合格。作为销售部（前厅）用固定资产投入使用。	验收人签章	魏西门 韩圭 崔子钟		保管使用人签章	崔子钟			

表7-14

入　库　单

供应单位：北京鑫鑫材料有限公司　　　　编号：入 字第002 号

发票号码：00398547　　　　2019年11月27日　　　　单位：元

产品名称	规格	计量单位	交付数量	入库数量	溢缺	单价	总价
盒装巧克力	1#	件	270	270		154.50	41715.00
合　计							41715.00

检验：曹子建　　　　仓库验收：郭质夫　　　　交料人：景德

表7-15

安阳银行　电汇凭证

☑普通□加急　　　　委托日期　2019年11月27日　　　　N0：0534230

<table>
<tr><td rowspan="3">汇款人</td><td>全称</td><td>安阳殷鉴餐饮有限公司</td><td rowspan="3">收款人</td><td>全称</td><td colspan="10">北京鑫鑫材料有限公司</td><td rowspan="6">此联是给汇款人的回单</td></tr>
<tr><td>账号</td><td>170608170609170610</td><td>账号</td><td colspan="10">606606060606606</td></tr>
<tr><td>汇出行名称</td><td>安阳银行鼓楼支行</td><td>汇入行名称</td><td colspan="10">北京银行西城分行铜锣巷分理处</td></tr>
<tr><td rowspan="2">金额</td><td colspan="4" rowspan="2">人民币（大写）肆万壹仟柒佰壹拾伍元整</td><td>千</td><td>百</td><td>十</td><td>万</td><td>千</td><td>百</td><td>十</td><td>元</td><td>角</td><td>分</td></tr>
<tr><td></td><td></td><td>¥</td><td>4</td><td>1</td><td>7</td><td>1</td><td>5</td><td>0</td><td>0</td></tr>
<tr><td colspan="3" rowspan="1"></td><td colspan="12">支付密码
附加信息及用途：
购货款</td></tr>
</table>

表7–16

041001831004 河南增值税专用发票 № 00398623

发 票 联

开票日期：2019年11月29日

购买方	名 称	安阳殷鉴餐饮有限公司				密码区	58+2/》2、1*45+5–<>>*–984–1524–545/39>6！	
	纳税人识别号	91310040213456080M						
	地 址、电 话	安阳市文峰区仁义巷8号 0372-3333222						
	开户行及账号	安阳银行鼓楼支行 170608170609170610						
货物或应税劳务、服务名称	规格型号	单位	数量	单价	金额	税率	税额	
*运输服务*运输费					70.00	3%	2.10	
合 计					70.00		2.10	
价税合计（大写）	人民币柒拾贰元壹角整				（小写）¥72.10			
销售方	名 称	安阳安能快递有限公司				备注		
	纳税人识别号	91310040213000547F						
	地 址、电 话	安阳市岳飞路28号 0372-2222888						
	开户行及账号	邮储银行文峰支行 170607170608170673						

收款人：严艳 复核：孟山 开票人：李利 销售方：（章）

第三联：发票联 购买方记账凭证

（印章：全国统一发票监制章 河南 国家税务总局监制）

（印章：安阳安能快递有限公司 91310040213000547F 发票专用章）

表7–17

入 库 单

供应单位：李 云 编号：入 字第003号

发票号码： 2019年11月29日 单位：元

产品名称	规格	计量单位	交付数量	入库数量	溢缺	单价	总价
套装巧克力	1#	件	168	168		149.41	25101.00
合 计							25101.00

检验：曹子建 仓库验收：郭质夫 交料人：李云

表7–18

河南省安阳市出租汽车统一车票

发　票　联

144010370374

02668674

监督电话：0372–5186110

此发票手写无效

电话	5145908
车号	豫 ETD792
证号	0001
日期	2019–11–29
上车	17:04
下车	17:22
单价	10.00 元
里程	4.89km
候时	00:02:31
金额	¥28.90
卡号	
卡原额	
卡余额	

全国统一发票监制章 国家税务总局监制

安阳西山出租汽车公司 914401057418737725M 发票专用章

表7–19

借　款　单

_____ 年 ___ 月 ___ 日　　借字第 0001 号

借款人		借款事由			
部门意见					
借款金额	人民币（大写）	核准金额	人民币（大写）		
	¥		¥		
审批意见	年　月　日	归还期限		归还方式	

会计主管：　　复核：　　出纳：　　借款人：

【实训要求】

识别原始凭证与其反映的经济业务，填制表 7-19 借款单；填制记账凭证（采用通用记账凭证）。

【项目学习评价】

表7-20

成功之处	
不足之处	
改进措施	

项目八　会计账簿

【项目学习目标、学习方法、建议学时】

表8–1

<table>
<tr><th colspan="2">学习目标</th><th>学习方法</th><th>建议学时</th></tr>
<tr><td>知识目标</td><td>① 加深对账户及其结构的理解；
② 初步理解凭证→账簿→报表的会计循环。</td><td>学习依据记账凭证及原始凭证登记账簿。</td><td rowspan="3">8</td></tr>
<tr><td>技能目标</td><td>① 熟练掌握总分类账的登记；
② 熟练掌握日记账的登记；
③ 熟练掌握明细分类账的登记。</td><td>学习依据记账凭证及原始凭证登记账簿。</td></tr>
<tr><td>情感态度价值观目标</td><td>① 培养学生认真细致的工作作风、严谨的工作态度及服务意识；
② 教育学生遵纪守法，不做假账。</td><td>在教与学中进行道德体悟，使学生养成细致、严谨的工作作风，培养会计职业操守。</td></tr>
</table>

【项目学习】

任务一　账簿概述

会计账簿是以会计凭证为依据，连续、系统、全面地记录各项经济业务，由一定格式的账页所组成的簿籍，俗称“账本”。

一、账簿登记的意义

随着经济业务的发生，产生大量的会计凭证，这些会计凭证数量众多，格式不一，不能连续、全面、系统地反映出单位经济业务，也不利于单位进行会计核算，不能满足经济管理的需要，所以要把这些会计凭证分类归纳整理后登记到对应的会计账簿中。

建立会计账簿是重要的会计核算工作，它是连接会计凭证和财务报表的中间环节，也是编制财务报表的基础。做好这项工作，对于加强经济管理具有十分重要的意义。

① 会计账簿是系统归纳、积累会计信息的重要工具。

② 会计账簿提供的数据资料是编制财务报表的主要依据。

③ 会计账簿提供的资料是考核经营成果，进行会计监督的重要依据。

二、会计账簿的分类

会计账簿按照不同的标准有不同的分类形式。

（一）账簿按其用途不同，可分为序时账簿、分类账簿和备查账簿三种

（1）序时账簿

序时账簿又称日记账，是按照经济业务发生或完成时间的先后顺序逐日逐笔进行登记的账簿。

序时账簿通常有两种：

① 普通日记账，是用来登记全部经济业务的发生情况的账簿。

② 特种日记账，是用来登记某一类经济业务发生情况的账簿。

在我国，大多数单位一般只设现金日记账和银行存款日记账，较少使用普通日记账。

（2）分类账簿

分类账簿是对全部经济业务事项按照会计要素的具体类别而设置的分类账户进行登记的账簿。

按照分类的概括程度不同，又分为总分类账簿和明细分类账簿两种。

① 总分类账簿，是按照总分类账户分类登记经济业务事项的账簿，简称总账。

② 明细分类账簿，是按照明细分类账户分类登记经济业务事项的账簿，简称明细账。

明细分类账是对总分类账的具体化和补充说明，并受总分类账的控制和统驭。并不是所有的总分类账都应设置明细分类账，如累计折旧。

分类账簿提供的核算信息是编制财务报表的主要依据。

（3）备查账簿

备查账簿简称备查簿，又称辅助登记簿或补充登记簿，是对某些在序时账簿和分类账簿等主要账簿中都不予登记或登记不够详细的经济业务事项进行补充登记时使用的账簿。例如，租入固定资产登记簿、受托加工材料登记簿、代销商品登记簿、应收（付）票据备查簿等。备查账簿可以由各单位根据需要进行设置。

备查账簿与序时账簿和分类账簿相比，存在两点不同：一是登记依据可能不需要记账凭证，甚至不需要一般意义上的原始凭证；二是账簿的格式和登记方法不同，备查账簿的主要栏目不记录金额，它更注重用文字来表述某项经济业务的发生情况，即无固定格式。

（二）按账页格式分类

按账页格式的不同，账簿可以分为三栏式、多栏式、数量金额式和横线登记式四种。

① 三栏式账簿，是设有借方、贷方和余额三个基本栏目的账簿。

各种日记账、总分类账以及资本、债权、债务明细账都可采用三栏式账簿。

三栏式账簿又分为设“对方科目”栏和不设“对方科目”栏两种。区别是在摘要栏和借方科目之间是否有一栏“对方科目”。

不设置“对方科目”栏的三栏式账簿账页格式如表 8–2 所示。

表8–2

应付账款 明细分类账

明细科目：北京鑫鑫公司

年		凭证		摘要	借方	贷方	借或贷	余额
月	日	字	号					

② 多栏式账簿，是在账簿的两个基本栏目借方和贷方按需要分设若干专栏的账簿。收入、成本、费用、利润和利润分配明细账一般均采用这种格式的账簿。按照具体账户的需要不同，还可以分为借方多栏式、贷方多栏式和借贷方多栏式。账页格式分别如表 8–3、表 8–4、表 8–5 所示。

表8–3

管理费用 明细分类账

年		凭证		摘要	借方	贷方	借或贷	余额	（借）方金额分析				
月	日	字	号						办公费	差旅费	折旧费	工薪费用	其他

表8–4

主营业务收入 明细分类账

年		凭证		摘要	借方	贷方	借或贷	余额	（贷）方金额分析				
月	日	字	号						甲产品	乙产品	丙产品	丁产品	（略）

表8–5

本年利润　明细分类账

年		凭证		摘要	借方	贷方	借或贷	余额	（借）方金额分析			（贷）方金额分析		
月	日	字	号						主营业务成本	其他业务成本	（略）	主营业务收入	其他业务收入	（略）

③ 数量金额式账簿，是在借方、贷方和余额三个栏目内，都分设数量、单价和金额三小栏，借以反映财产物资的实物数量和价值量。如原材料、库存商品等存货明细账一般采用数量金额式账簿，如表 8–6 所示。

表8–6

原材料　明细分类账

材料名称：石蜡

材料编号：________　　规格：______　　计量单位：千克　　存放地点：原料库

年		凭证		摘要	收入									发出									结存								
月	日	字	号		数量	单价	万	千	百	十	元	角	分	数量	单价	万	千	百	十	元	角	分	数量	单价	万	千	百	十	元	角	分

④ 横线登记式账簿，是指在同一账页的同一行，登记某一项经济业务从发生到结束的有关内容的账簿。横线登记式明细分类账将前后密切相关的经济业务在同一行进行详细登记，当经济业务发生时的一方进行登记后，与之相应的业务则不管什么时候再发生，均在同一行次的另一方平行登记，以便检查每笔业务的完成和变动情况。

该明细分类账适用于登记在途物资、材料采购、应收票据和一次性备用金等，如表 8–7 所示。

表8–7

其他应收款　明细分类账

2019年		凭证		摘要	借方	贷方	2019年		凭证		摘要	借方	贷方	余额
月	日	字	号				月	日	字	号				
5	2	记	5	刘青预借差旅费	800.00		5	18	记	20	刘青报销差旅费		800.00	平
				……										

（三）按外形特征分类

账簿按其外形特征不同可分为订本账、活页账和卡片账三种。

① 订本账。订本账是启用之前就已将账页装订在一起，并对账页进行了连续编号的账簿。

订本账的优点是能避免账页散失和防止抽换账页，其缺点是不能准确为各账户预留账页。这种账簿一般适用于总分类账、现金日记账、银行存款日记账。

② 活页账。活页账是在账簿登记完毕之前并不固定装订在一起，而是装在活页账夹中。当账簿登记完毕之后（通常是一个会计年度结束之后），才将账页予以装订，加具封面，并给各账页连续编号。

活页账的优点是记账时可以根据实际需要，随时将空白账页装入账簿，或抽取不需要的账页，可根据需要增减账页，便于分工记账；其缺点是如果管理不善，可能会造成账页散失或故意抽换账页。

通常各种明细分类账一般采用活页账形式。

③ 卡片账。卡片账是将账户所需格式印刷在硬卡上。严格地说，卡片账也是一种活页账。

在我国，企业一般只对固定资产明细账的核算采用卡片账形式，也有少数企业在材料核算中使用材料卡片。每张卡片均需编号，可跨年度使用。

卡片账的优缺点与活页账相同。

三、会计账簿的设置与登记综述

（一）会计账簿的基本内容，包括封面、扉页和账页三部分

① 封面：主要标明账簿名称，如总分类账、现金日记账、银行存款日记账等。

② 扉页：主要标明会计账簿使用信息，如账簿启用和经管人员一览表、会计科目索引等。“账簿启用和经管人员一览表”格式如表 8-8 所示。

表8–8

账簿启用表

<table>
<tr><td>单位名称</td><td colspan="8"></td><td>单位公章</td></tr>
<tr><td>账簿名称</td><td colspan="3"></td><td rowspan="4">会计主管人员</td><td rowspan="2">职别</td><td colspan="3" rowspan="2"></td><td rowspan="4"></td></tr>
<tr><td>账簿编号</td><td colspan="3">共 册 第 册</td></tr>
<tr><td>账簿页数</td><td colspan="3">本账簿 共计 页</td><td>姓名</td><td colspan="3"></td></tr>
<tr><td>启用日期</td><td colspan="3">年 月 日</td><td>盖章</td><td colspan="3"></td></tr>
<tr><td colspan="9">经管本账人员一览表</td><td>印花税票粘贴处</td></tr>
<tr><td colspan="2">经管人员</td><td rowspan="2">盖章</td><td colspan="3">接管</td><td colspan="3">移交</td><td rowspan="5"></td></tr>
<tr><td>职别</td><td>姓名</td><td>年</td><td>月</td><td>日</td><td>年</td><td>月</td><td>日</td></tr>
<tr><td></td><td></td><td></td><td></td><td></td><td></td><td></td><td></td><td></td></tr>
<tr><td></td><td></td><td></td><td></td><td></td><td></td><td></td><td></td><td></td></tr>
<tr><td></td><td></td><td></td><td></td><td></td><td></td><td></td><td></td><td></td></tr>
</table>

③ 账页：账页是账簿用来记录经济业务的主要载体，其格式因反映经济业务内容的不同而有所不同，其基本内容包括：账户名称，包括总账科目和明细科目；登记账簿日期栏；记账凭证种类和号数栏；摘要栏，所记录经济业务内容简要说明；金额栏，记录经济业务增减变动和余额。

（二）账簿启用规则

① 在账簿扉页上填写“账簿启用表”，详细填明单位名称、账簿名称、账簿编号、账簿页数、启用日期；填明会计机构负责人、会计主管人员、记账人员姓名；更换记账人员时应填写交接日期、交接人员姓名并签字盖章，以明确经济责任。

② 启用订本账簿，应从第一页到最后一页编订页次，不得跳页、缺号；同时必须充分估计好实际需要，预留空白账页。

③ 使用活页账簿，应按账户顺序编列分页号，一个账户编一个号，当一个账户记载在两页以上账页时，可在“分页号”后加编附号，如 15–1、15–2、15–3 等。年终装订成册时，要另加账户目录，以记明每个账户的名称和页次。

④ 可在账页的右侧粘贴写明相应账户的“口取纸”。

（三）账簿登记规则

① 记账必须以审核无误的会计凭证为依据。

② 每次记账完毕，应在记账凭证“过账”栏内打对勾或注明账簿的页数。

③ 登账的文字或数字应紧贴每格下线书写，一般应占全格的 1/2 至 2/3，以便发生错误时予以更正。

④ 记账时必须用蓝黑墨水笔或碳素墨水笔书写，红墨水笔只在特定情况下使用。

⑤ 登账时不得跳页、跳行。如果发生此类错误，应将空行或空页用红笔画对角线注销，并注明“作废”字样，同时由经办人员盖章。

⑥ 每一账页登记完毕，应在最后一行结出本页发生额合计数和余额，并在摘要栏内注明“过次页”字样；同时把合计数和余额记入下一页的第一行，并在摘要栏内注明“承前页”字样。

⑦ 凡结出余额的账户，应根据余额方向在“借或贷”栏内注明“借”或“贷”；余额为零时，应写“平”。

⑧ 期末应计算出每个账户的本期发生额和余额，该期末余额即为下期该账户的期初余额。年初启用新账簿时，在摘要栏内注明“上年结转”。

【更上层楼】

按照《会计档案管理办法》（2015 年修订发布），自 2016 年起企业的总账、明细账、日记账和其他辅助性账簿需保管 30 年，固定资产卡片保管至固定资产清理后 5 年。

任务二　序时账簿的设置与登记

一、现金日记账的设置与登记

现金日记账是用来登记库存现金每天的收入、支出和结存情况的账簿，由出纳人员根据现金收款凭证、现金付款凭证和部分银行存款付款凭证，按经济业务发生的先后顺序，逐日逐笔进行登记。所有单位都应设置现金日记账。现金日记账一般采用三栏式订本账。现金日记账的登记方法如下：

① 日期栏登记收付款凭证的日期，应与现金实际收付日期一致。

② 凭证栏登记入账的收付款凭证的种类和编号。

③ 摘要栏简要说明登记入账的经济业务的内容。

④ 对方科目栏登记现金收入的来源账户或支出的用途账户，其作用在于了解收入支出的来龙去脉。如遇对方科目不止一个，可填写对方科目中金额最大的科目或第一个科目。

⑤ 收入、支出栏登记现金实际收付的金额。库存现金的余额可以逐笔结出，也可以每日一结。出纳员在将当日业务全部登记现金日记账的基础上，结出本日的借贷方的合计数和余额，并将账面余额与盘点的库存现金余额核对，做到账实相符，这就是“日清”。月终，分别计算出本月借贷方的合计数和余额，通常称之为“月结”。

三栏式现金日记账账页如表 8–9 所示。

表8–9

现金日记账

年		凭证		摘要	对方科目	收入	支出	结余
月	日	字	号					

【例 8–1】2019 年 5 月 2 日，安阳殷鉴文玩有限公司（公司采用记账凭证账务处理程序）出纳员郑廷玉使用现金支票从开户银行提取现金 3 000 元。依据现金支票存根填制通用记账凭证如表 8–10 所示。

表8–10

记账凭证

2019 年 5 月 2 日　　　　　　　　　　　　　　　　记字第 2 号

摘要	科目名称		借方金额									贷方金额									记账
	总账科目	明细科目	百	十	万	千	百	十	元	角	分	百	十	万	千	百	十	元	角	分	
提现备用	库存现金					3	0	0	0	0	0										√
提现备用	银行存款														3	0	0	0	0	0	√
附件 1 张	合　计				¥	3	0	0	0	0	0			¥	3	0	0	0	0	0	

会计主管：　　出纳：郑廷玉　　记账：郑廷玉　　复核：韩　圭　　制单：郑廷玉

根据所填记账凭证登记现金日记账，如表 8–11 所示。

表8–11

现金日记账

2019 年		凭证字号	摘　要	对方科目	借　方									贷　方									借或贷	余　额								
月	日				百	十	万	千	百	十	元	角	分	百	十	万	千	百	十	元	角	分		百	十	万	千	百	十	元	角	分
4	30		本月合计				1	5	6	0	0	0	0			1	5	4	0	0	0	0	借				5	5	0	0	0	0
5	2	记 2	提现	银行存款				3	0	0	0	0	0										借				8	5	0	0	0	0
	2	记 5	刘青预借差旅费	其他应收款														8	0	0	0	0	借				7	7	0	0	0	0
	2	记 6	支付业务招待费	管理费用														5	6	0	0	0	借				7	1	4	0	0	0
	2		本日合计					3	0	0	0	0	0				1	3	6	0	0	0	借				7	1	4	0	0	0
	10	记 11	支付广告费	销售费用													1	0	0	0	0	0	借				6	1	4	0	0	0
			……																													
	31		本日合计					3	8	0	0	0	0				2	6	0	0	0	0	借				5	8	0	0	0	0
	31		本月合计				9	8	2	0	0	0	0			9	7	9	0	0	0	0	借				5	8	0	0	0	0

并同时登记银行存款日记账页，总账中的库存现金账页（表 8–17）和银行存款账页（表 8–18）。

二、银行存款日记账的设置与登记

银行存款日记账格式如表 8–12 所示。

银行存款日记账，是由出纳人员根据银行存款收款凭证、银行存款付款凭证和部分现金付款凭证，按经济业务发生的时间先后顺序，逐日逐笔进行登记的。所有单位都应设置银行存款日记账。银行存款日记账一般采用三栏式订本账。银行存款日记账的登记方法如下：

① 日期栏登记记账凭证的日期。

② 凭证栏填写登记入账的收付款凭证的种类和编号。

③ 摘要栏摘要说明登记入账的经济业务的内容。

表8–12

银行存款日记账

年		凭证		摘要	结算凭证类别编号	对方科目	收入	支出	结余
月	日	字	号						

④ 对方科目栏登记现金收入的来源账户或支出的用途账户，其作用在于了解收入、支出的来龙去脉。

⑤ 收入、支出栏登记：现金实际收付的金额。银行存款日记账应于每日终了结出余额，月末结出本月借贷方的合计数和余额，即“月结”；并与银行提供的对账单核对，每月至少一次。

⑥ 结算凭证类别编号栏：如果所记录的经济业务是以通过结算凭证进行的，应在该栏内登记相应的结算凭证类别和编号，如现金支票、转账支票、电汇、银行汇票等。

【例 8–2】2019 年 5 月 1 日，安阳殷鉴文玩有限公司收到安阳小屯公司投资款 300 000 元，款项存入公司开户行。出纳员郑廷玉根据银行进账单、投资协议书等原始凭证，填制通用记账凭证，如表 8–13 所示。据该凭证登记银行存款日记账，如表 8–14 所示。

表8–13

记 账 凭 证

2019 年 5 月 1 日　　　　记字第 1 号

摘要	科目名称		借方金额									贷方金额									记账
	总账科目	明细科目	百	十	万	千	百	十	元	角	分	百	十	万	千	百	十	元	角	分	
收到投资款	银行存款			3	0	0	0	0	0	0	0										√
收到投资款	实收资本	小屯公司											3	0	0	0	0	0	0	0	√
附件 2 张	合　计		¥	3	0	0	0	0	0	0	0	¥	3	0	0	0	0	0	0	0	

会计主管：　　出纳：郑廷玉　　记账：郑廷玉　马青霞　　复核：　　制单：郑廷玉

表8-14

银行存款日记账

2019年		凭证字号	结算凭证	摘要	对方科目	借方								贷方								借或贷	余额							
月	日					十	万	千	百	十	元	角	分	十	万	千	百	十	元	角	分		十	万	千	百	十	元	角	分
4	30			本月合计		3	0	0	0	0	0	0	0	8	0	0	0	0	0	0	0	借	2	0	0	0	0	0	0	0
5	1	记1		收投资款	实收资本	3	0	0	0	0	0	0	0									借	5	0	0	0	0	0	0	0
	2	记2		提现	库存现金											3	0	0	0	0	0	借	4	9	7	0	0	0	0	0
	15	记14		购厂房	固定资产									2	0	0	0	0	0	0	0	借	2	9	7	0	0	0	0	0
	15	记17		借入短期借款	短期借款		7	0	0	0	0	0	0									借	3	6	7	0	0	0	0	0
	31			本月合计		3	7	0	0	0	0	0	0	2	0	3	0	0	0	0	0	借	3	6	7	0	0	0	0	0
				……																										

企业会计需同时登记银行存款总分类账（表 8-18）和实收资本总分类账（表 8-19），登记实收资本明细分类账（表 8-20）。

任务三　分类账簿的设置与登记

分类账簿是对经济业务进行分类登记的账簿，是会计账簿的主体，也是编制财务报表的主要依据。账簿按其反映经济业务的详略程度，可分为总分类账簿和明细分类账簿。总分类账簿通常采用三栏式，明细分类账簿可采用的格式主要有三栏式明细账、数量金额式明细账等。

一、总分类账簿设置与登记

1. 总分类账簿设置

一般采用三栏式订本账，所有单位都要设置总分类账簿。

2. 总分类账簿的常见登记方法

① 当企业采用记账凭证账务处理程序时，按记账凭证逐笔登记。

② 当企业采用科目汇总表账务处理程序时，按科目汇总表登记。

总分类账账页格式如表 8-15 所示。

表8–15

总 分 类 账

账户：　　　　　　　　　　　　　　　　　　　　　　　　　　　　第　　页

年		凭证		摘　要	借方金额	贷方金额	借或贷	余　额
月	日	字	号					

二、明细分类账的设置与登记

明细分类账的格式有三栏式、数量金额式、多栏式、横线登记式等。

1. 三栏式明细分类账

只设“借方”“贷方”和“余额”三个金额栏，适用于只需要反映金额的明细分类账。企业的“应收账款”“其他应收款”“应付账款”“其他应付款”“短期借款”“长期借款”“应付职工薪酬”“应交税费”“实收资本”“盈余公积”等明细分类账均可采用三栏式明细分类账，如表 8–16 所示。

表8–16

××××明细分类账

明细分类账账户：　　　　　　　　　　　　　　　　　　　　　　　第　　页

年		凭证		摘　要	借方金额	贷方金额	借或贷	余　额
月	日	字	号					

登账时，根据有关会计凭证逐笔在借方或贷方栏内登记发生额，并结出余额。根据余额方向在“借或贷”栏内写上“借”或“贷”字。若余额为零，则在“借或贷”栏内写上“平”字，在余额栏内画平账符号。

根据【例 8–1】、【例 8–2】登记的库存现金总账、银行存款、实收资本总账账页，实收资本明细账账页如表 8–17 至表 8–20 所示。

表8–17

总 分 类 账

科目：库存现金

2019年		凭证字号	摘要	借方									贷方									借或贷	余额								
月	日			百	十	万	千	百	十	元	角	分	百	十	万	千	百	十	元	角	分		百	十	万	千	百	十	元	角	分
4	30		本月合计			1	5	6	0	0	0	0			1	5	4	0	0	0	0	借				5	5	0	0	0	0
5	2	记2	提现				3	0	0	0	0	0										借				8	5	0	0	0	0
	2	记5	刘青预借差旅费														8	0	0	0	0	借				7	7	0	0	0	0
	2	记6	支付业务招待费														5	6	0	0	0	借				7	1	4	0	0	0
	10	记11	支付广告费													1	0	0	0	0	0	借				6	1	4	0	0	0
			……																												

表8–18

总 分 类 账

科目：银行存款

2019年		凭证字号	摘要	对方科目	借方								贷方								借或贷	余额							
月	日				十	万	千	百	十	元	角	分	十	万	千	百	十	元	角	分		十	万	千	百	十	元	角	分
4	30		本月合计		3	0	0	0	0	0	0	0	8	0	0	0	0	0	0	0	借	2	0	0	0	0	0	0	0
5	1	记1	收投资款	实收资本	3	0	0	0	0	0	0	0									借	5	0	0	0	0	0	0	0
	2	记2	提现	库存现金											3	0	0	0	0	0	借	4	9	7	0	0	0	0	0
	15	记14	购厂房	固定资产									2	0	0	0	0	0	0	0	借	2	9	7	0	0	0	0	0
	15	记17	借入短期借款	短期借款		7	0	0	0	0	0	0									借	3	6	7	0	0	0	0	0
	31		本月合计		3	7	0	0	0	0	0	0	2	0	3	0	0	0	0	0	借	3	6	7	0	0	0	0	0
			……																										

表8–19

总 分 类 账

科目：实收资本

2019年		凭证字号	摘要	借方									贷方									借或贷	余额								
月	日			百	十	万	千	百	十	元	角	分	百	十	万	千	百	十	元	角	分		百	十	万	千	百	十	元	角	分
5	1	记1	收投资款											3	0	0	0	0	0	0	0	贷		3	0	0	0	0	0	0	0
	15	记15	接受邢新材料投资												4	2	5	0	0	0	0	贷		3	4	2	5	0	0	0	0
	31		本月合计											3	4	2	5	0	0	0	0	贷		3	4	2	5	0	0	0	0
			……																												

表8–20

实收资本明细分类账

明细科目：小屯公司

2019年		凭证字号	摘要	借方									贷方									借或贷	余额								
月	日			百	十	万	千	百	十	元	角	分	百	十	万	千	百	十	元	角	分		百	十	万	千	百	十	元	角	分
5	1	记1	收投资款											3	0	0	0	0	0	0	0	贷		3	0	0	0	0	0	0	0
	31		本月合计											3	0	0	0	0	0	0	0	贷		3	0	0	0	0	0	0	0
			……																												

2. 数量金额式明细分类账

它适用于既要进行金额核算又要进行数量核算的明细分类账。企业的“原材料”“库存商品”“委托加工物资”等各种财产物资的明细分类账多采用该类账页。

3. 多栏式明细分类账

在账页的借方、贷方分设若干专栏进行明细分类核算的账簿。按明细分类账登记的经济业务不同，又分为借方多栏、贷方多栏和借贷方多栏式三种格式。

借方多栏式明细分类账的账页格式适用于借方需要设多个明细账户或明细项目的账户，如“生产成本”“制造费用”“销售费用”“管理费用”“财务费用”“营业外支出”等成本费用类明细分类账户，如表8–21所示的“管理费用”明细账页。贷方多栏式明细分类账的账页格式适用于贷方需要设多个明细账户或明细项目的账户，如“主营业务收入”“其他业务收入”“营业外收入”等账户的收益类明细分类账户，如表8–22所示的“主营业务收入”明细账页。借贷方多栏式明细分类账的账页格式适用于借贷方均需要设多个明细账户或明细项目的账户，如“应交增值税”“本年利润”等账户的明细分类核算。

表8–21

管理费用 明细分类账

2019年		凭证		摘要	借方	贷方	借或贷	余额	（借）方金额分析				
月	日	字	号						办公费	差旅费	折旧费	工薪费用	其他
5	6	记	16	购买办公用品	500		借	500	500				
	18	记	20	职工报销差旅费	800		借	800		800			
				……									
	31	记	91	结转至本年利润		20000	平	0	500	800	……	……	……
				……									

表8-22

主营业务收入 明细分类账

2019年		凭证		摘要	借方	贷方	借或贷	余额	（贷）方金额分析		
月	日	字	号						800#青铜鼎	8#青铜鼎	其他
				……							
5	5	记	21	销售800#青铜鼎，货款暂欠		180000	贷	230000	180000		
	8	记	23	销售8#青铜鼎，货款暂欠		70000	贷	300000		70000	
				……							
	31	记	90	结转至本年利润	380000		平	0	240000	140000	
				……							

4. 横线登记式明细分类账

横线登记式明细分类账是采用横线登记，即将每一相关的业务登记在一行，从而可依据每一行各个栏目的登记是否齐全来判断该项业务的进展情况。该明细分类账适用于登记材料采购业务、在途物资、应收票据和一次性备用金业务。

【例 8-3】2019 年 5 月 15 日，公司接受个体户邢新投资。邢新投入红铜 1 吨，单价 40 000 元；投入石蜡 0.5 吨，单价 5 000 元。企业作为原材料。根据投资协议、国家税务局通用机打发票（邢新不能提供增值税专用发票，故公司不能记录和抵扣增值税进项税额），会计马青霞填制通用记账凭证，如表 8-23 所示。

表8-23

记 账 凭 证

2019 年 5 月 15 日　　　　记字第 15 号

摘要	科目名称		借方金额									贷方金额									记账
	总账科目	明细科目	百	十	万	千	百	十	元	角	分	百	十	万	千	百	十	元	角	分	
接受材料投资	原材料	红铜			4	0	0	0	0	0	0										√
接受材料投资	原材料	石蜡				2	5	0	0	0	0										√
接受材料投资	实收资本	邢新												4	2	5	0	0	0	0	√
附件 2 张	合计			¥	4	2	5	0	0	0	0		¥	4	2	5	0	0	0	0	

会计主管：　　出纳：　　记账：马青霞　　复核：韩 圭　　制单：马青霞

会计马青霞填制记账凭证并登记实收资本和原材料总分类账及其对应明细分类账，分别如表 8-24、表 8-25、表 8-26、表 8-27 所示。

表8–24

实收资本明细分类账

明细科目：邢　新

2019年		凭证字号	摘　要	借方									贷方									借或贷	余额								
月	日			百	十	万	千	百	十	元	角	分	百	十	万	千	百	十	元	角	分		百	十	万	千	百	十	元	角	分
5	15	记15	接受材料投资												4	2	5	0	0	0	0	贷			4	2	5	0	0	0	0
			……																												

表8–25

总分类账

科目：原材料

2019年		凭证字号	摘　要	借方									贷方									借或贷	余额								
月	日			百	十	万	千	百	十	元	角	分	百	十	万	千	百	十	元	角	分		百	十	万	千	百	十	元	角	分
5	15	记15	接受材料投资			4	2	5	0	0	0	0										借			4	2	5	0	0	0	0
			……																												
	31		本月合计		1	0	2	5	0	0	0	0				2	5	0	0	0	0	借		1	0	0	0	0	0	0	0
			……																												

会计马青霞开设原材料数量金额式明细分类账并登记。

表8–26

明细分类账

科目：原材料——红铜　　规格：＿＿＿＿　　计量单位：千克　　存放地点：原料库

2019年		凭证字号	摘　要	收入									发出									结存								
月	日			数量	单价	万	千	百	十	元	角	分	数量	单价	万	千	百	十	元	角	分	数量	单价	万	千	百	十	元	角	分
5	15	记15	接受投资	1000	40.00	4	0	0	0	0	0	0										1000	40.00	4	0	0	0	0	0	0
			……																											
	31		本月合计	2000	40.00	8	0	0	0	0	0	0	50	40.00		2	0	0	0	0	0	1950	40.00	7	8	0	0	0	0	0
			……																											

表8-27

明细分类账

科目：原材料——石蜡　　规格：________　　计量单位：千克　　存放地点：原料库

2019年		凭证字号	摘要	收入									发出									结存								
月	日			数量	单价	万	千	百	十	元	角	分	数量	单价	万	千	百	十	元	角	分	数量	单价	万	千	百	十	元	角	分
5	15	记15	接受投资	500	5.00		2	5	0	0	0	0										500	5.00		2	5	0	0	0	0
			……																											
	31		本月合计	4500	5.00	2	2	5	0	0	0	0	100	5.00			5	0	0	0	0	4400	5.00	2	2	0	0	0	0	0
			……																											

任务四　总分类账与明细分类账的平行登记

一、总分类账与明细分类账的关系

总分类账和明细分类账既有联系又有区别。

1. 两者的内在联系

两者的内在联系主要表现在以下两个方面：

① 两者所反映的经济业务内容相同。

② 两者登账的原始依据相同。

2. 两者的区别

两者的区别主要表现在以下两个方面：

① 两者反映经济业务内容的详细程度不同。总分类账提供综合总括的资料，一律用货币计量单位进行核算；明细分类账提供详细具体的资料，除用货币计量单位外，还可以采用实物、劳动计量单位进行核算。

② 两者作用不同。总分类账对其所辖的明细分类账起着控制和统驭作用；明细分类账从属于总分类账，对总分类账起着详细说明和补充作用。

二、总分类账与明细分类账的平行登记

总分类账是所辖明细分类账的统驭账户，对所辖明细分类账起着控制作用，所以也称为控制账户。明细分类账则是总分类账的从属账户，对其所隶属的总分类账起着辅助作用，也称为被控制账户。总分类账及其所辖明细分类账的核算对象是相同的，它们所提供的核算资料互相补充，只有把两者结合起来，才能既总括又详细地反映同一核算内容。因此，总分类

账和明细分类账必须平行登记。

总分类账与明细分类账的平行登记是指对发生的每一笔经济业务，都要以会计凭证为依据，以相同的方向和相等的金额，一方面登记有关总分类账，另一方面记入其所辖的明细分类账的方法。

平行登记的要点有：

① 登记的方向相同。在总分类账及其所辖的明细分类账中登记同一项经济业务时，方向通常相同，即在总分类账中记入借方，在其所辖的明细分类账中也应记入借方；在总分类账中记入贷方，在其所辖的明细分类账中一般也应记入贷方。

② 登记的期间相同。发生的经济业务，记入总分类账和所辖的明细分类账的具体时间可以有先后，但应在同一个会计期间记入总分类账和所辖的明细分类账。

③ 登记的金额相等。记入总分类账的金额必须与记入其所辖的一个或几个明细分类账的金额合计数相等。

总分类账和所辖的明细分类账平行登记的结果，用公式表示：

总分类账户本期发生额 = 该总分类账户所辖明细分类账户本期发生额合计
总分类账户期末余额 = 该总分类账户所辖明细分类账户期末余额合计

【例 8-4】1. 2019 年 5 月 1 日，安阳殷鉴文玩有限公司收到安阳小屯公司投资款 300 000 元，款项存入公司开户行。编制记账凭证（表 8-13）并登记实收资本总分类账和明细账（表 8-19、表 8-20）。

2. 2019 年 5 月 15 日，公司接受个体户邢新用材料投资，共计 42 500 元。已编制记账凭证（表 8-23），并登记实收资本总分类账和明细账（表 8-19、表 8-24）。

三、总分类账与明细分类账的核对

为了保证所登记账户的准确性，需要将总分类账和明细分类账平行登记的结果进行核对，可以通过编制“明细分类账本期发生额和余额表”，然后以表内合计数与总分类账核对。根据表 8-20、表 8-24 编制“实收资本明细分类账本期发生额和余额表”，如表 8-28 所示。

表8-28

实收资本明细分类账本期发生额和余额表

2019 年 5 月

单位：元

明细账户	期初余额		本期发生额		期末余额	
	借方	贷方	借方	贷方	借方	贷方
小屯公司				300000		300000
邢新				42500		42500
合计				342500		342500

核对结果表明，“实收资本”明细分类账户本期发生额和余额表中的期初数额、本期发

生额、期末余额与总分类账（表 8–19）的对应数据一致，这表明账户记录是正确的。

但如登账过程中有漏记或重记某笔业务，上述核对也会平衡，故应当细致登账，以保证账户记录的正确性。

【项目检测】

一、填空题

1. 账簿按照用途不同，可分为_______、_______和_______。
2. 特种日记账一般包括_______和_______。
3. 按提供核算资料的详细程度不同，分类账可以分为_______和_______。
4. 从外形形式上，日记账一般采用_____式账簿，总分类账一般采用_____式账簿。
5. 会计账簿一般应具备_______、_______和_______。

二、单项选择题

1. 现金日记账或银行存款日记账（　）。

A. 必须逐日结出余额　　B. 只在月末结出余额

C. 不需要结出余额　　D. 没有余额时可以不做任何表示

2. 从账簿的用途来划分，“租入固定资产登记簿”属于（　）。

A. 订本式账簿　　B. 日记账簿　　C. 备查账簿　　D. 分类账簿

3. 适合于活页式账簿形式的是（　）。

A. 现金日记账　　B. 序时账　　C. 明细分类账　　D. 总分类账

4. 不是明细分类账登记依据的是（　）。

A. 原始凭证　　B. 汇总原始凭证　　C. 记账凭证　　D. 科目汇总表

5. 总分类账与其所辖的明细分类账之间的核对属于（　）。

A. 账证核对　　B. 账账核对　　C. 账实核对　　D. 余额核对

6. 库存商品明细分类账一般采用（　）明细账。

A. 三栏式　　B. 多栏式　　C. 横线登记式　　D. 数量金额式

7. 会计账簿的基本内容不包括（　）。

A. 账页　　B. 账簿启用表

C. 账簿登记规则　　D. 账户目录索引

8. 根据记账规则的要求，文字和数值的一般不超过格距的（　）。

A. 2/3　　B. 1/2　　C. 3/4　　D.1/3

9. 不能作为银行存款日记账登账依据的是（　）。

A. 银行收款凭证　　B. 现金付款凭证

C. 银行付款凭证　　D. 现金收款凭证

10. “本年利润”明细账一般采用（　）多栏式账页。

A. 借方　　B. 贷方　　C. 借贷方　　D. 以上都可以

三、判断题

（　）1. 会计账簿是以会计凭证为依据，连续、系统、全面地记录各项经济业务，由一定格式的账页所组成的簿籍。

(　)2. 在我国，单位设置的现金日记账和银行存款日记账两者都属于普通日记账。

(　)3. 明细分类账是对总分类账的补充和具体化，并受总分类账的控制和统驭。

(　)4. 租入固定资产登记簿属于备查账簿。

(　)5. 按账页格式的不同，账簿可以分为三栏式、多栏式、数量金额式和横线登记式四种。

(　)6. 收入、成本、费用、利润和利润分配明细账一般采用多栏式的账簿。

(　)7. 各单位的账簿采用何种外形形式和账页格式，仅取决于单位自己的实际需要。

(　)8. 订本账的优点是能避免账页散失和防止抽换账页，缺点是不能准确为各账户预留账页。这种账簿一般适用于总分类账、现金日记账、银行存款日记账。

(　)9. 在我国，企业一般只对固定资产明细账的核算采用卡片账形式，严格地说，卡片账也是一种活页账。

(　)10. 启用订本账簿，应从第一页到最后一页编订页数，不得跳页、缺号；同时必须充分估计好实际需要，保留空白账页。

四、名词解释题

1. 会计账簿

2. 总分类账和明细分类账的平行登记

五、简答题

1. 会计账簿按外形形式可以分为几类？它们各自的优缺点是什么？

2. 总分类账与明细分类账平行登记的要点是什么？

六、实训题

1. 根据原材料明细账（表 8–26、表 8–27）编制“原材料明细分类账本期发生额和余额表”（表 8–29），并与原材料总账的余额核对。

表8–29

原材料明细分类账本期发生额和余额表

2019 年 5 月

明细账户	期初余额		本期发生额		期末余额	
	借方	贷方	借方	贷方	借方	贷方
红铜						
石蜡						
合计						

2. 结合项目七的业务题，填制记账凭证并选择相关的记账凭证登记现金日记账（每日一结）和银行存款日记账，如表 8–30、表 8–31、表 8–32 所示。

表8–30

现金日记账

年		凭证字号	摘要	对方科目	借方									贷方									借或贷	余额								
月	日				百	十	万	千	百	十	元	角	分	百	十	万	千	百	十	元	角	分		百	十	万	千	百	十	元	角	分

表8–31

银行存款日记账

年		凭证字号	结算凭证	摘要	对方科目	借方								贷方								借或贷	余额							
月	日					十	万	千	百	十	元	角	分	十	万	千	百	十	元	角	分		十	万	千	百	十	元	角	分
				过次页																										

表8-32

银行存款日记账

年		凭证字号	结算凭证	摘 要	对方科目	借 方								贷 方								借或贷	余 额							
月	日					十	万	千	百	十	元	角	分	十	万	千	百	十	元	角	分		十	万	千	百	十	元	角	分
				过次页																										

3. 结合项目七的业务题，开设并登记总分类账；登记“库存商品”所辖的明细分类账，编制库存商品明细分类账本期发生额及余额表，并与库存商品总账核对，如表8-33至表8-46所示。

表8-33

总 分 类 账

科目：库存现金

年		凭证字号	摘 要	借 方									贷 方									借或贷	余 额								
月	日			百	十	万	千	百	十	元	角	分	百	十	万	千	百	十	元	角	分		百	十	万	千	百	十	元	角	分

表8–34

总 分 类 账

科目：银行存款

年		凭证字号	摘要	借方									贷方									借或贷	余额							
月	日			百	十	万	千	百	十	元	角	分	百	十	万	千	百	十	元	角	分		百	十	万	千	百	十	元	角	分

表8–35

总 分 类 账

科目：其他应收款

年		凭证字号	摘要	借方									贷方									借或贷	余额							
月	日			百	十	万	千	百	十	元	角	分	百	十	万	千	百	十	元	角	分		百	十	万	千	百	十	元	角	分

表8-36

总 分 类 账

科目：在途物资

年		凭证字号	摘要	借方									贷方									借或贷	余额								
月	日			百	十	万	千	百	十	元	角	分	百	十	万	千	百	十	元	角	分		百	十	万	千	百	十	元	角	分

表8-37

总 分 类 账

科目：库存商品

年		凭证字号	摘要	借方									贷方									借或贷	余额								
月	日			百	十	万	千	百	十	元	角	分	百	十	万	千	百	十	元	角	分		百	十	万	千	百	十	元	角	分

表8–38

总 分 类 账

科目：固定资产

年		凭证字号	摘要	借方									贷方									借或贷	余额								
月	日			百	十	万	千	百	十	元	角	分	百	十	万	千	百	十	元	角	分		百	十	万	千	百	十	元	角	分

表8–39

总 分 类 账

科目：短期借款

年		凭证字号	摘要	借方									贷方									借或贷	余额								
月	日			百	十	万	千	百	十	元	角	分	百	十	万	千	百	十	元	角	分		百	十	万	千	百	十	元	角	分

表8–40

总 分 类 账

科目：应付账款

年		凭证字号	摘要	借方									贷方									借或贷	余额								
月	日			百	十	万	千	百	十	元	角	分	百	十	万	千	百	十	元	角	分		百	十	万	千	百	十	元	角	分

表8–41

总 分 类 账

科目：长期借款

年		凭证字号	摘要	借方									贷方									借或贷	余额								
月	日			百	十	万	千	百	十	元	角	分	百	十	万	千	百	十	元	角	分		百	十	万	千	百	十	元	角	分

表8–42

总 分 类 账

科目：实收资本

年		凭证字号	摘要	借方									贷方									借或贷	余额								
月	日			百	十	万	千	百	十	元	角	分	百	十	万	千	百	十	元	角	分		百	十	万	千	百	十	元	角	分

表8–43

明细分类账

科目：库存商品——8#套装巧克力　　规格：＿＿　　计量单位：件　　存放地点：成品库

年		凭证字号	摘要	收入									发出									结存								
月	日			数量	单价	万	千	百	十	元	角	分	数量	单价	万	千	百	十	元	角	分	数量	单价	万	千	百	十	元	角	分

表8-44

明细分类账

科目：库存商品——1#盒装巧克力　　规格：______　　计量单位：件　　存放地点：成品库

年		凭证字号	摘要	收入									发出									结存								
月	日			数量	单价	万	千	百	十	元	角	分	数量	单价	万	千	百	十	元	角	分	数量	单价	万	千	百	十	元	角	分

表8-45

总分类账户本期发生额和余额试算平衡表

编制单位：　　　　　　　　年　　月　　　　　　　　单位：元

账户名称	期初余额		本期发生额		期末余额	
	借方	贷方	借方	贷方	借方	贷方
库存现金						
银行存款						
其他应收款						
库存商品						
固定资产						
短期借款						
应付账款						
长期借款						
实收资本						
合计						

表8–46

库存商品明细分类账本期发生额和余额表

年　　月

明细账户	期初余额		本期发生额		期末余额	
	借方	贷方	借方	贷方	借方	贷方
8# 套装巧克力						
1# 盒装巧克力						
合计						

【项目学习评价】

表8–47

成功之处	
不足之处	
改进措施	

项目九　对账与结账

【项目学习目标、学习方法、建议学时】

表9-1

学习目标		学习方法	建议学时
知识目标	① 掌握错账更正的方法； ② 掌握期末对账、结账。	辨别记账凭证和进行错账更正，进行期末对账、结账。	6
技能目标	① 培养会计凭证审核能力； ② 培养错账更正技能； ③ 培养对账、结账的技能。	观察凭证、账簿，发现错误，进行更正；正确进行对账、结账。	
情感态度价值观目标	① 培养认真细致的工作作风、严谨的工作态度及服务意识； ② 遵纪守法，不做假账。	在教与学中进行道德体悟，使学生养成细致、严谨的工作作风，培养会计职业操守。	

【项目学习】

任务一　对账与错账更正

为保证账簿记录正确，记账之后、结账之前要进行对账。对账就是核对账目，是定期将各类账簿记录进行核对，以做到账证相符、账账相符和账实相符。

一、对账的意义

在会计工作中，由于各种原因，在会计核算的各个环节上都可能会发生错误，因此在结账前，就有必要按照对账的制度对各种账簿资料加以核对。通过会计对账，可以保证各种账簿记录的正确、真实和完整。

二、对账的内容

对账的内容一般包括账证核对、账账核对和账实核对。

（一）账证核对

账证核对是指核对会计账簿（包括总账、明细账、现金日记账和银行存款日记账）与记账凭证及其所附原始凭证的时间、凭证字号、内容、金额是否一致，记账方向是否相符。账证核对通常在日常记账过程中进行，如果月末发现账账不符，也可以再将账簿记录与有关会计凭证进行核对。账证核对是保证账实相符、账账相符的基础，也是追查会计记录正确与否的最终途径。

（二）账账核对

账账核对是指核对不同会计账簿之间的账簿记录是否相符，内容主要包括：

① 总分类账有关账户的余额核对，包括所有总账账户借方发生额合计与贷方发生额合计是否相等，所有总账账户借方余额合计与贷方余额合计是否相等，这种核对可以通过试编制试算平衡表进行。可参考项目四任务二的相关内容。

② 总分类账与其所属明细账核对，包括总账账户本期借、贷方发生额应与其所属明细分类账户的本期借、贷方发生额合计数核对，总账账户余额应与其所属明细分类账户的余额合计数核对，这种核对可以通过编制总账账户与明细分类账户本期发生额和余额对照表的形式进行。可参考项目八任务四的相关内容。

③ 总分类账与序时账核对，包括现金日记账和银行存款日记账的本期发生额及余额应与库存现金、银行存款总分类账户的相应数字核对。

④ 明细分类账之间的核对。例如，会计部门的财产物资明细账期末余额与财产物资保管或使用部门的有关明细账的期末余额核对。

（三）账实核对

账实核对是指核对会计账簿记录与财产等实有数额是否相符，内容包括：

① 库存现金日记账账面余额与库存现金实际库存数核对，每日进行。

② 银行存款日记账账面余额与银行对账单的余额核对，每月至少一次。

③ 各种财产物资明细账账面余额与财产物资的实有数额核对，通过定期或不定期的财产清查进行。

④ 各种债权债务明细账账面余额与对方单位的账面记录核对，定期或不定期进行。

可参考项目十二的相关内容。

三、错账更正方法

在审核记账凭证时，登账、对账的过程中会计人员可能发现记账凭证或账簿上有错误，此时应及时更正错误。按照规定，账簿记录发生错误，不准涂改、挖补、刮擦或者用药水消除字迹，不准重新抄写。那么，正确的处理方法是什么？针对不同的错误，常用的错账更正方法有三种：画线更正法、红字冲销法、补充登记法。

（一）画线更正法

画线更正法也称划线更正法，是指用画线来更正错账的方法。这种方法适用于记账后结账前发现账簿记录有错误，而记账凭证无错误，即登账时文字或数字出现的错误属于笔误。

1. 文字错误

【例 9-1】2019 年 6 月 5 日，安阳殷鉴文玩有限公司（公司采用记账凭证账务处理程序）收回龙安公司的应收账款 72 500.00 元，款项存入银行。出纳员郑廷玉填制收款凭证，如表 9-2 所示。

表9-2

收 款 凭 证

借方科目：银行存款　　2019 年 6 月 5 日　　收字第 1 号

摘要	贷方科目		金额									记账
	总账科目	明细科目	百	十	万	千	百	十	元	角	分	
收到龙安公司前欠货款	应收账款	龙安公司			7	2	5	0	0	0	0	√
附件 1 张	合　计			¥	7	2	5	0	0	0	0	

会计主管：　记账：马青霞 郑廷玉　复核：韩 圭　制单：郑廷玉　出纳：郑廷玉

出纳员郑廷玉登记银行存款日记账时误将“货”字写为“贷”。经检查，记账凭证无错误。对此类错误，需采用画线更正法更正错误。更正时，应先将错误的文字画一条红线勾销，并使原有字迹清晰可认，然后在错误的文字上方写上正确的文字。更正后，由记账人员在更正处签名盖章。更正后的银行存款日记账，如表 9-3 所示。

表9-3

银行存款日记账

2019 年		凭证字号		摘 要	票据类别号码	对方科目	借方金额	贷方金额	余 额
月	日	字	号						
5	31			本月合计			150000.00	145000.00	367000.00
6	5	收	1	货 郑廷玉 收回前欠~~贷~~款	支票 01343263	应收账款	72500.00		439500.00
				……					

2. 金额错误

【例 9-2】业务及收款凭证同【例 9-1】。出纳员郑廷玉在将收款凭证上的借方 72 500.00 过入银行存款日记账，结算本日余额后，发现误记为借方 725 000.00 元，如表 9-4 所示。

表9-4

银行存款日记账

2019年		凭证字号		摘要	票据类别号码	对方科目	借方金额	贷方金额	余额
月	日	字	号						
5	31			本月合计			150000.00	145000.00	367000.00
6	5	收	1	收回前欠货款	支票 01343263	应收账款	725000.00		1092000.00
				……					

经判断，该错误属于笔误，可采用画线更正法。更正时，应先将错误的金额的全部数码画一条红线勾销，并使原有字迹清晰可认，然后在错误的金额的上方写上正确的金额。更正后的银行存款日记账如表 9-5 所示。

表9-5

银行存款日记账

2019 年		凭证字号		摘　要	票据类别号码	对方科目	借方金额	贷方金额	余　额	
月	日	字	号							
5	31			本月合计			550000.00	300000.00	367000.00	
6	5	收	1	收回前欠货款	支票 01343263	应收账款	72500.00 ~~725000.00~~	郑廷玉	439500.00 ~~1092000.00~~	郑廷玉
				……						

（二）红字冲销法

红字冲销法又称红字冲账法、红字更正法，是用红字冲销或冲减原记录数，以更正或调整账簿记录的一种方法。记账以后，如果发现记账凭证发生错误，导致记账错误时，可采用红字冲销法进行更正，红字记录表示对原记录的冲减。红字冲销法包括红字全部冲销法和红字部分冲销法两种。

1. 红字全部冲销法

记账所依据的记账凭证中应借应贷的方向、科目有错误，导致账簿记录错误。

【例 9-3】2019 年 6 月 6 日，安阳殷鉴文玩有限公司熔铸车间生产 800# 青铜印章产品领用红铜 2 吨（表 9-6 和表 9-7）。

表9-6

领　料　单

领料单位：熔铸车间　　2019 年 6 月 6 日　　用途：生产 800# 青铜印章　　No. 23654

材料类别	材料名称及规格	计量单位	数　量		单价	金额
			请领	实领		
原料及主要材料	红铜	吨	1	1	80000.00	80000.00
合计			1	1		80000.00

记账：曹子建　　发料：郭质夫　　领料：杜乔

会计马青霞填制转账凭证（表 9–7）并登记制造费用（表 9–10）与原材料总账（表 9–11）。

表9–7

转 账 凭 证

2019 年 6 月 6 日　　　　转字第 1 号

摘要	科目名称		借方金额								贷方金额								记账符号
	总账科目	明细科目	十	万	千	百	十	元	角	分	十	万	千	百	十	元	角	分	
领用材料	制造费用			8	0	0	0	0	0	0									√
领用材料	原材料	红铜										8	0	0	0	0	0	0	√
附件 1 张	合　计		¥	8	0	0	0	0	0	0	¥	8	0	0	0	0	0	0	

会计主管：　　　记账：马青霞　　　复核：韩　圭　　　制单：马青霞

会计主管韩圭在复核时发现"转字第 1 号"凭证会计科目使用错误，借方科目应使用"生产成本"。故将该凭证退回，要求会计马青霞修改。

该凭证科目用错导致"制造费用"账户借方多记录 80 000 元，需要冲销；"生产成本"账户借方少记录 80 000 元，需要补记。按会计工作惯例，采用红字全部冲销法，即先用红字金额填写一张与原错误转账凭证内容一样的转账凭证，在"摘要栏"内填写"冲销 6 月 6 日转字第 1 号错误凭证"，以冲销原有的错误记录；然后用蓝字填制一张正确的转账凭证，并在"摘要栏"内填写"更正 6 月 6 日转字第 1 号凭证"。两张凭证均要登记入账。更正的记账凭证如表 9–8 和表 9–9 所示。

表9–8

转 账 凭 证

2019 年 6 月 7 日　　　　转字第 7 号

摘要	科目名称		借方金额								贷方金额								记账符号
	总账科目	明细科目	十	万	千	百	十	元	角	分	十	万	千	百	十	元	角	分	
冲销 6 月 6 日转字第 1 号错误凭证	制造费用			8	0	0	0	0	0	0									√
冲销 6 月 6 日转字第 1 号错误凭证	原材料	红铜										8	0	0	0	0	0	0	√
附件　1　张	合　计		¥	8	0	0	0	0	0	0	¥	8	0	0	0	0	0	0	

会计主管：　　　记账：马青霞　　　复核：韩　圭　　　制单：马青霞

表9–9

转 账 凭 证

2019年6月7日　　　　　　　　　　　　转字第8号

摘要	科目名称		借方金额								贷方金额								记账符号
	总账科目	明细科目	十	万	千	百	十	元	角	分	十	万	千	百	十	元	角	分	
更正6月6日转字第1号凭证	生产成本	800#青铜印章		8	0	0	0	0	0	0									✓
更正6月6日转字第1号凭证	原材料	红铜										8	0	0	0	0	0	0	✓
附件　1　张	合　　计		¥	8	0	0	0	0	0	0	¥	8	0	0	0	0	0	0	

会计主管：　　　　记账：马青霞　　　　复核：韩　圭　　　　制单：马青霞

更正后的制造费用总账、原材料总账、生产成本总账分别如表9–10至表9–12所示。

表9–10

总 分 类 账

科目：制造费用

2019年		凭证字号	摘　要	借方									贷方									借或贷	余额								
月	日			百	十	万	千	百	十	元	角	分	百	十	万	千	百	十	元	角	分		百	十	万	千	百	十	元	角	分
6	6	转1	领用材料			8	0	0	0	0	0	0										借			8	0	0	0	0	0	0
	6	转2	计提折旧				7	0	0	0	0	0										借			8	7	0	0	0	0	0
	6	转5	报销车间办公费					8	0	0	0	0										借			8	7	8	0	0	0	0
	7	转7	冲销6月6日转字第1号错误凭证			8	0	0	0	0	0	0										借				7	8	0	0	0	0
			……																												

表9–11

总 分 类 账

科目：原材料

2019年		凭证字号	摘　要	借方									贷方									借或贷	余额								
月	日			百	十	万	千	百	十	元	角	分	百	十	万	千	百	十	元	角	分		百	十	万	千	百	十	元	角	分
5	31		本月合计																			借		1	0	0	0	0	0	0	0
6	6	转1	生产领用材料												8	0	0	0	0	0	0	借			2	0	0	0	0	0	0
	7	转7	冲销6月6日转字第1号错误凭证												8	0	0	0	0	0	0	借		1	0	0	0	0	0	0	0
	7	转8	更正6月6日转字第1号凭证												8	0	0	0	0	0	0	借			2	0	0	0	0	0	0
			……																												

表9–12

总分类账

科目：生产成本

2019年		凭证字号	摘要	借方									贷方									借或贷	余额								
月	日			百	十	万	千	百	十	元	角	分	百	十	万	千	百	十	元	角	分		百	十	万	千	百	十	元	角	分
5	31		本月合计																			借		7	8	9	0	0	0	0	0
6	7	转8	更正6月6日转字第1号凭证			8	0	0	0	0	0	0										借	1	5	8	9	0	0	0	0	0
			……																												

2. 红字差额冲销法

记账所依据的记账凭证中应借应贷的方向、科目无误，所记金额大于应记金额，导致账簿记录错误。

【例 9–4】2019 年 6 月 15 日，安阳殷鉴文玩有限公司行政办公室人员陈香出差借款 3 400 元。借款单如表 9–13 所示。

表9–13

借款单

2019年6月15日

部门		姓名	借款金额	批示意见
办公室		陈香	¥3400.00	同意支出。 魏西门 2019.6.15
借款金额：人民币（大写）叁仟肆佰元整				
借款理由	培训			

审核：韩圭　　借款人：陈香　　经办人：郑廷玉

出纳员郑廷玉根据借款单填制付款凭证如表 9–14 所示。

表9–14

付款凭证

贷方科目：库存现金　　2019年6月15日　　付字第2号

摘要	总账科目	明细科目	金额									记账符号
			百	十	万	千	百	十	元	角	分	
陈香预借差旅费	其他应收款	陈香				4	3	0	0	0	0	√
附件 1 张	合计				¥	4	3	0	0	0	0	

会计主管：　　记账：马青霞　　复核：韩圭　　制单：郑廷玉　　出纳：郑廷玉

会计马青霞根据该付款凭证登记总分类账。登账后发现付款凭证与所附原始凭证金额不符，付款凭证金额多出 900 元。于是，将该信息传递给出纳员郑廷玉。郑廷玉检查后，确认记账凭证无其他错误，自身无记账错误。对该错误需减少“其他应收款”借方数 900 元，需减少“库存现金”贷方数 900 元，可以采用红字差额冲销法。填制一张与原付款凭证借贷方科目相同，金额为红字表示冲减多记金额的凭证并在摘要栏内填写“冲销 15 日付字第 2 号凭证多记金额”。更正凭证如表 9–15 所示。

表9–15

付 款 凭 证

贷方科目：库存现金　　　　2019 年 6 月 17 日　　　　付字第 3 号

摘　要	总账科目	明细科目	金额									记账
			百	十	万	千	百	十	元	角	分	
冲销 15 日付字第 2 号凭证多记金额	其他应收款	陈香					9	0	0	0	0	√
附件　　张	合　计					¥	9	0	0	0	0	

会计主管：　　记账：马青霞　　复核：韩　圭　　制单：郑廷玉　　出纳：郑廷玉

会计马青霞根据付字第 3 号凭证登记总分类账，如表 9–16 和表 9–17 所示。

表9–16

总 分 类 账

科目：库存现金

2019 年		凭证字号	摘　要	借方									贷方									借或贷	余额								
月	日			百	十	万	千	百	十	元	角	分	百	十	万	千	百	十	元	角	分		百	十	万	千	百	十	元	角	分
			……																												
5	31		本月合计			5	5	0	0	0	0	0			6	0	0	0	0	0	0	借				5	8	0	0	0	0
6	8	付 1	购买办公用品															6	8	0	0	借				5	7	3	2	0	0
	15	付 2	职工出差借款													4	3	0	0	0	0	借				1	4	3	2	0	0
	17	付 3	冲销 6 月 15 日付字第 2 号凭证多记金额														9	0	0	0	0	借				2	3	3	2	0	0
	18	付 4	购买办公用品														2	0	9	0	0	借				2	1	2	3	0	0
	18	付 5	补充登记 18 日付字第 4 号凭证少记金额														1	0	0	0	0	借				2	0	2	3	0	0
			……																												

表9–17

总分类账

科目：其他应收款

2019年		凭证字号	摘要	借方									贷方									借或贷	余额								
月	日			百	十	万	千	百	十	元	角	分	百	十	万	千	百	十	元	角	分		百	十	万	千	百	十	元	角	分
			……																												
5	31		本月合计				8	0	0	0	0	0				9	0	0	0	0	0	借				1	2	0	0	0	0
6	15	付2	职工出差借款				4	3	0	0	0	0										借				5	5	0	0	0	0
	17	付3	冲销6月15日付2号凭证多记金额					9	0	0	0	0										借				4	6	0	0	0	0
			……																												

（三）补充登记法

补充登记法是补充登记账簿少记金额的一种方法。记账以后，记账依据的会计凭证的会计科目及记账方向均无错误，只是所记金额小于应记的金额。

【例 9–5】2019 年 6 月 18 日，安阳殷鉴文玩有限公司以现金购买办公用品并交办公室使用（表 9–18）。

表9–18

041001831004　　河南增值税普通发票　　№ 00397189

发票联

开票日期：2019年06月18日

购买方	名称	安阳殷鉴文玩有限公司				密码区	9*<+2/》2、 1*45+5-<>> *-984-1524 -545/3958-
	纳税人识别号	91310040213456000Y					
	地址、电话	安阳市文峰区仁义巷8号 0372-3333222					
	开户行及账号	安阳银行鼓楼支行 170608170609170610					
货物或应税劳务、服务名称	规格型号	单位	数量	单价	金额	税率	税额
*文具*财务常用印章套装		套	3	100.00	300.00	3%	9.00
合计					300.00		9.00
价税合计（大写）	人民币叁佰零玖元整				（小写）¥309.00		
销售方	名称	安阳明远商贸有限公司				备注	
	纳税人识别号	913100402130005003					
	地址、电话	安阳市团结路25号 0372-2283433					
	开户行及账号	工商银行北关支行 170607170602470630					

第二联：发票联　购买方记账凭证

收款人：　　复核：　　开票人：赵光义　　销售方：（章）

（印章：安阳明远商贸有限公司 913100402130005003 发票专用章）

出纳员郑廷玉根据发票编制付款凭证如表 9–19 所示。

表9–19

付 款 凭 证

贷方科目：库存现金　　　　2019 年 6 月 18 日　　　　付字第 4 号

摘　要	总账科目	明细科目	金额 百	十	万	千	百	十	元	角	分	记账
购买办公用品	管理费用	办公费					2	0	9	0	0	√
附件 1 张	合　计					¥	2	0	9	0	0	

会计主管：　　记账：马青霞　郑廷玉　　复核：韩　圭　　制单：郑廷玉　　出纳：郑廷玉

会计马青霞登记库存现金与管理费用总账；出纳员郑廷玉登记现金日记账，当日郑廷玉盘点现金发现账实不符，经核对该记账凭证与原始凭证不符，少记了 100 元。于是补做一张差额凭证，经韩圭审核，登记现金日记账并将该凭证传递给会计马青霞。郑廷玉补做的付款凭证如表 9–20 所示。

表9–20

付 款 凭 证

贷方科目：库存现金　　　　2019 年 6 月 18 日　　　　付字第 5 号

摘　要	总账科目	明细科目	金额 百	十	万	千	百	十	元	角	分	记账
补充登记 6 月 18 日付字第 4 号凭证少记金额	管理费用	办公费					1	0	0	0	0	√
附件　张	合　计					¥	1	0	0	0	0	

会计主管：　　记账：马青霞　　复核：韩　圭　　制单：郑廷玉　　出纳：郑廷玉

会计马青霞登记库存现金总账（表 9–16）与管理费用总账（表 9–21）。

表9-21

总分类账

科目：管理费用

2019年		凭证字号	摘要	借方									贷方									借或贷	余额								
月	日			百	十	万	千	百	十	元	角	分	百	十	万	千	百	十	元	角	分		百	十	万	千	百	十	元	角	分
6	7		承前页				2	0	0	0	0	0										借				2	0	0	0	0	0
	8	付1	购买办公用品						6	8	0	0										借				2	0	6	8	0	0
	18	付4	购买办公用品					1	0	8	0	0										借				2	1	7	6	0	0
	18	付5	补充登记6月18日付字第4号凭证少记金额						7	2	0	0										借				2	2	4	8	0	0
			……																												

任务二　结账

结账就是结算账目，是指在一定会计期间（如月、季、年度）将本期内所有发生的经济业务全部登记入账以后，计算出本期发生额及期末余额，并将余额结转下期或新的账簿的会计行为。结账工作建立在会计分期前提下。

一、结账的程序

① 将本期发生的经济业务事项全部登记入账，并保证其正确性。

② 按权责发生制的要求，调整有关账项，合理确定本期应计收入和应计费用。

③ 将损益类科目转入“本年利润”科目，结平所有损益类科目。

④ 结算各种资产、负债和所有者权益账户，分别结出各账户的本期发生额和期末余额。

二、结账的方法

① 月、季、年度终了，一般应结出月份、季度、年度发生额，在摘要栏内注明“本月合计”“本季合计”“本年累计”字样。

② 在月结和季结行下面划通栏单红线，在年结下面画双红线。

③ 本月发生额只有一笔的，可以只在该条记录下面画一条通栏单红线，不必单独设行进行本月合计。

④ 若本月没有发生额，则不必进行月结；同样，若本季、本年没有发生额，则不必进行

季结与年结。

结账的具体操作如下：

1. 月末结账

① 对于不需要按月结计发生额的账户，如往来账项、所有者权益账项等，每次记账以后，都要随时结出余额，每月最后一笔业务登记后计算出的余额就是月末余额；月末结账时，只需在最后一笔经济业务事项记录之下画通栏单红线，不需要结计一次余额。

② 需要结出本月发生额的账户，如库存现金、银行存款日记账和需要按月结发生额的收入费用等明细账，每月结账时，要结出本月发生额和余额，在摘要栏注明“本月合计”，并在下面画通栏单红线，如表 9–22 所示。

③ 需要结计本年累计发生额的某些账户，12 月末的“本年累计”就是全年累计发生额，全年累计发生额下通栏画双红线，如表 9–22 所示。

④ 总账账户平时只需要结出月末余额。年终结出全年发生额和余额，摘要注明“本年累计”并在其下通栏画双红线，表示本账户全部结清，如表 9–23 所示。

表9–22

银行存款日记账

2019 年		凭证字号	结算凭证	摘要	对方科目	借方								贷方								余额							
月	日					十	万	千	百	十	元	角	分	十	万	千	百	十	元	角	分	十	万	千	百	十	元	角	分
				……																									
11	30			本月合计				2	8	6	0	0	0		5	0	0	0	0	0	0	1	7	0	0	0	0	0	0
	30			本年累计			8	0	0	0	0	0	0		6	6	0	0	0	0	0	1	7	0	0	0	0	0	0
12	1	记 1		收投资款	实收资本	2	0	0	0	0	0	0	0									3	7	0	0	0	0	0	0
	5	记 3		提现	库存现金										5	0	0	0	0	0	0	3	2	0	0	0	0	0	0
				……																									
	25	记 42		购厂房	固定资产										5	0	0	0	0	0	0	2	7	0	0	0	0	0	0
	25	记 53		借入短期借款	短期借款		5	0	0	0	0	0	0									3	2	0	0	0	0	0	0
	31			本月合计		5	0	0	0	0	0	0	0	3	5	0	0	0	0	0	0	3	2	0	0	0	0	0	0
	31			本年累计		5	8	0	0	0	0	0	0	4	1	6	0	0	0	0	0	3	2	0	0	0	0	0	0
				结转下年																		3	2	0	0	0	0	0	0

表9–23

总分类账

科目：银行存款

2019年		凭证字号	摘要	借方									贷方									借或贷	余额								
月	日			百	十	万	千	百	十	元	角	分	百	十	万	千	百	十	元	角	分		百	十	万	千	百	十	元	角	分
			……																												
12	31		本月合计		5	0	0	0	0	0	0	0		3	5	0	0	0	0	0	0	借		3	2	0	0	0	0	0	0
	31		本年累计		5	8	0	0	0	0	0	0		4	1	6	0	0	0	0	0	借		3	2	0	0	0	0	0	0
			结转下年																			借		3	2	0	0	0	0	0	0

2. 年度结账

年度终了结账时，有余额的账户应将余额转入下年，并在“本年累计”下行的“摘要”栏内注明“结转下年”字样。一般情况下，总账、日记账、多数明细账在年度终了时应更换新账簿，并将各账户的余额结转到新年度账簿。在新年度账簿的第一行余额栏内填入上年结转的余额，注明方向；同时在摘要栏内注明“上年结转”字样，如表9–22、表9–23和表9–24所示。

表9–24

总分类账

科目：银行存款

2020年		凭证字号	摘要	借方									贷方									借或贷	余额								
月	日			百	十	万	千	百	十	元	角	分	百	十	万	千	百	十	元	角	分		百	十	万	千	百	十	元	角	分
1	1		上年结转																			借		3	2	0	0	0	0	0	0

【项目检测】

一、填空题

1. 对账就是核对账目。对账时间应在______后、______前进行，以保证账簿记录的准确性。

2. 账证核对是指核对会计账簿记录与________的时间、凭证字号、内容、金额是否一致，记账方向是否相符。

3. 账实核对时，各种财产物资明细账账面余额与_________核对；通过定期或不定期的财产清查进行。

4. 红字冲销法包括________和________两种情况。

5. 年度终了，有余额的账户通常要将余额转入下年，并在“______”下行的“摘要”栏内注明“_____”字样，表示年终余额转入新账。

二、单项选择题

1. 结账时，应当画通栏双红线的是（　）。

A. 12 月末结出全年累计发生额后　B. 各月末结出本年累计发生额后

C. 结出本季累计发生额后　D. 结出当月发生额后

2. 下列说法正确的是（　）。

A. 登记总账的依据只能是记账凭证

B. 企业的银行存款日记账和银行对账单的核对属于账账核对

C. 横线登记式只能登记财产物资明细账

D. 制造费用明细分类账应采用多栏式的账页格式登记

3. 总分类账与其所属的明细分类账之间的核对属于（　）。

A. 账证核对　B. 账账核对

C. 账实核对　D. 余额核对

4. 在对账的基本内容中，（　）是基础。

A. 账账核对　B. 账表核对

C. 账证核对　D. 账实核对

5. 账账核对是指核对不同会计账簿之间的账簿记录是否相符，不包括（　）。

A. 总分类账有关账户的余额核对　B. 总分类账与其所属明细账核对

C. 序时账与总分类账的核对　D. 应收账款明细账与债务人之间的核对

6.（　）在使用结束后，不再继续登记时，必须装订成册，妥善保管。

A. 订本账　B. 序时账　C. 活页账　D. 总分类账

7. 记账后，发现记账凭证出现科目倒置错误，应采用的更正方法（　）。

A. 画线更正法　B. 红字全部冲销法

C. 补充登记法　D. 红字部分冲销法

8. 使用红字更正法修改错账，会出现填制的记账凭证数量可能是（　）。

A. 一张　B. 两张　C. 一张或两张　D. 上述说法都对

9. 采用补充登记法更正错账时，应编制（　）。

A. 一张红字记账凭证　B. 一张蓝字记账凭证

C. 一张红字记账凭证和一张蓝字记账凭证　D. 答案不确定

10. 登记应收、应付往来账的两个上下游单位之间的明细分类账的核对属于（　）。

A. 账证核对　B. 账账核对

C. 账实核对　D. 余额核对

三、判断题

（　）1. 库存现金日记账账面余额与库存现金实际库存数要每日进行核对。

（　）2. 账账核对不包括明细分类账之间的核对。

（　）3. 银行存款日记账余额和银行对账单的余额核对，属于账账核对的内容。

（　）4. 债权债务明细账和对方单位账面记录的核对至少要每月进行一次，以保证双方账目登记无误。

（　）5. 如果发现账簿记录有错误，而记账凭证无错误，即笔误造成文字或数字出现的错误，可以使用画线更正法进行更正。

（　）6. 补充登记法是指会计凭证中会计科目及记账方向均无错误，补充登记账簿多记金额的一种方法。

（　）7. 红字全部冲销法适用的错误类型为记账所依据的记账凭证中应借应贷的方向、科目有错误，导致账簿记录错误。

（　）8. 所有的账户都应在每月末进行结账，并结出本期发生额和余额。

（　）9. 总账账户平时只需要结出月末余额。年终结出全年发生额和余额，摘要注明“本年累计”并在其下通栏画双红线，表示本账户全部结清。

（　）10. 需要结计本年累计发生额的某些明细账户，12 月末的“本年累计”就是全年累计发生额，全年累计发生额下通栏画双红线。

四、名词解释题

1. 对账

2. 结账

五、简答题

1. 错账更正方法有哪三种？各适用于什么情况？

2. 账账核对包括的内容？

六、实训题

【目的】练习错账更正与月度结账

安阳殷鉴文玩有限公司 2019 年 7 月份有 2 笔经济业务，原始凭证、记账凭证及账簿的登记情况如下。

1. 7 月 8 日，以现金购买办公用品并发放给行政办公室（表 9–25）。

表9–25

041001831004　　　　河南增值税普通发票　　　　№ 00397381

发　票　联

（印章：河南 国家税务总局监制）

开票日期：2019年07月08日

购买方	名　称	安阳殷鉴文玩有限公司				密码区	9*<+2/》2、 1*45+5-<>> *-984-1524 -545/545*59
	纳税人识别号	91310040213456000Y					
	地址、电话	安阳市文峰区仁义巷8号 0372-3333222					
	开户行及账号	安阳银行鼓楼支行 170608170609170610					

货物或应税劳务、服务名称	规格型号	单位	数量	单价	金额	税率	税额
*纸制品*复印纸	A4	箱	3	293.2039	879.61	3%	26.39
合　计					879.61		26.39
价税合计（大写）	人民币玖佰零陆元整				（小写）¥906.00		

销售方	名　称	安阳明远商贸有限公司	备注
	纳税人识别号	913100402130005003	
	地址、电话	安阳市团结路25号 0372-2283433	
	开户行及账号	工商银行北关支行 170607170602470630	

（印章：安阳明远商贸有限公司 913100402130005003 发票专用章）

第二联：发票联　购买方记账凭证

收款人：　　复核：　　开票人：赵光义　　销售方：（章）

根据发票填制的付款凭证如表 9–26 所示。

表9–26

付 款 凭 证

贷方科目：库存现金　　2019年7月8日　　付字第6号

摘　要	总账科目	明细科目	金额 百	十	万	千	百	十	元	角	分	记账
支付复印纸款	管理费用	办公费					6	0	9	0	0	√
附件 1 张	合　计					¥	6	0	9	0	0	

会计主管：　　记账：郑廷玉　马青霞　　复核：韩　圭　　制单：郑廷玉　　出纳：郑廷玉

2. 7 月 12 日，职工李力出差借款（表 9–27）。

表9–27

借 款 单

2019 年 7 月 12 日

部门	姓名	借款金额	批准金额	备注
供应科	李力	¥2800.00	¥2800.00	同意。 魏西门
借款金额（大写）人民币贰仟捌佰元整				
借款理由	采购商品			

审核：韩圭　　借款人：李力　　经办人：郑廷玉

根据借款单填制的付款凭证如表 9–28 所示。

表9–28

付 款 凭 证

贷方科目：库存现金　　2019 年 7 月 12 日　　付字第 8 号

摘要	总账科目	明细科目	金额 百	十	万	千	百	十	元	角	分	记账
预借差旅费	其他应收款	李力				3	8	0	0	0	0	√
附件 1 张	合计				¥	3	8	0	0	0	0	

会计主管：　　记账：郑廷玉　马青霞　　复核：韩　圭　　制单：郑廷玉　　出纳：郑廷玉

依据登记的库存现金、其他应收款和管理费用的总账账页如表 9–29、表 9–30、表 9–31 所示。

【要求】

（1）进行账证核对，确定错误类型，更正错误。（所需空白通用记账凭证由学生自行准备）

（2）假设本月无其他业务，进行月度结账。

表9-29

总分类账

科目：库存现金

2019年		凭证字号	摘要	借方									贷方									借或贷	余额								
月	日			百	十	万	千	百	十	元	角	分	百	十	万	千	百	十	元	角	分		百	十	万	千	百	十	元	角	分
			……																												
6	30		本月合计				6	0	0	0	0	0				4	0	0	0	0	0	借				5	1	0	0	0	0
7	8	付6	支付复印纸款														6	0	9	0	0	借				4	4	9	1	0	0
	12	付8	预借差旅费													3	8	0	0	0	0	借					6	9	1	0	0

表9-30

总分类账

科目：其他应收款

2019年		凭证字号	摘要	借方									贷方									借或贷	余额								
月	日			百	十	万	千	百	十	元	角	分	百	十	万	千	百	十	元	角	分		百	十	万	千	百	十	元	角	分
			……																												
6	30		本月合计				8	0	0	0	0	0				8	8	0	0	0	0	借				1	2	0	0	0	0
7	13	付8	预借差旅费				3	8	0	0	0	0										借				5	0	0	0	0	0

表9–31

总分类账

科目：管理费用

2019年		凭证字号	摘要	借方									贷方									借或贷	余额								
月	日			百	十	万	千	百	十	元	角	分	百	十	万	千	百	十	元	角	分		百	十	万	千	百	十	元	角	分
7	6		承前页				8	0	0	0	0	0										借				8	0	0	0	0	0
	8	付6	支付复印纸款					6	0	9	0	0										借				8	6	0	9	0	0

【项目学习评价】

表9–32

成功之处	
不足之处	
改进措施	

第二部分　百尺竿头更进一步

项目十　企业经济业务会计核算进阶

【项目学习目标、学习方法、建议学时】

表10–1

学习目标		学习方法	建议学时
知识目标	① 掌握利润的形成； ② 会进行期末利润分配。	通过典型例题引入；通过对经济业务的练习，掌握会计分录的书写。	6
技能目标	① 掌握企业期末业务的会计科目； ② 掌握企业期末经济业务的账务处理。	结合例题理解与掌握利润项目，学习期末业务的处理。	
情感态度价值观目标	① 引导学生进行利润核算； ② 培养学生全局性思维方式。	在教与学中进行会计素养教育，培养学生养成严谨的工作作风。	

【项目学习】

任务一　利润形成的核算

利润是指企业在一定会计期间的经营成果，包括收入减去费用后的净额、直接计入当期损益的利得和损失等。利润是反映企业的工作质量的一项综合指标，是评价企业经济效益优劣的重要标志，利润由营业利润、利润总额和净利润三个层次构成。

依据《企业会计准则》，利润按构成内容不同，分为营业利润、利润总额和净利润。

1. 营业利润

营业利润是企业利润的主要来源，其计算公式如下：

营业利润 = 营业收入 – 营业成本 – 税金及附加 – 销售费用 – 管理费用 – 财务费用 – 资产减值损失 + 公允价值变动收益（– 公允价值变动损失）+ 投资收益（– 投资损失）

其中：

营业收入 = 主营业务收入 + 其他业务收入

营业成本 = 主营业务成本 + 其他业务成本

2. 利润总额

利润总额又称税前利润，若为负数，则称亏损，其计算公式如下：

利润总额 = 营业利润 + 营业外收入 – 营业外支出

3. 净利润

净利润 = 利润总额 – 所得税费用

【**例 10–1**】安阳殷鉴培训有限公司 2018 年 12 月有关损益类账户的累计发生额如表 10–2 所示。

表10–2

账户名称	贷方金额
主营业务收入	7 000 000
其他业务收入	800 000
公允价值变动损益	
投资收益	500 000
营业外收入	60 000
主营业务成本	5 000 000
其他业务成本	500 000
税金及附加	60 000
销售费用	600 000
管理费用	700 000
财务费用	300 000
营业外支出	100 000
所得税费用	275 000

假设不存在纳税调整事项，即应纳企业所得税额等于利润总额。企业适用的企业所得税税率为 25%。根据资料计算 2018 年该公司的营业利润、利润总额、所得税费用和净利润分别是多少？

【解析】

营业利润 =（7 000 000 + 800 000）–（5 000 000 + 500 000）– 60 000 – 600 000 – 700 000 – 300 000 + 500 000 = 1 140 000（元）

利润总额 = 1 140 000 + 60 000 – 100 000 = 1 100 000（元）

所得税费用 = 1 100 000 × 25% = 275 000（元）

净利润 = 1 100 000 – 275 000 = 825 000（元）

（一）常用账户

1.“本年利润”账户

“本年利润”账户属于所有者权益账户，用来核算企业当期实现的净利润（或发生的净亏损）。① 贷方登记企业期末转入的主营业务收入、其他业务收入、营业外收入和投资收益等；② 借方登记企业期末转入的主营业务成本、税金及附加、其他业务成本、销售费用、管理费用、财务费用、营业外支出、投资损失和所得税费用等；③ 期末余额如在贷方，表示当期实现的净利润，余额如在借方，表示当期发生的净亏损；④ 年度终了，应将本年收入和支出相抵后结出的本年实现的净利润（或发生的净亏损）转入“利润分配——未分配利润”账户。

2.“投资收益”账户

“投资收益”账户属于损益类账户，用来核算企业确认的投资收益或投资损失。① 贷方登记实现的投资收益和期末转入“本年利润”账户的投资净损失；② 借方登记发生的投资损失和期末转入“本年利润”账户的投资净收益；③ 期末结转后，无余额。

3.“所得税费用”账户

“所得税费用”账户属于损益类账户，用来核算企业确认的应从当期利润总额中扣除的所得税费用。① 借方登记企业应计入当期损益的所得税；② 贷方登记企业期末转入“本年利润”账户的所得税；③ 期末结转后，无余额。

（二）账务处理举例

① 会计期末（月末或年末）结转各项收入时，借记“主营业务收入”“其他业务收入”“营业外收入”等账户，贷记“本年利润”账户。

② 结转各项支出时，借记“本年利润”账户，贷记“主营业务成本”“税金及附加”“其他业务成本”“销售费用”“管理费用”“财务费用”“资产减值损失”“营业外支出”“所得税费用”等账户。

③ 计算所得税费用。计算所得税时，借记“所得税费用”账户，贷记“应交税费——应交所得税”账户；结转所得税时，借记“本年利润”账户，贷记“所得税费用”账户。

【例 10-2】沿用【例 10-1】的资料，要求：（1）结转各项收入利得类账户；（2）结转各项费用损失类账户；（3）计算并结转所得税费用；（4）计算本年度净利润（企业所得税税后利润）。1 ~ 11 月月度利润累计余额为贷方 11 250 000 元。公司应编制如下会计分录：

（1）结转各项收入利得类账户：

借：主营业务收入	7 000 000	
其他业务收入	800 000	
投资收益	500 000	
营业外收入	60 000	
贷：本年利润		8 360 000

（2）结转各项费用损失类账户：

借：本年利润　　　　　　　　　　　　7 260 000

　　贷：主营业务成本　　　　　　　　　　5 000 000

　　　　其他业务成本　　　　　　　　　　500 000

　　　　税金及附加　　　　　　　　　　　60 000

　　　　销售费用　　　　　　　　　　　　600 000

　　　　管理费用　　　　　　　　　　　　700 000

　　　　财务费用　　　　　　　　　　　　300 000

　　　　营业外支出　　　　　　　　　　　100 000

（3）当期应交所得税额 = 1 100 000 × 25% = 275 000（元）

计提所得税费用：

借：所得税费用　　　　　　　　　　　275 000

　　贷：应交税费——应交所得税　　　　　275 000

结转所得税费用（假定该企业不存在递延所得税费用）：

借：本年利润　　　　　　　　　　　　275 000

　　贷：所得税费用　　　　　　　　　　　275 000

（4）本年度净利润 = 11 250 000 + 825 000 = 12 075 000（元）

任务二　利润分配的核算

利润分配是指企业根据国家有关规定和企业章程、投资者协议等，对企业当年可供分配利润指定其特定用途和分配给投资者的行为。利润分配的过程和结果不仅关系每个股东的合法权益是否得到保障，而且关系未来发展。

（一）利润分配的顺序

企业向投资者分配利润，应按一定的顺序进行。按照我国《公司法》的有关规定，利润分配应按下列顺序进行。

1. 计算可供分配的利润

企业在利润分配前，应根据本年净利润（或亏损）与年初未分配利润（或亏损）、其他转入的金额（如盈余公积弥补的亏损）等项目，计算可供分配的利润，即：

若可供分配的利润为负数（即累计亏损），则不能进行后续分配；若可供分配的利润为正数（即累计盈利），则可进行后续分配。

2. 提取法定盈余公积

按照《公司法》的有关规定，公司应当按照当年净利润（抵减年初累计亏损后）的 10% 提取法定盈余公积；提取的法定盈余公积累计额超过注册资本 50% 以上的，可以不再提取。

3. 提取任意盈余公积

公司提取法定盈余公积后，经股东会或者股东大会决议，还可以从净利润中提取任意盈余公积。

4. 向投资者分配利润（或股利）

企业可供分配的利润扣除提取的盈余公积后，形成可供投资者分配的利润，即：

可供投资者分配的利润 = 可供分配的利润 – 提取的盈余公积

企业可采用现金股利、股票股利和财产股利等形式向投资者分配利润（或股利）。

（二）常用账户

1. “利润分配”账户

“利润分配”账户属于所有者权益类账户，用来核算企业利润的分配（或亏损的弥补）和历年分配（或弥补）后的余额。① 借方登记实际分配的利润额，包括提取的盈余公积和分配给投资者的利润，以及年末从“本年利润”账户转入的全年发生的净亏损；② 贷方登记用盈余公积弥补的亏损额等其他转入数，以及年末从“本年利润”账户转入的全年实现的净利润；③ 年末，应将“利润分配”账户下的其他明细账户的余额转入“未分配利润”明细账户，结转后，除“未分配利润”明细账户可能有余额外，其他各个明细账户均无余额；④ “未分配利润”明细账户的贷方余额为历年累积的未分配利润（即可供以后年度分配的利润），借方余额为历年累积的未弥补亏损；⑤ 该账户下设“提取法定盈余公积”“提取任意盈余公积”“应付现金股利或利润”“未分配利润”等进行明细核算。

2. “盈余公积”账户

“盈余公积”账户属于所有者权益类账户，用来核算企业从净利润中提取的盈余公积。① 贷方登记提取的盈余公积，即盈余公积的增加额；② 借方登记实际使用的盈余公积，即盈余公积的减少额；③ 期末为贷方余额，表示企业结余的盈余公积；④ 该账户应当分设“法定盈余公积”“任意盈余公积”进行明细核算。

3. “应付股利”账户

“应付股利”账户属于负债类账户，用来核算企业分配的现金股利或利润。① 借方登记实际支付给投资者的股利或利润，即应付股利的减少额；② 贷方登记企业应付未付的现金股利或利润；③ 期末余额在贷方；④ 该账户可按投资者进行明细核算。

（三）账务处理举例

【例 10–3】安阳股鉴培训有限公司 2018 年 1 ~ 12 月实现净利润 12 075 000 元，将全年实现的净利润转入“利润分配——未分配利润”。编制会计分录如下：

借：本年利润　　　　12 075 000

　　贷：利润分配——未分配利润　　　　12 000 000

【例 10–4】安阳股鉴培训有限公司决定按照当年净利润的 10% 提取法定盈余公积，按照当年净利润的 5% 提取任意盈余公积。编制会计分录如下：

借：利润分配——提取法定盈余公积　　　　1 207 500

——提取任意盈余公积　　　　603 750

贷：盈余公积——法定盈余公积　　　　1 207 500

——任意盈余公积　　　　603 750

【例 10-5】安阳股鉴培训有限公司根据股东会审议批准的利润分配方案决定向投资者分配现金股利 1 000 000 元。编制会计分录如下：

借：利润分配——应付现金股利或利润　　　　1 000 000

贷：应付股利　　　　1 000 000

【例 10-6】安阳股鉴培训有限公司将“利润分配”账户所属其他明细账户的余额转入“未分配利润”明细账户。编制会计分录如下：

借：利润分配——未分配利润　　　　2 811 250

贷：利润分配——提取法定盈余公积　　　　1 207 500

——提取任意盈余公积　　　　603 750

——应付现金股利或利润　　　　1 000 000

假定该企业不存在年初未分配利润，则“利润分配——未分配利润”明细账户年末余额 = 年初未分配利润 + 本年实现的净利润 - 提取的盈余公积 - 向投资者分配的利润 = 0 + 12 075 000 - 1 207 500 - 603 750 - 1 000 000 = 9 263 750（元）

【项目检测】

一、填空题

1. 营业收入 =____。

2. 营业利润 =____。

3. 利润总额 =____。

4. 净利润 =____。

5. 企业实现的利润按照层次分为____________、____________、____________。

二、单项选择题

1. 某企业本月主营业务收入为 1 000 000 元，其他业务收入为 80 000 元，营业外收入为 90 000 元；主营业务成本为 760 000 元，其他业务成本为 50 000 元，税金及附加为 30 000 元，营业外支出为 75 000 元，管理费用为 40 000 元，销售费用为 30 000 元，财务费用为 15 000 元，所得税费用为 75 000 元。该企业本月营业利润为（　）元。

A. 170 000　　　　B. 25 000

C. 155 000　　　　D. 80 000

2. 按照《公司法》的有关规定，公司应当按照当年净利润（抵减年初累计亏损后）的（　）

提取法定盈余公积。

A. 15%　　B. 5%

C. 7%　　D. 10%

3. 利润分配结束后，“利润分配”总账所属的明细账中只有（　）明细账户有余额。

A. 提取盈余公积　　B. 盈余公积补亏

C. 应付利润　　D. 未分配利润

4. 下列关于“本年利润”账户的表述中正确的是（　）。

A. 借方登记转入的主营业务收入、营业外收入等金额

B. 贷方登记转入的主营业务成本、营业外支出等金额

C. 年度终了结账后，该账户无余额

D. 全年的任何一个月末都不应有余额

5. “借：本年利润　贷：利润分配”这笔会计分录反映的经济业务是（　）。

A. 分配本年实现的净利润

B. 结转全年发生的亏损

C. 结转全年实现的净利润

D. 将利润分配数转入“本年利润”账户

6. “利润分配”账户在年终结算后出现借方余额，表示（　）。

A. 已分配的利润额　　B. 累计未弥补的亏损额

C. 未分配的累计利润　　D. 已实现的利润总额

7. 应于期末将发生额结转到“本年利润”账户的有（　）。

A. 长期借款　　B. 所得税费用

C. 短期借款　　D. 利润分配

8. 以下关于营业成本的表述，正确的是（　）。

A. 营业成本是非日常活动形成的

B. 营业成本会导致营业利润减少

C. 营业成本由主营业务成本和营业外支出构成

D. 营业成本的组成部分属于所有者权益要素

三、判断题

（　）1. 管理费用的发生额会直接影响当期营业利润。

（　）2. 企业期末结转利润时，应将收入收益类账户的金额转入“本年利润”账户的借方，费用损失类账户的金额转入“本年利润”账户的贷方。

（　）3. 营业外支出是指与主营业务相关的支出。

（　）4. 企业的应纳企业所得税额等于企业的应纳税所得额乘以所得税税率。

（　）5. 企业用银行存款支付已经宣告的向投资者分配的利润时，应“借：应付股利　贷：银行存款”。

四、实训题

根据下列资料所给出的经济业务，编制会计分录。

1. 2019 年 12 月，溢美文化公司发生下列利润形成和利润分配相关经济业务。

（1）2 日，通过市红十字会向灾区捐款 90 000 元，以银行存款支付。（偶然发生记入“营业外支出”）

（2）5 日，企业收到供货单位违约金 60 000 元，存入银行。（偶然发生记入“营业外收入”）

（3）31 日，结转全年收入利得类账户的余额，其中：主营业务收入 500 000 元，其他业务收入 40 000 元，营业外收入 60 000 元。

（4）31 日，结转全年费用损失类账户的余额，其中：主营业务成本 250 000 元，其他业务成本 30 000 元，营业外支出 90 000 元，税金及附加 4 000 元，销售费用 28 000 元，管理费用 45 000 元，财务费用 3000 元。

（5）31 日，按本年度实现利润总额的 25%计算并结转应交所得税。

（6）年末结转全年实现的净利润 112 500 元。

（7）按全年实现的净利润的 10%提取法定盈余公积。

（8）经研究决定，向投资者分配利润 8 000 元。

（9）用银行存款支付向投资者分配的利润 8 000 元。

2. 2019 年 12 月，溢彩公司发生如下经济业务：

（1）5 日，用银行存款支付产品销售广告费 3 000 元。

（2）10 日，公司将收到 A 公司的违约罚款 50 000 元，存入银行。

（3）20 日，公司用银行存款向灾区捐款 25 000 元。

（4）25 日，公司因对外投资收到被投资单位分来的本期利润 15 000 元，存入银行。

（5）31 日，将损益类有关账户的余额结转入“本年利润”账户。其中：主营业务收入 170 000 元（甲产品 120 000 元，乙产品 50 000 元），其他业务收入 20 000 元，营业外收入 50 000 元，投资收益 15 000 元；主营业务成本 106 000 元（甲产品 76 000 元，乙产品 30 000 元），其他业务成本 10 000 元，税金及附加 935 元，销售费用 3 000 元，管理费用 19 365 元，财务费用 700 元，营业外支出 25 000 元。

（6）按本月实现的利润总额 90 000 元计算并结转应缴纳的企业所得税（税率 25%）。

（7）年末，结转全年累计实现的净利润 500 000 元。

（8）按全年净利润的 10%提取法定盈余公积 50 000 元，任意盈余公积 50 000 元。

（9）经研究决定向投资者分配利润 200 000 元。

（10）年末，将“利润分配”账户下其他明细账户结转到“未分配利润”明细账户。

3. 2019 年 12 月，小南海印刷公司发生如下经济业务：

（1）8 日，销售答题卡一批，价款 6 300 元，款项约定下月收取。

（2）16 日，销售多余的材料封面纸，双方协商的价款 3 500 元，收到转账支票一张。

（3）31 日，经计算，所销售答题卡的成本为 5 000 元，所销售的封面纸的成本为 3 000 元。

（4）假若小南海公司 2019 年 12 月只有以上业务，计算该月的毛利润是多少？

【项目学习评价】

表10–3

成功之处	
不足之处	
改进措施	

项目十一　企业会计实训进阶

【项目学习目标、学习方法、建议学时】

表11-1

学习目标		学习方法	建议学时
知识目标	① 掌握原始凭证与记账凭证的填制与审核要求； ② 掌握账簿的登记与错账更正要求。	结合实例学习原始凭证、记账凭证的填制要求，学习常用账簿的登记要求。	10
技能目标	① 熟练掌握原始凭证、记账凭证的填制技能； ② 掌握账簿的登记技能。	通过图表等进一步训练原始凭证、记账凭证；通过对常用账簿的实训，掌握登记方法，更正出现的错账。	
情感态度价值观目标	① 培养学生认真细致的工作作风、严谨的工作态度及服务意识； ② 教育学生遵纪守法，不做假账。	在教与学中进行道德体悟，使学生养成细致、严谨的工作作风，培养会计职业操守。	

【项目学习】

一、模拟实训企业基本情况

公司名称：安阳殷鉴餐饮有限公司。企业简介：小型餐饮业企业，增值税小规模纳税人，增值税征收率为3%；城市维护建设税税率为7%，教育费附加税率为3%，地方教育附加税率为2%；企业所得税税率为25%。企业的增值税、城市维护建设税、地方教育附加按月计算，次月1～15日内缴纳；企业所得税按月计算预缴，按年汇算清缴（12月份不需预缴，下年度四个月内汇算清缴）。

开户行：安阳银行鼓楼支行

账号：170608170609170610

行号：40104112

地址：安阳市文峰区仁义巷8号

电话：0372-3333222

总经理（法定代表人）：魏西门

会计主管：韩圭（兼管凭证复核工作）

会计：马青霞

出纳：郑廷玉

社会信用代码（纳税人识别号）：91310040213456080M

税收征收机关：国家税务总局安阳市文峰区税务局

日常开支审批程序：部门主管初审签字，会计主管审核，公司法定代表人终审签字。

公司的记账方法采用借贷记账法，采用记账凭证账务处理程序。公司采用通用记账凭证，凭证编号按月顺序编号。公司采用每月末将损益类账户转入“本年利润”账户的账结法，编制资产负债表和利润表。

在项目七所示的2019年11月份业务的基础上，安阳殷鉴公司2019年发生业务如下。

二、安阳殷鉴公司2019年12月经济业务文字说明

1. 5日，仓库主管曹子建11月30日至12月3日去北京出差，经批准报销差旅费，每日伙食补助75元、每日交通补助50元。代郭质夫、郑廷玉、魏西门等填制差旅费报销单。（表11–2至表11–5）

2. 15日，汇总1 ~ 15日销售情况，销售半月报显示：8#套装巧克力5件，单价618元/件（每件含增值税18元，不含税销售收入600元）；1#盒装巧克力400件，单价206元/件（每件含增值税6元，不含税销售收入200元），全部以现金收讫，并将现金存入银行（现金缴款单15张，本题只列示1张）。（表11–6至表11–7）

【解析】对此笔业务与凭证，作为增值税小规模纳税人，应借记“银行存款”账户，贷记“主营业务收入”“应交税费——应交增值税”账户。

3. 21日，经理魏西门从安阳明远商贸公司购入的办公用品，用现金报销该款项，共442.90元。收到发票1张。办公用品已发放给办公室。（表11–8）

4. 21日，安阳银行鼓楼支行扣去公司自该银行借入的贷款编号为3368450的半年期借款80 000元的月度利息。（表11–9）

5. 21日，收到本季度银行存款利息通知单。（表11–10）

6. 25日，魏西门因出差预支差旅费1 500元，出纳开出现金支票。羊成、魏西门、郑廷玉等填制借款单、现金支票。（表11–11至表11–12）

7. 25日，开出转账支票预付下年度广告费，收到河南永明电子科技有限公司发票。代郑廷玉等填制转账支票。（表11–13至表11–14）

8. 25日，收到华侨吴玉成捐赠的现金18 000元，以资助公司从事饮食文化开发。（表11–15）

9. 25日，填制现金缴款单，将吴玉成捐赠的18 000元送存开户银行（100元面额160张，50元面额40张）。（表11–16）

10. 31日，将电话费、网络费记入本月费用。电话费、网络费均为管理部门使用，现金付讫。（表11–17）

11. 31日，将水费记入本月费用。水费现金支付。（表11–18至表11–19）

12. 31 日，将电费记入本月费用。电费现金支付。（表 11–20 至表 11–21）

13. 31 日，汇总 16 ~ 31 日销售情况：8# 套装巧克力 11 件，单价 618 元 / 件（每件含增值税 18 元，不含税销售收入 600 元）；1# 盒装巧克力 300 件，单价 206 元 / 件（每件含增值税 6 元，不含税销售收入 200 元）。（现金缴款单与收款原始凭证略，银行卡 POS 收单手续费业务略）（表 11–22）

14. 31 日，汇总本月出库凭证。前厅领用 8# 套装巧克力 16 件，1# 盒装巧克力 700 件（假定先入库的材料先发出）。郭质夫、曹子建填制出库单，计算结转本月所售商品的成本。（表 11–23）

15. 31 日，结算职工工资 10 800 元，并按用途进行分配。（表 11–24）

16. 31 日，计提本月固定资产折旧费。代马青霞等填制固定资产折旧计算汇总表。（表 11–25）

17. 31 日，汇总本月销售额 149 600 元，本月增值税 4 488 元，依据《关于实施小微企业普惠性税收减免政策的通知》（财税〔2019〕13 号），本企业月销售额大于 10 万元，增值税不免征。计算本月城市维护建设税、教育费附加、地方教育附加。代郑廷玉等填制城建税、教育费附加计算表（表 11–26）。

【解析】对此笔业务与凭证，应借记“税金及附加”，贷记“应交税费——应交城市维护建设税、应交教育费附加、应交地方教育附加”。

18. 31 日，结转各损益类账户。代马青霞填制月终结转“本年利润”明细表。（表 11–27）

19. 31 日，计算并结转本月应缴纳的企业所得税税额。假定无所得税纳税调整事项。代郑廷玉等填制所得税计算表。（表 11–28）

20. 31 日，将本年实现的净利润转入“利润分配——未分配利润”账户。

21. 31 日，按本年实现的净利润的 10% 提取法定盈余公积。不做其他分配。（表 11–29）

22. 31 日，将提取的法定盈余公积转入“利润分配——未分配利润”账户。

三、安阳殷鉴公司2019年12月经济业务原始凭证

表11-2

差旅费报销单

______年___月___日 填　　　　附件　　张

<table>
<tr><td>姓名</td><td></td><td>出差
地点</td><td></td><td>出差
事由</td><td></td><td rowspan="2">日期</td><td>__月 __ 日起</td></tr>
<tr><td colspan="6"></td><td>__月 __ 日止</td></tr>
<tr><td>乘　费</td><td>自</td><td>站至</td><td>站</td><td>金额</td><td></td><td colspan="2" rowspan="8">说明：</td></tr>
<tr><td>乘　费</td><td>自</td><td>站至</td><td>站</td><td>金额</td><td></td></tr>
<tr><td>乘　费</td><td>自</td><td>站至</td><td>站</td><td>金额</td><td></td></tr>
<tr><td>乘　费</td><td>自</td><td>站至</td><td>站</td><td>金额</td><td></td></tr>
<tr><td>交 通 费</td><td>天</td><td>定额</td><td>元 / 天</td><td>金额</td><td></td></tr>
<tr><td>伙食补助</td><td>天</td><td>定额</td><td>元 / 天</td><td>金额</td><td></td></tr>
<tr><td>其他</td><td>天</td><td>定额</td><td>元 / 天</td><td>金额</td><td></td></tr>
<tr><td>预借金额</td><td></td><td>应补金额</td><td></td><td>应退金额</td><td></td></tr>
<tr><td rowspan="2">合计金额</td><td>人民币
（大写）</td><td colspan="4"></td><td rowspan="2">单位
负责人</td><td rowspan="2"></td></tr>
<tr><td>（小写）</td><td colspan="4">¥</td></tr>
</table>

会计主管：　　　　　　出纳：　　　　　　报销人：

表11-3

安阳售

2019 年 11 月 30 日 16:31 分开　06 车 043 号

安阳东　至　北京西　G518

¥236.00 元

限乘当日当次车

曹子建

4105222004****182X

表11-4

北京售

2019 年 12 月 3 日 11:08 分开　10 车 009 号

北京西　至　安阳　T9

¥74.00 元

限乘当日当次车

曹子建

4105222004****182X

表11-5

011001826004 **北京增值税普通发票** № 00357152

（印章：全国统一发票监制章 北京 国家税务总局监制）

发 票 联 开票日期：2019年12月3日

购买方	名称	安阳殷鉴餐饮有限公司					密码区	9*<+2/》2、1*45+5-<>>*-984-￥(
	纳税人识别号	91310040213456080M						
	地址、电话	安阳市文峰区仁义巷8号 0372-3333222						
	开户行及账号	安阳银行鼓楼支行 170608170609170610						
货物或应税劳务、服务名称	规格型号	单位	数量	单价	金额	税率	税额	
*住宿服务*住宿费		间·日	6	250.00	1500.00	6%	90.00	
合计					¥1500.00		¥90.00	
价税合计（大写）	人民币壹仟伍佰玖拾元整				（小写）¥1590.00			
销售方	名称	北京贝壳酒店有限公司				备注		
	纳税人识别号	873100402130005l9f						
	地址、电话	北京东城区东单大街829号 010-89895367						
	开户行及账号	北京银行东城分行东单路分理处 60660606060606867						

（印章：北京贝壳酒店有限公司 873100402130005l9F 发票专用章）

第二联：发票联 购买方记账凭证

收款人：龚龙 复核： 开票人：孙正 销售方：（章）

表11-6

安阳银行现金缴款单（回单）①

2019年 12 月 1 日

收款单位	全称	安阳殷鉴餐饮有限公司	款项来源	销售款
	账号	170608170609170610	缴款部门	前厅

人民币（大写）	百	十	万	千	百	十	元	角	分
壹仟陆佰伍拾元整			¥	1	6	5	0	0	0

券别	张数	万	千	百	十	元	角	分	券别	张数	千	百	十	元	角	分	
壹佰元	15		1	5	0	0	0	0	伍角								安阳银行 鼓楼支行 2019年12月01日 现金收讫章
伍拾元	3			1	5	0	0	0	贰角								
贰拾元									壹角								
壹拾元									伍分								
伍元									贰分								收款银行盖章
壹元									壹分								

此联是收款人开户银行交给收款人的收账通知

表11-7

销售半月报（2019年12月1日—15日）

报告单位：前厅

项目	数量	不含税单价	含税单价	含税总金额	收款形式	备注
8# 套装巧克力	5	600	618	3090	现金：3090 元；银行存款：　其他：	开具的发票记账联 50 张，另行装订
1# 盒装巧克力	400	200	206	82400	现金：82400 元；银行存款：　其他：	
合计				85490	现金：85490 元；银行存款：　其他：	

填报人：

表11-8

河南增值税普通发票

041001831004　　　　№ 00397237

（全国统一发票监制章 河南 国家税务总局监制）

发　票　联

开票日期：2019年12月25日

购买方			密码区
名称	安阳殷鉴餐饮有限公司		9*<+2/》2、
纳税人识别号	91310040213456080M		1*45+5-<>>
地址、电话	安阳市文峰区仁义巷 8 号 0372-3333222		*-984-1524
开户行及账号	安阳银行鼓楼支行 170608170609170610		-545/3988/

货物或应税劳务、服务名称	规格型号	单位	数量	单价	金额	税率	税额
*纸制品*复印纸	A4	包	2	40.00	80.00	3%	2.40
*纸制品*笔记本	16 开	本	20	12.00	240.00	3%	7.20
*文具*凤尾夹	55mm	盒	10	11.00	110.00	3%	3.30
合　计					¥430.00		¥12.90
价税合计（大写）	人民币肆佰肆拾贰元玖角整					（小写）¥442.90	

销售方		备注
名称	安阳明远商贸有限公司	
纳税人识别号	913100402130005003	
地址、电话	安阳市团结路 25 号 0372-2283433	
开户行及账号	工商银行北关支行 170607170602470630	

（安阳明远商贸有限公司 913100402130005003 发票专用章）

收款人：　　复核：　　开票人：赵光文　　销售方：（章）

第二联：发票联　购买方记账凭证

表11-9

安阳银行计收利息清单（支款通知）

No.0368910

户名：安阳殷鉴餐饮有限公司		账号：170608170609170610
计息起止时间：2019 年 11 月 22 日 起至 2019 年 12 月 21 日 止		编号为 3368450 的贷款合同项下的贷款利息已自贵单位账户扣付，账号：170608170609170610。
计息积数共计：80000	月利率：0.0055	
利息金额（大写）人民币肆佰肆拾元整		开户银行盖章
附记：	¥440.00	2019 年 12 月 21 日

（安阳银行 鼓楼支行 2019年12月21日 转讫章）

表11–10

安 阳 银 行 存款利息通知单第三联（代收账通知）

No.0223583

存款账户户名：安阳殷鉴餐饮有限公司		账号：170608170609170610
利息计算时间：		左列存款利息已存入贵单位账户，账号：170608170609170610。 （安阳银行 鼓楼支行 2019年12月21日 转讫章）
计息积数共计：41344800	利率：0.0000095	
利息金额（大写）人民币叁佰玖拾贰元柒角捌分		
附记：	¥392.78	

表11–11

借　款　单

_____ 年 ___ 月 ___ 日　　　　借字第 0002 号

借款人		借款事由	
部门			
借款金额	人民币（大写）	核准金额	人民币（大写）
	¥		¥
审批意见	年　月　日	归还期限	

归还方式	

会计主管：　　　复核：　　　出纳：　　　借款人：

表11–12

安阳银行现金支票存根
40104112
01143261
附加信息________
出票日期 2019 年 12 月 25 日
收款人：魏西门
金　额：¥1500.00
用　途：预借差旅费
单位主管　　会计

付款期限自出票之日起十天

安阳银行　现金支票　　40104112　01143261

出票日期（大写）贰零壹玖年壹拾贰月贰拾伍日　　付款行名称：安阳银行鼓楼支行

收款人：魏西门　　出票人账号：170608170609170610

人民币（大写）	十	万	千	百	十	元	角	分
壹仟伍佰元整		¥	1	5	0	0	0	0

用途 预借差旅费　　密码________

上列款项请从

我账户内支付

出票人签章　（安阳殷鉴餐饮有限公司 财务专用章）（魏西门印）　　复核　　记账

表11-13

安阳银行 转账支票存根	付款期限自出票之日起十天	安阳银行 转账支票
40104123 01143259		40104123 01143259
附加信息		出票日期（大写）贰零壹玖年壹拾贰月贰拾伍日 付款行名称：安阳银行鼓楼支行
出票日期 2019 年 12 月 25 日		收款人：河南永明电子科技有限公司 出票人账号：170608170609170610
收款人：河南永明电子科技有限公司		人民币（大写）陆万叁仟陆佰元整 ¥63600.00（十万千百十元角分：¥ 6 3 6 0 0 0 0）
金 额：¥63600.00		用途 预付广告费 密码
用 途：预付广告费		上列款项请从我账户内支付 出票人签章（安阳殷鉴餐饮有限公司 财务专用章）（魏西印门） 复核 记账
单位主管 会计		

表11-14

041001831004 河南增值税普通发票 № 01589238

（河南 国家税务总局监制）

发 票 联

开票日期：2019年12月25日

购买方	名称	安阳殷鉴餐饮有限公司				密码区	9*<+2/》2、1*45+5-<>>*-984-1524-545/3529
	纳税人识别号	91310040213456080M					
	地址、电话	安阳市文峰区仁义巷8号 0372-3333222					
	开户行及账号	安阳银行鼓楼支行 170608170609170610					
货物或应税劳务、服务名称	规格型号	单位	数量	单价	金额	税率	税额
*广告服务*广告费		年度	1	60000.00	60000.00	6%	3600.00
合计					¥60000.00		¥3600.00
价税合计（大写）	人民币陆万叁仟陆佰元整				（小写）¥63600.00		
销售方	名称	河南永明电子科技有限公司				备注	2020年度
	纳税人识别号	91310040213000503V					
	地址、电话	安阳市自由路08号 0372-2289631					
	开户行及账号	工商银行北关支行 170607170602473251					

（安阳永明电子科技有限公司 91310040213000503V 发票专用章）

收款人： 复核： 开票人：任逍遥 销售方：（章）

第二联：发票联 购买方记账凭证

表11-15

收　　据

____年__月__日

今收到____

交来____

人民币（大写）：____________________________　　¥__________

收款单位：（章）　　会计主管：　　出纳：　　经手人：

表11-16

安阳银行现金缴款单（回单）①

年　月　日

收款单位	全称		款项来源	
	账号		缴款部门	

人民币（大写）	百	十	万	千	百	十	元	角	分

券别	张数	万	千	百	十	元	角	分	券别	张数	千	百	十	元	角	分	
壹佰元									伍角								
伍拾元									贰角								
贰拾元									壹角								
壹拾元									伍分								
伍元									贰分								
壹元									壹分								收款银行盖章

此联是收款人开户银行交给收款人的收账通知

表11-17

河南增值税普通发票

041001831004　　　　№ 86577257

发　票　联

开票日期：2019年12月25日

购买方	名称	安阳殷鉴餐饮有限公司			密码区	9*<+2/》2、1*45+5-<>>*-984-1524-545/25=-	
	纳税人识别号	91310040213456080M					
	地址、电话	安阳市文峰区仁义巷8号 0372-3333222					
	开户行及账号	安阳银行鼓楼支行 170608170609170610					

货物或应税劳务、服务名称	规格型号	单位	数量	单价	金额	税率	税额
*电信服务*移动电话服务费		月	1	595.00	595.00	9%	53.55
*电信服务*网络服务费		月	1	50.00	50.00	9%	4.50
合　计					¥645.00		¥58.05
价税合计（大写）	人民币柒佰零叁元零伍分				（小写）¥703.05		

销售方	名称	中国移动通信集团河南有限公司安阳分公司	备注
	纳税人识别号	913100402130000025	
	地址、电话	安阳市文明大道125号 0372-2288066	
	开户行及账号	工商银行东区支行 170607170665406680	

收款人：　　复核：　　开票人：贾茜　　销售方：（章）

第二联：发票联　购买方记账凭证

（印章：全国统一发票监制章 河南 国家税务总局监制）

（印章：中国移动通信集团河南有限公司安阳分公司 913100402130000025 发票专用章）

表11–18

041001831004　　**河南增值税普通发票**　　№ 86757139

发票联

开票日期：2019年12月25日

购买方	名称	安阳殷鉴餐饮有限公司				密码区	9*<+2/》2、1*45+5-<>>*-984-1524-5455986-	
	纳税人识别号	91310040213456080M						
	地址、电话	安阳市文峰区仁义巷8号 0372-3333222						
	开户行及账号	安阳银行鼓楼支行 170608170609170610						
货物或应税劳务、服务名称		规格型号	单位	数量	单价	金额	税率	税额
*自来水*水费			吨	100.00	5.63	563.00	3%	16.89
合计						¥563.00		¥16.89
价税合计（大写）		人民币伍佰柒拾玖元捌角玖分				（小写）¥579.89		
销售方	名称	安阳水务集团公司				备注		
	纳税人识别号	91410500692160979N						
	地址、电话	安阳市铁西路205号 0372-2287666						
	开户行及账号	工商银行东区支行 17060717066540700						

收款人：　　复核：　　开票人：赵光　　销售方：（章）

第二联：发票联　购买方记账凭证

表11–19

水费使用分配表

期间：2019年12月31日　　单价：5.7989元/吨

部门	借方科目	用电量（吨）	金额（元）
厨房	销售费用	80	463.91
前厅	销售费用	12	69.59
管理部门	管理费用	8	46.39
合计		100	579.89

表11–20

电费使用分配表

期间：2019年12月31日　　单价：0.9605元/度

部门	借方科目	用电量（吨）	金额（元）
厨房	销售费用	550	528.28
前厅	销售费用	150	144.08
管理部门	管理费用	100	96.04
合计		800	768.40

表11-21

041001831004　　河南增值税普通发票　　№ 86895713

发票联

全国统一发票监制章 河南 国家税务总局监制

开票日期：2019年12月25日

购买方	名称	安阳殷鉴餐饮有限公司	密码区	9*<+2/》2、1*45+5-<>> *-984-1524 -545/25=-
	纳税人识别号	91310040213456080M		
	地址、电话	安阳市文峰区仁义巷8号 0372-3333222		
	开户行及账号	安阳银行鼓楼支行 170608170609170610		

货物或应税劳务、服务名称	规格型号	单位	数量	单价	金额	税率	税额
*供电*电费			800.00	0.85	680.00	13%	88.40
合计					¥680.00		¥88.40
价税合计（大写）	人民币柒佰陆拾捌元肆角整				（小写）¥768.40		

销售方	名称	国网河南省电力公司安阳供电公司	备注	
	纳税人识别号	913100402130000003		
	地址、电话	安阳市文明大道125号 0372-2288668		
	开户行及账号	工商银行东区支行 17060717066540680		

国网河南省电力公司安阳供电公司 913100402130000003 发票专用章

第二联：发票联 购买方记账凭证

收款人：　　复核：　　开票人：赵光义　　销售方：（章）

表11-22

销售半月报（2019年12月16日—31日）

报告单位：前厅

项目	数量	不含税单价	含税单价	含税总金额	收款形式	备注
8# 套装巧克力	11	600	618	6798	现金：6198元；银行存款：600元；其他：	开具的发票记账联200张，另行装订
1# 盒装巧克力	300	200	206	61800	现金：50000元；银行存款：11800元；其他：	
合计				68598	现金：56198元；银行存款：12400元；其他：	

填报人：

表11-23

汇总出库单

领料部门：前厅　　2019年12月　　发放部门：保管室

凭证编号：出字第001号

品名	规格型号	单位	数量		单价	金额	备注
			请领	实领			
套装巧克力	8#	件	16	16	515.00	8240.00	11月25日入字第001号
盒装巧克力	1#	件	500	500	154.50	77250.00	11月25日入字第001号
盒装巧克力	1#	件	200	200	154.50	30900.00	11月27日入字第002号
合计			716	716		116390.00	

请领部门负责人：　　发放部门负责人：　　仓库保管员：　　会计：

表11-24

工资结算签发单

编报日期：2019年12月31日

部门	姓名	基本工资	津贴和补贴		应扣工资	应发工资	代扣款项	实发金额	借方科目
			夜班津贴	高温补贴					
办公室	魏西门	1900	100		200	1800	略	1800	管理费用
财务部	韩圭	1700			20	1680	略	1680	管理费用
财务部	马青霞	1500				1500	略	1500	管理费用
财务部	郑廷玉	1300			40	1260	略	1260	管理费用
仓库	曹子建	1100	100		40	1160	略	1160	销售费用
仓库	郭质夫	1200	100			1300	略	1300	销售费用
前厅	崔子钟	1100			100	1000	略	1000	销售费用
前厅	李延寿	1100				1100	略	1100	销售费用
合　计		10900	300		400	10800	略	10800	

部门主管：魏西门　　工资核算员：魏西门　　复核：韩圭　　发放：

表11-25

固定资产折旧计算汇总表

____年____月　　单位：元

使用部门	固定资产类别	上月计提折旧额	上月增加的固定资产应计提折旧额	上月减少的固定资产应计提折旧额	本月应计提折旧额	借方科目
管理部门	房屋					管理费用
	小计					
前厅（销售部）	房屋					销售费用
	设备					
	小计					
合计						

会计主管：　　记账：　　复核：　　制表：

表11-26

城建税、教育费附加计算表

2019年12月31日

项目	计税依据	法定税（费）率	河南省减征后税率	金额
城市维护建设税	4488	7%	3.5%	157.08
教育费附加	4488	3%	1.5%	67.32
地方教育附加	4488	2%	1.0%	44.88
合　计	4488	12%	6%	269.28

会计主管：　　记账：　　复核：　　制表：

注：本表依据《河南省税务局关于实施小微企业普惠性税收减免政策的通知》（豫财税政〔2019〕7号）编制。

表11–27

月终结转“本年利润”明细表

2019 年 12 月 31 日

账户名称	转入贷方金额	账户名称	转入借方金额
主营业务收入	149600.00	主营业务成本	116390.00
其他业务收入		其他业务成本	
投资收益		税金及附加	269.28
营业外收入	18000.00	销售费用	7453.56
		管理费用	11051.08
		财务费用	47.22
		营业外支出	
合　　计	167600.00	合　　计	135211.14

会计主管：韩圭　　记账：　　复核：韩圭　　制表：马青霞

表11–28

企业所得税计算表（月份）

2019 年 12 月

可抵扣未弥补亏损	本月税前会计利润	纳税调整事项	调整前应纳税所得额	减按 25% 计算的应纳税所得额	执行税率	应纳企业所得税税额
0	32388.86	无	32388.86	8097.22	20%	1619.44

会计主管：韩圭　　记账：　　复核：韩圭　　制表：马青霞

注：本表依据《河南省税务局关于实施小微企业普惠性税收减免政策的通知》（豫财税政〔2019〕7 号）编制。

表11–29

利润分配计算表

2019 年 12 月 31 日

项目	计提依据	金额	计提比例	计提分配金额
法定盈余公积	年度税后利润	30769.42	10%	3076.94
任意盈余公积	年度税后利润	30769.42	0	0
应付利润				0
合计				3076.94

会计主管：韩圭　　记账：　　复核：韩圭　　制表：马青霞

【实训要求】

1. 识别原始凭证与其反映的经济业务，填制表 11–2 差旅费报销单、表 11–11 借款单、表 11–15 收据、表 11–16 现金缴款单、表 11–25 固定资产折旧计算汇总表；填制记账凭证（采用通用记账凭证）。

2. 作为模拟实训，考虑实训需要和时间，可开设总账；现金、银行存款日记账；应交税费——应交增值税三栏式明细账，应付账款三栏式明细账，主营业务收入、主营业务成本多栏式明细账，管理费用多栏式明细账等。其他账页从略。登账，对账。

【项目学习评价】

表11–30

成功之处	
不足之处	
改进措施	

项目十二　财产清查

【项目学习目标、学习方法、建议学时】

表12-1

学习目标		学习方法	建议学时
知识目标	① 熟悉财产清查的概念、种类； ② 熟悉财产清查的方法与账务处理； ③ 掌握永续盘存制和实地盘存制。	通过图示等方法认知财产清查的种类； 通过对永续盘存制和实地盘存制的实训练习，掌握财产清查的账务处理。	6
技能目标	① 掌握银行存款余额调节表的编制； ② 掌握财产清查的账务处理。	结合例题理解与掌握。	
情感态度价值观目标	① 培养学生认真细致的工作作风、严谨的工作态度及服务意识； ② 教育学生遵纪守法，不做假账。	激发学生兴趣，发挥主观能动性，在清查过程中分清责任，求真务实，做到不重查漏查；分组合作，培养学生严谨认真的工作态度和团队合作的精神。	

【项目学习】

任务一　财产清查概述

一、财产清查的概念和作用

（一）财产清查的概念

财产清查是指通过对现金、原材料、固定资产等实物资产的实地盘点和对银行存款、应收、应付等往来账款的核对，确定其实存数，查明账存数与实存数是否相符的一种会计核算方法。

（二）造成各种财产账实不符的原因

企业通过填制、审核会计凭证，登记有关账簿，记录和反映资产、权益的增减变化和结果，因此账簿记录与财产物资的实际结存应保持一致。但是在实际工作中，由于各种主客观原因，可能会使各项财产的账面数与实存数产生差异，即账实不符。

造成账实不符的原因一般有以下几个方面：

① 在收、发各项财产物资过程中，由于计量、检验不准确而发生品种、数量或质量上的差错。

② 在财产物资等发生增减变动时，没有填制凭证而登记入账；或者在填制凭证、记账时，发生计算上或登记上的差错。

③ 在财产物资的保管过程中，受到气候等自然因素影响而发生的数量和质量上的变化。

④ 由于保管不善或工作人员失职而造成了财产物资的毁损和短缺。

⑤ 由于不法分子的贪污盗窃等行为而导致了财产物资的损失。

⑥ 在结算过程中，由于未达账项或拒付等原因而造成的单位之间的结算往来账款上的不符。

因此，为了正确掌握各项财产物资等的真实情况，保证会计资料的准确可靠，必须在账簿记录的基础上，运用财产清查这一专门的会计核算方法，对各项财产物资等进行定期或不定期的盘点和核对，使账簿所反映的各项财产物资等的结存数与实存数相一致，也就是做到账实相符。

（三）财产清查的作用

1. 可以确保账实相符，保证会计信息质量

通过财产清查，可以确定各项财产物资的实存数，将实存数与账存数进行对比，确定各项财产物资的盘盈、盘亏，并及时调整账簿记录，做到账实相符，以保证账簿记录的真实、可靠，提高会计信息的质量。

2. 可以充分挖掘财产物资的潜力，提高其利用率和使用效果

通过财产清查，可以揭示各项财产物资的使用情况，从而对储备过多、长期积压的物资进行及时处理，充分挖掘各项财产物资的潜力，加速资金周转，提高财产物资的使用效果。

3. 可以强化物资管理，健全财产物资管理责任制，保护财产物资的安全与完善

通过财产清查，可以查明各项财产物资的储备和保管情况，以及各种责任制度的建立和执行情况，揭示各项财经制度和结算纪律的遵守情况，促使财产物资保管人员加强责任感，保证各项财产物资的安全完整，促使经办人员自觉遵守财经制度和结算纪律，及时结清债权债务，避免发生坏账损失。

二、财产清查的种类

财产清查总是在一定范围和具体时间、地点进行的，为了合理地组织财产清查，正确地使用财产清查的方法，必须对财产清查进行科学的分类。

1. 按清查的范围划分，可分为全面清查和局部清查两种（表 12–2）

表12–2

全面清查与局部清查比较表

	全面清查	局部清查
含义	对本单位的全部财产物资等进行全面盘点和核对。	根据管理的需要或依据有关规定，对部分财产物资等进行盘点和核对。
特点	内容多、范围广，需要投入较多的人力、物力，需要花费较长的时间。	内容少、范围小，参与人少、需要的时间短，专业性强。
清查范围	年终结算时。 单位撤销、合并或改变隶属关系时。 开展全面资产评估、清查财产物资等活动时。 清查的对象一般包括现金、银行存款、材料、在产品、产成品、各种代管物资和外购商品、在建工程、固定资产、往来款项等。	对于库存现金，每日终了，应由出纳清点。 对于银行存款和银行借款，每月要同银行核对一次。 对于各种贵重物资，每月应清查盘点一次。 对于流动性较大的物资，如存货等，年内要轮流盘点或重点抽查。 对于债权、债务，每年至少要核对一至两次。

2. 按清查的时间划分，可分为定期清查和不定期清查两种

（1）定期清查

定期清查就是按预先计划安排的时间对财产物资进行的清查。定期清查一般在年度、季度、月份、每日结账时进行。定期清查可以是全面清查，也可以是局部清查。

（2）不定期清查

不定期清查就是事先无计划安排，而是根据实际需要进行的临时性清查。不定期清查一般在以下几种情况下进行：

① 更换财产物资和库存现金保管人员时，为了明确经济责任，要对有关人员所保管的财产物资和库存现金进行清查。

② 发生自然灾害和意外损失时，为了查明损失情况，要对受灾的有关财产物资进行清查。

③ 上级主管部门、财政、税务、银行等有关部门对本单位进行会计检查时，应按检查的要求和范围进行清查，以验证会计资料的正确性。

④ 会计主体发生改变或隶属关系发生变动时，为了摸清家底，要清查本单位的各项财产物资、货币资金，核实债权、债务。

不定期清查可以是全面清查，也可以是局部清查。

三、财产物资的盘存制度

会计实务中用于确定财产物资账目结存数量的盘存制度包括永续盘存制和实地盘存制两种。

（一）实地盘存制

实地盘存制又称实地盘存法，是指平时在账簿中只登记财产物资的增加数，不登记减少

数，到月末结账时，根据实地盘点的实存数来倒挤本月的减少数，并据以登记有关账簿的一种方法。其计算公式为：

本期减少（发出）数 = 账面期初数 + 本期增加（收入）数 − 期末盘点实存数

采用实地盘存制，核算工作比较简单，但手续不太严密。由于平时在账面上无法随时反映财产物资的减少和结存情况，将可能存在的损耗、差错、短缺等全部挤入成本中，不利于财产物资的管理，因此采用这种方法既难控制损失、浪费，也难防止丢失，一般不宜采用，只适用于品种多、价值低、交易频繁、损耗大、容易腐烂变质的存货。

【例 12-1】2019 年 2 月 1 日，安阳殷鉴礼品有限公司库存 A 材料 1 200 千克。本月共入库 560 千克，期末盘点实际结存数 260 千克，A 材料的本月减少数量是多少？如果 A 材料的成本是每千克 20 元，A 材料的本月减少金额是多少？

A 材料的本月减少数 = 1 200 + 560 − 260 = 1 500（千克）

A 材料的本月减少金额 = 1 500 × 20 = 30 000（元）

（二）永续盘存制

永续盘存制又称永续盘存法或账面盘存法，是指平时对各项财产物资的增加数和减少数，都要根据会计凭证连续记入有关账簿，并可随时结出账面结存数额的一种方法。其计算公式为：

账面期末余额 = 账面期初余额 + 本期增加数额 − 本期减少数额

采用永续盘存制，可随时反映财产物资的收入、发出和结余情况，从数量和金额上进行双重控制，加强了对财产物资的管理，在实际工作中广泛应用这种方法。永续盘存制的缺点是，在财产物资品种复杂、繁多的企业，其明细分类核算工作量较大。除采用实地盘存制的物资外，对财产物资盘存一般采用永续盘存制。

【例 12-2】2019 年 2 月 1 日，安阳殷鉴礼品有限公司库存 A 材料 1 200 元。本月共入库 560 元，本月减少数 1 500 元。A 材料期末账面余额是多少？

A 材料的本期减少数 = 1 200 + 560 − 1 500 = 260（元）

四、财产清查差异的处理概述

财产清查结束后，如果发现差异，必须以国家有关政策、法令和制度为依据，在查明原因的基础上进行处理。处理要求与一般步骤如下：

第一，分析产生差异的性质和原因，提出处理建议。对于通过财产清查所发现的实存数量与账存数量之间的差异以及质量上的问题应核准数字，调查分析发生的原因，明确经济责任，提出处理意见，上报有关领导和部门审批。

第二，根据清查的结果，及时调整账簿记录，保证账实相符。对财产清查中所发现的财产盘盈、盘亏和毁损，应及时调整账面记录，在有关领导和部门批准处理之前，作为“待处理财产损溢”等处理，使被清查财产的账存数与实存数相一致。

第三，经有关领导和部门批准之后，应根据盘盈、盘亏的原因或批准处理的意见，总结经验教训，建立健全各项规章制度，进行差异的责任处理和账务处理。

为了核算和监督企业在财产清查中查明的各种财产盘盈、盘亏和毁损及其处理情况，应设置“待处理财产损溢”账户。“待处理财产损溢”账户属于资产类账户，用于核算企业在清查财产过程中查明的各种财产盘盈、盘亏和毁损的价值。“待处理财产损溢”借方登记发生的待处理财产盘亏、毁损数和结转已批准处理的财产盘盈数，贷方登记发生的待处理财产盘盈和转销已批准处理的财产盘亏和毁损数。财产损益必须在年末结账前处理完毕，因此该账户应无余额。

借方　　　　　　　　**待处理财产损溢**　　　　　　　　贷方

期初余额：待处理财产物资盘亏、毁损余额 发生额：财产物资发生盘亏、毁损数，结转已批准处理的盘盈数	期初余额：待处理财产物资盘盈余额 发生额：财产物资盘盈数，结转已批准处理的盘亏、毁损数
期末余额：待处理的财产物资的净损失数	期末余额：待处理的财产物资的净溢余数

图12–1　“待处理财产损溢”账户结构

“待处理财产损溢”账户的基本结构如图 12–1 所示。

该账户按盘盈、盘亏的资产种类和项目设置“待处理流动资产损溢”和“待处理非流动资产损溢”两个明细账户进行明细分类核算。

任务二　货币资金的清查

一、库存现金的清查

1. 库存现金清查的要求

库存现金的清查方法：实地盘点。首先盘点库存现金的实有数，然后再与库存现金日记账的余额进行核对，确定账存数与实存数是否相等。

库存现金清查的两种情况：一是由出纳人员进行的经常性的库存现金清查。出纳在每日工作结束之前清点库存现金实有数，并与库存现金日记账当日账面结存数额进行核对，以此检查当日工作准确与否，确保每日账实相符。二是由清查小组对库存现金进行定期或不定期的清查。清查时，由出纳人员经手盘点库存现金，清查人员从旁监督。同时，清查人员还应认真审核现金收付凭证和有关账簿，注意有无违反库存现金管理规定，以“白条”抵充现金、收据，或借据抵冲现金及库存现金超过规定限额等现象，检查账务处理是否合理合法，账簿记录有无错误，以确定账存数与实存数是否相符。

盘点结束后，应将库存现金盘点的结果列到“库存现金盘点报告表”内，并由盘点人员和出纳人员签章。“库存现金盘点报告表”是反映库存现金实存数的原始凭证，也是查明账实不符的原因和调整账簿记录的依据，其一般格式如表 12–3 所示。

表12–3

库存现金盘点报告表

单位名称：　　　　　　　　　　　　年　月　日

实存金额	账存金额	盘盈	盘亏	备注
现金使用情况	（1）库存现金限额： （2）白条抵库情况： （3）违反规定的现金支出情况： （4）其他违规行为：			
处理决定				

盘点人签章：　　　　　　　　　　　　出纳员签章：

2. 库存现金长、短款的账务处理

发生库存现金长、短款，应将长、短款转入“待处理财产损溢”账户，同时调整“库存现金”账户，使账实相符。根据《小企业会计准则》，查明原因后，应分别情况处理。

现金短款（盘亏）的处理原则：

① 属于责任人、保险公司赔偿的短款记入“其他应收款”账户；

② 自然灾害等原因造成净损失的金额记入“营业外支出”账户；

③ 无法查明原因的短款按规定程序批准后记入“营业外支出”账户。

现金长款（盘盈）的处理原则：

① 属于少付、多收的溢余款记入“其他应付款”账户；

② 无法查明原因的溢余款按规定程序批准后记入“营业外收入”账户。

【例 12–3】安阳殷鉴礼品有限公司进行库存现金清查，现金日记账余额 1 129.70 元，库存现金实存数为 1 118.00 元。填制“库存现金盘点报告表”：库存现金短款 11.70 元。

（1）根据填制的“库存现金盘点报告表”，做如下会计分录：

借：待处理财产损溢——待处理流动资产损溢　　　　11.70

　　贷：库存现金　　　　　　　　　　　　　　　　　11.70

（2）经查，短款为出纳人员吴越工作失误造成的，应由其负责赔偿，做如下会计分录：

借：其他应收款——吴越　　　　　　　　　　　　11.70

　　贷：待处理财产损溢——待处理流动资产损溢　　　　11.70

【例 12–4】安阳殷鉴礼品有限公司在清查中发现，现金日记账余额 1 220.00 元，库存现金实存数为 1 234.80 元。填制“库存现金盘点报告表”：库存现金长款 14.80 元。

（1）根据填制的“库存现金盘点报告表”，做如下会计分录：

借：库存现金　　　　　　　　　　　　　　　　　　　　14.80

　　贷：待处理财产损溢——待处理流动资产损溢　　　　　　14.80

（2）无法查明原因，经批准后，做如下会计分录：

借：待处理财产损溢——待处理流动资产损溢　　　　　　14.80

　　贷：营业外收入　　　　　　　　　　　　　　　　　　14.80

二、银行存款的清查

银行存款的清查方法：核对账目。通过银行存款日记账与开户银行提供的对账单进行核对，来查明银行存款的账存数与实有数额是否相等。

核对前，应把截至清查日的所有银行存款的收入、支出业务记入银行存款日记账，检查本单位银行存款日记账的正确性和完整性；然后与银行对账单逐笔核对，如发生错账、漏账，应及时清查更正。

账实不符的处理。经核对，如果银行对账单与银行存款日记账余额不一致，应先检查是否存在未达账项。如果调整后的存款余额仍不相等，说明企业或银行记账有错，应查明原因予以更正。

所谓未达账项，是指企业与银行，对同一项的收付款业务，由于结算凭证传递时间和记账时间的不同，产生的一方已经入账而另一方尚未入账的款项。企业与银行之间的未达账项，有以下四种情况：

① 企业已收，银行未收，即企业已收款入账，而银行尚未收款入账。

② 企业已付，银行未付，即企业已付款入账，而银行尚未付款入账。

③ 银行已收，企业未收，即银行已收款入账，而企业尚未收款入账。

④ 银行已付，企业未付，即银行已付款入账，而企业尚未付款入账。

未达账项的存在，会造成企业的银行存款日记账的余额与银行对账单的余额不相符合。因此，在清查银行存款时，如果发现存在未达账项，应通过编制“银行存款余额调节表”来进行调整，以便检查账簿记录的正确性。“银行存款余额调节表”的编制方法：在企业与银行双方的账面余额基础上，各自加上对方已收而本方未收的款项，减去对方已付而本方未付的款项。经过调整后，银行存款日记账与银行对账单的余额应当相等。

【例 12-5】安阳殷鉴礼品有限公司 2019 年 3 月 31 日银行存款日记账的账面余额为 93 000 元，银行对账单上的余额为 92 400 元，经逐笔核对，发现有下列未达账项：

（1）3 月 29 日，企业支付货款开出转账支票一张计 1 200 元，企业已登记入账，银行尚未入账。

（2）3 月 30 日，企业销售产品收到转账支票一张 3 800 元，企业已登记入账，银行尚未入账。

（3）3 月 30 日，银行收到企业委托收款 4 000 元，银行已登记入账，企业尚未入账。

（4）3 月 31 日，银行代企业支付水电费 2 000 元，银行已登记入账，企业尚未入账。

根据上述未达账项，编制“银行存款余额调节表”，如表 12-4 所示。

表12-4

银行存款余额调节表

2019 年 3 月 31 日　　单位：元

项目	金额	项目	金额
银行存款日记账余额	93 000	银行对账单余额	92 400
加：银行已记增加，企业未记增加的账项	4 000	加：企业已记增加，银行未记增加的账项	3 800
减：银行已记减少，企业未记减少的账项	2 000	减：企业已记减少，银行未记减少的账项	1 200
调节后的存款余额	95 000	调节后的存款余额	95 000

双方账面余额经过调整后一致，通常说明双方记账均无差错。调节后的存款余额，是企业实际可使用的存款数额。

需要注意的是，银行存款双方余额调节相符后，对未达账项不做账务处理，即对银行已入账而企业未入账的各项经济业务，不能根据“银行存款余额调节表”来编制记账凭证，作为记账依据，而必须在收到银行转来的有关原始凭证后方可入账。“银行存款余额调节表”只是为核对银行存款余额而编制的一个工作底稿，不能作为实际记账的凭证，它只是及时查明本企业和银行双方账目记载有无差错的一种清查工具。

任务三　存货的清查

一、存货的清查

存货是指企业在日常活动中持有以备出售的产成品或商品、处在生产过程中的在产品、在生产过程中或提供劳务过程中耗用的材料和物料等。存货主要包括各类原材料、在产品、半产品、产成品、库存商品、周转材料（包装物、低值易耗品）、委托加工物资等。

对于存货的数量清查，因其实物形态、体积、重量、堆放方式不同，一般采用实地盘点法和技术推算法。

① 实地盘点法。实地盘点法是指在存货堆放现场进行逐一清点数量或用计量仪器确定实存数的一种方法。这种方法适用范围广，要求严格，数字准确可靠，清查质量高，但工作量大。

② 技术推算法。技术推算法是指通过利用一定的技术方法对存货的实存数进行推算的一种方法。这种方法适用于数量大、不便于逐一点数或用计算器具计量，价值又较低的存货，如露天堆放的沙石、煤炭等。这种方法盘点数字不够准确，但工作量较小。

为了明确经济责任，在进行存货盘点时，存货保管人员必须在场并参加盘点工作，但保管人员不应单独承担财产清查工作。对各项财产物资盘点的结果，应如实登记在“盘点单”上，并由参加盘点的人员和存货保管人员签章。“盘点单”是记录各项财产物资盘点的书面说明，也是反映财产物资实有数的原始凭证之一，其一般格式如表 12–5 所示。

表12–5

盘　点　单

单位名称：　　　　　　　　　　　　　　盘点时间：　　　　　　　　编号：

财产类别：　　　　　　　　　　　　　　　　　　　存放地点：

序号	名称	规格型号	计量单位	实存数量	单价	金额	备注

盘点人签章：　　　　　　　　　　　保管人员签章：

在盘点出各种存货的实存数以后，为了进一步查明实存数与账存数是否相符，确定盘盈或盘亏情况，应根据盘点单和账簿记录编制“实存账存对比表”，以确定差异。“实存账存对比表”既是分析发生差异的原因和明确经济责任的依据，又是调整账面数字的原始凭证。为了简化工作，“实存账存对比表”只填列账实不符的财产物资，对于账实完全相符的财产物资不予列入。该表一般格式如表 12–6 所示。

表12–6

实存账存对比表

单位名称：　　　　　　　　　　　　　　年　月　日

编号	名称类别	计量单位	单价	实　存		账　存		对比结果				备注
								盘　盈		盘　亏		
				数量	金额	数量	金额	数量	金额	数量	金额	

盘点人签章：　　　　　　　　　　　　会计签章：

对于委托外单位加工、保管的材料、物资以及在途材料、物资等，可以用询证法与有关单位进行核对，以确定账实是否相符。

二、存货盘盈的账务处理

根据《小企业会计准则》，存货清查中发现盘盈时，应及时办理存货入账手续，调整存货账簿的实存数，借记“原材料”“库存商品”等有关存货账户，贷记“待处理财产损溢”

账户；如果是由于自然溢余、收发计量或核算错误、无法查明原因的，经有关部门批准后，借记“待处理财产损溢”账户，贷记“营业外收入”账户。

【例 12-6】安阳殷鉴礼品有限公司在清查中，发现盘盈 A 原材料 400 元。无法查明原因，经批准转销。编制如下会计分录：

（1）在批准前，根据“存货实存账存对比表”所确定的 A 原材料的盘盈数额，做如下会计分录：

借：原材料——A　　400

　　贷：待处理财产损溢——待处理流动资产损溢　　400

（2）经批准后，做如下会计分录：

借：待处理财产损溢——待处理流动资产损溢　　400

　　贷：营业外收入　　400

三、存货盘亏和毁损的账务处理

根据《小企业会计准则》，盘亏和毁损的存货，批准以前应先结转到“待处理财产损溢”账户，批准后再根据造成亏损的原因，分别情况进行账务处理。

① 对于入库的残料价值，记入“原材料”等账户；能确定过失人的，由过失人负责赔偿，记入“其他应收款”账户。

② 扣除保险公司等的赔款和残值后的净损失，记入“营业外支出”账户。

【例 12-7】安阳殷鉴礼品有限公司在清查中，发现 A 原材料短缺 20 千克，单位成本 35 元。经查属于定额内正常损耗。

（1）在批准前，根据“存货实存账存对比表”所确定的 A 原材料的盘亏数额，做如下会计分录：

借：待处理财产损溢——待处理流动资产损溢　　700

　　贷：原材料——A　　700

（2）经批准后，损失列入营业外支出，做如下会计分录：

借：营业外支出　　700

　　贷：待处理财产损溢——待处理流动资产损溢　　700

【项目检测】

一、填空题

1. 财产清查按清查的范围划分，可分为_____和_____。

2. 财产清查按清查的时间划分，可分为_____和_____。

3. 财产清查的盘存制度主要有_____和_____。

4. 实地盘存制，是指平时在账簿中只登记_____，不登记_____，到月末结账时，根据实地盘点的实存数来倒挤_____，并据以登记有关账簿的一种方法。其计算公式为：本期减少数=________________。

5. 存货的数量清查一般采用_____和_____。

6. 库存现金的清查方法为_______。

7. 银行存款的清查方法________。

8. “待财产处理损溢”账户属于_____类账户，年度终了一般_____。

二、单项选择题

1. 财产清查是对（　）进行盘点和核对，确定其实存数，并查明其账存数与实存数是否相符的一种方法。

A. 存货　　B. 固定资产
C. 货币资金　　D. 各项财产

2. 对库存现金的清查采用的方法是（　）。

A. 实地盘点法　　B. 检查现金日记账
C. 倒挤法　　D. 抽查现金

3. 银行存款清查的方法是（　）。

A. 定期盘存法　　B. 和往来单位核对账目的方法
C. 实地盘存法　　D. 与银行核对账目的方法

4. 无法查明原因的现金盘盈应该记入（　）科目。

A. 管理费用　　B. 营业外收入
C. 销售费用　　D. 其他业务收入

5. 安阳殷鉴礼品有限公司在清查中盘亏 A 原材料。原因已经查明，属于自然损耗，经批准后，会计人员应编制的批准核销盘亏的会计分录为（　）。

A. 借：待处理财产损溢——待处理流动资产损溢
　　贷：原材料——A

B. 借：待处理财产损溢——待处理流动资产损溢
　　贷：管理费用

C. 借：管理费用
　　贷：待处理财产损溢——待处理流动资产损溢

D. 借：营业外支出
　　贷：待处理财产损溢——待处理流动资产损溢

6. 企业在编制年度财务会计报告时，一般应进行（　）。

A. 重点清查　　B. 全面清查
C. 局部清查　　D. 抽样清查

7. 下列记录可以作为调整账面数字的原始凭证的是（　）。

A. 盘存单　　B. 实存账存对比表
C. 银行存款余额调节表　　D. 往来款项对账单

8. 存货盘盈可通过（　）科目核算。

A. 投资收益　　B. 待处理财产损溢
C. 营业外收入　　D. 固定资产清理

9. 对于财产清查结果处理的要求不包括（　）。
A. 分析产生差异的性质和原因，提出处理建议
B. 向税务部门报告清查结果
C. 总结经验教训，建立健全各项规章制度
D. 及时调整账簿记录，保证账实相符
10. 下列资产中，（　）不应采用实地盘点法或技术推算法进行清查。
A. 库存现金　　B. 原材料
C. 银行存款　　D. 固定资产
11. 技术推算法一般适用于（　）的清查。
A. 货币资金　　B. 往来款项
C. 机器设备　　D. 露天堆放的沙石
12. 库存现金在盘点后应编制的原始凭证包括（　）。
A. 实存账存对比表　　B. 库存现金盘点报告表
C. 银行存款余额调节表　　D. 银行对账单
13. 企业开出支票一张，银行尚未入账，属于（　）情况的未达账项。
A. 银行已收，企业未收　　B. 银行已付，企业未付
C. 企业已收，银行未付　　D. 企业已付，银行未付
14. 银行存款常用的清查方法是（　）。
A. 实地盘点法　　B. 账单核对法
C. 技术推算法　　D. 发函询证法
15. 库存现金的清查是通过（　）进行的。
A. 实地盘点法　　B. 账单核对法
C. 技术推算法　　D. 发函询证法
16.（　）情况下企业不需对其财产进行全面清查。
A. 年终结算时　　B. 企业进行股份制改制前
C. 更换仓库保管员　　D. 企业破产
17. 对财产清查结果进行正确账务处理的主要目的是保证（　）。
A. 账表相符　　B. 账账相符
C. 账实相符　　D. 账证相符

三、判断题

（　）1. 永续盘存制计算公式为：账面期末余额 = 账面期初余额 + 本期增加数 – 本期减少数。

（　）2. 存货发生盘盈，经批准后，借记“待处理财产损溢”科目，贷记“财务费用”科目。

（　）3. “待处理财产损溢”账户期末处理结转后应无余额。

（　）4. 现金应该每月清查一次。

（　）5. 在进行财产物资盘点时，实物保管员必须在场。

（　）6. 库存现金的清查包括出纳人员每日的清点核对和清查小组定期和不定期的清查。

（　）7. 财产清查仅指对各种实物资产的清查。

（　）8. 局部清查是只对部分物资进行的清查，一般适用于对流动性较弱的财产，如固定资产、无形资产等。

（　）9. 未达账项是指企业与其客户或供应商之间对于同一项经济业务，一方已经登记入账，另一方由于没有接到有关结算凭证而暂时尚未登记入账的款项。

（　）10. 对库存现金清查的基本方法是将库存现金日记账与银行对账单进行核对。

（　）11. 企业对银行存款的清查应在企业内部进行。

（　）12. 银行存款余额调节表可以作为调整账户记录的原始凭证。

（　）13. 在财产清查结果报经批准前，会计人员可调整账簿记录，核销盘盈盘亏。

（　）14. 财产清查结果的账务处理需使用“待处理财产损溢”账户。

四、名词解释题

1. 财产清查

2. 不定期清查

3. 永续盘存制

4. 实地盘存制

5. 技术推算法

五、简答题

1. 简述未达账项的含义及分类。

2. 造成账实不符的原因有哪些？

3. 永续盘存制和实地盘存制的优缺点？

4. 全面清查和局部清查的适用范围各有哪些？

六、实训题

1.【**目的**】练习货币资金清查与账务处理方法。

【**资料**】安阳殷鉴礼品有限公司某年 10 月发生如下经济业务：

（1）在库存现金清查中盘盈 80 元，未查明原因，经批准转作企业的营业外收入。（提示：按批准前后两个环节处理）

（2）在库存现金清查中发现盘亏 200 元，经查属于出纳员的保管责任，应由出纳员赔偿。（提示：按批准前后两个环节处理）

（3）10 月 31 日，接到开户银行提供的对账单，余额为 148 000 元；当日“银行存款日记账”的余额为 112 000 元。经核对发现有四笔未达账项：

① 10 月 28 日，企业收到购货方开出的用于支付货款 4 000 元的转账支票一张。企业已记银行存款增加，银行尚未记企业存款增加。

② 10 月 29 日，银行代企业收到某购货企业汇来的购货款 20 000 元。银行已记企业存款增加，企业尚未记银行存款增加。

③ 10 月 29 日，企业开出转账支票支付货款 36 000 元，持票人尚未到银行办理转账手续。企业已记银行存款减少，银行尚未记账。

④ 10 月 30 日，银行从企业的存款中代企业支付水电费 16 000 元。银行已记企业存款减少，企业尚未记账。

【**要求**】

① 根据资料（1）（2），编制会计分录。

② 根据资料（3）编制“银行存款余额调节表”。

2.【**目的**】练习掌握实物资产清查账务处理方法。

【**资料**】安阳殷鉴礼品有限公司某年 5 月发生如下经济业务：

（1）在对存货的清查中发现盘盈 A 原材料 20 千克。经查明是由于收发材料时量具不准造成的，按每千克 5 元入账。经批准作为营业外收入。

（2）在对存货的清查中发现盘亏 N 产品 10 千克，实际成本为 1 000 元。经查明属于定额内的合理损耗。经批准列作营业外支出。

（3）在对存货的清查中发现盘亏甲材料一批，实际成本为 1 100 元。经查明属于过失人造成的材料毁损，应由过失人赔偿 800 元，残料验收入库作价 100 元。扣除过失人赔偿和残料价值后其余 200 元经批准记入营业外支出。

（4）在对存货的清查中发现盘亏 B 材料一批，实际成本为 8 000 元。经查明属于非常事故造成的材料毁损。经批准记入营业外支出。

【要求】根据资料编制会计分录。

【项目学习评价】

表12–7

成功之处	
不足之处	
改进措施	

项目十三　财务会计报告

【项目学习目标、学习方法、建议学时】

表13–1

学习目标		学习方法	学时
知识目标	① 了解财务会计报告体系； ② 掌握财务会计报告的概念、种类、构成； ③ 掌握简单资产负债表和利润表的编制方法。	编制资产负债表、利润表。	8
技能目标	① 培养学生账户分析技能； ② 培养学生会计信息报告技能。	通过对期末账户余额、账户本期发生额的分析计算，学会调整有关报表项目。	
情感态度价值观目标	① 培养学生良好的职业道德； ② 培养学生认真细致的工作作风、严谨的工作态度及服务意识； ③ 教育学生遵纪守法，不做假账。	在学与做中进行道德体悟，使学生养成细致、严谨的工作作风，培养会计职业操守。	

【项目学习】

任务一　财务会计报告概述

一、财务会计报告的概念与种类

（一）财务会计报告的概念

财务会计报告又称财务报告，是会计主体对外提供的反映某一特定日期财务状况和某一会计期间经营成果、现金流量等会计信息的文件。

财务会计报告至少包括以下几层含义：

① 财务会计报告应当是对外报告，其服务对象主要是投资者、债权人等外部使用者，专门为了内部管理需要的报告不属于财务会计报告的范畴。

② 财务会计报告应当综合反映企业的生产经营状况，包括某一时点的财务状况和某一时

期的经营成果与现金流量等信息，以勾画出企业经营情况的整体和全貌。

③ 财务会计报告必须形成一个系统的文件，不应是零星或者不完整的信息。

财务会计报告是企业财务会计确认与计量的最终结果体现，投资者等使用者主要是通过财务会计报告来了解企业当前的财务状况、经营成果和现金流量等情况，从而预测未来的发展趋势。因此，财务会计报告是向投资者等财务会计报告使用者提供决策有用信息的媒介和渠道，是沟通投资者、债权人等使用者与企业管理层之间信息的桥梁和纽带。

（二）财务会计报告的种类

1. 年度财务会计报告

年度财务会计报告，是指以一个完整的会计年度（自公历 1 月 1 日起至 12 月 31 日止）为基础编制的财务会计报告。年度财务会计报告一般包括资产负债表、利润表、现金流量表、所有者权益变动表、财务报表附注、财务情况说明书等内容。

2. 中期财务会计报告

中期财务会计报告，是指以中期为基础编制的财务会计报告。中期，指短于一个完整的会计年度的报告期间。它可以是一个月、一个季度或者半年，也可以是其他短于一个会计年度的期间。中期财务会计报告包括月度财务会计报告、季度财务会计报告、半年度财务会计报告，也包括年初至本中期末的财务会计报告。中期财务会计报告必须包括资产负债表、利润表、现金流量表和财务报表附注。

中期资产负债表、利润表、现金流量表的格式和内容应当与年度财务会计报告相一致，不因报告期不足一个完整会计年度而不同，但相关的附注披露可相对简略。

二、财务会计报告的构成

财务会计报告包括财务报表和其他应当在财务会计报告中披露的相关信息和资料。

（一）财务报表

财务报表又称为对外会计报表，是会计主体对外提供的反映其财务状况、经营成果和现金流量的会计报表。财务报表是财务会计报告的主要部分，包括资产负债表、利润表、现金流量表和所有者权益变动表及其附注。其中，财务报表由报表本身及其附注两部分构成，附注是财务报表的有机组成部分。

1. 资产负债表

资产负债表是反映企业在某一特定日期的财务状况的报表。

企业编制资产负债表的目的是如实反映企业的资产、负债和所有者权益金额及其构成情况，有助于使用者评价企业资产的质量以及短期偿债能力、长期偿债能力等。

2. 利润表

利润表是反映企业在一定会计期间的经营成果的报表。

企业编制利润表的目的是如实反映企业实现的收入、发生的费用以及应当计入当期利润的利得和损失等金额及其结构情况，有助于使用者分析评价企业的盈利能力等。

3. 现金流量表

现金流量表是反映企业在一定会计期间的现金和现金等价物流入和流出的报表。

企业编制现金流量表的目的是如实反映企业各项活动的现金流入和现金流出，有助于使用者评价企业生产经营过程特别是经营活动中所形成的现金流量和资金周转情况。

4. 所有者权益变动表

所有者权益变动表是反映构成所有者的各组成部分当期的增减变动情况的报表。

5. 附注

附注是对在财务报表中列示项目所做的进一步说明，以及对未能在这些报表中列示项目的说明等。附注由若干附表和对有关项目的文字性说明组成。编制附注的目的是通过对财务报表本身做补充说明，以更加全面、系统地反映企业财务状况、经营成果和现金流量的全貌，向使用者提供更为有用的决策信息，帮助其做出更加科学合理的决策。

考虑到小企业规模较小，外部信息需求相对较低，因此小企业编制的财务报表可以不包括现金流量表。全面执行企业会计准则体系的企业所编制的财务报表，还应当包括所有者权益（股东权益）变动表。

（二）其他相关的信息和资料

其他相关的信息和资料，是指除财务报表及其附注信息之外，其他有助于信息使用者对企业的财务状况、经营业绩和现金流量等情况进行了解和分析的信息和资料。

财务报表是财务会计报告的核心内容，但是除了财务报表之外，财务会计报告还应当包括其他相关信息，具体可以根据有关法律法规的规定和外部使用者的信息需求而定。如企业可以在财务会计报告中披露其承担的社会责任、对社区的贡献、可持续发展能力等信息，这些信息对于使用者的决策也是相关的，尽管属于非会计信息，无法包括在财务报表中，但是如果有规定或者使用者有需求，企业应当在财务会计报告中予以披露。

【更上层楼】

按照《会计档案管理办法》（2015 年修订发布），自 2016 年起企业的月度、季度、半年度财务会计报告需保管 10 年，年度财务会计报告永久保存。

三、财务会计报告的编制要求

为了使财务会计报告能够最大限度地满足不同会计信息使用的需要，编制财务会计报告时应当遵循以下几个基本要求。

（一）真实可靠

会计核算应当以实际发生的交易或完成的事项为依据，如实反映企业的财务状况、经营成果和现金流量。财务会计报告应当根据经过审核的会计账簿记录和有关资料编制，向不同的会计信息使用者提供的财务会计报告，其编制依据应当一致。

财务报表各项目的数据必须建立在真实可靠的基础之上，使企业财务会计报告能够如实地反映企业的财务状况、经营成果和现金流量，向报告使用者提供可靠信息，便于报告使用者对企业的财务状况、经营成果和现金流量情况做出正确的判断和评价，有助于报告使用者做出正确的决策。

（二）相关可比

财务报表各项目的数据应当口径一致、相互可比。财务报表之间、财务报表各项目之间，凡有对应关系的数字，应当相互一致。年度、半年度财务报表至少应当反映两个年度或者相关两个期间的比较数据。不得随意改变财务会计报告的编制基础、编制依据、编制原则和方法，以便报告使用者在不同企业之间以及同一企业前后各期之间进行比较。

（三）全面完整

企业财务会计报告应当全面披露企业的财务状况、经营成果和现金流量情况，完整反映企业财务活动的过程和结果，以满足各有关各方对会计信息资料的需要。为了保证财务会计报告的全面完整，企业在编制财务报表时，应当按照国家统一的会计制度规定的财务报表格式和内容进行编制。对于某些重要事项，应当按照要求在财务报表附注中进行说明，不得漏编、漏报或者任意取舍。单位负责人应当保证财务会计报告真实、完整。

（四）便于理解

可理解性要求企业提供的会计信息应当清晰明了，便于财务会计报告使用者理解和使用。企业对外提供的财务会计报告是向广大使用者提供企业过去、现在和未来的有关资料，为企业目前或潜在的投资者和债权人提供决策所需要的会计信息。因此，编制财务会计报告应当清晰明了，便于理解和使用。

（五）编报及时

企业财务会计报告所提供的会计信息，具有很强的时效性。只有及时编制和报送财务会计报告，才能成为使用者提供决策所需的适时信息资料。否则，信息可能失去其应有的价值，成为相关性较低甚至不相关的信息。随着信息技术的迅猛发展，财务会计报告的及时性要求变得更为重要。

企业对外提供的财务会计报告应当依次编定页数，加具封面，装订成册，加盖公章。封面上应当注明：企业名称、统一社会信用代码、组织形式、地址、报表所属年度或者月份、报出日期，并由单位负责人和主管会计工作的负责人、会计机构负责人（会计主管人员）签名并盖章；设置总会计师的企业，还应当由总会计师签名并盖章。

财务会计报告须经注册会计师审计的，注册会计师及其所在的会计师事务所出具审计报告应当随同财务会计报告一并提供。

四、财务会计报告编制前的准备工作

在编制财务报表前，需要完成下列工作：

① 严格审核会计账簿的记录和有关资料。

② 进行全面财产清查、核实债务，发现有关问题应及时查明原因并按规定程序报批，进行相应的会计处理。

③ 按规定的结账日结账并对账。

④ 检查相关的会计核算是否按照国家统一的会计制度的规定进行。

⑤ 检查是否存在因会计差错、会计政策变更等原因需要调整前期或本期相关项目的情况等。

任务二　资产负债表

一、资产负债表的概念和意义

（一）资产负债表的概念

资产负债表反映企业某一特定日期（月末、季末、半年末、年末）财务状况的财务报表。它是根据“资产 = 负债 + 所有者权益”的等式来编制的。资产负债表是所有独立核算的企业都必须对外报送的财务报表。

资产负债表的内容主要反映以下三个方面。

（1）资产

资产一般按照流动资产、非流动资产分类并进一步分项目列示。

① 流动资产：可以在 1 年内或者超过 1 年的一个营业周期内变现或运用的资产，包括货币资金、应收票据、应收账款、应收利息、应收股利、其他应收款、预付账款、存货等。

② 非流动资产项目包括长期股权投资、固定资产、在建工程、工程物资、固定资产清理、无形资产、长期待摊费用等。

（2）负债

负债一般按照流动负债、非流动负债并进一步分项目列示。

① 流动负债是指将在 1 年（含 1 年）或者超过 1 年的一个营业周期内偿还的债务。

流动负债项目包括短期借款、应付票据、应付账款、预收账款、应付职工薪酬、应交税费、应付利息、其他应付款等。

② 非流动负债项目包括长期借款、长期应付款、其他非流动负债等。

（3）所有者权益

一般按照实收资本（或股本）、资本公积、盈余公积和未分配利润分项目列示。

（二）资产负债表的意义

① 资产负债表可以反映企业资产、负债和所有者权益的全貌。

② 反映企业资产的构成及其状况。

③ 反映企业的负债总额及其结构，分析企业目前与未来的需要支付的债务数额。

④ 反映企业所有者权益的总额及其结构。

⑤ 通过对资产负债表项目金额及其相关比率的分析，可以帮助报表使用者全面了解企业的资产状况、盈利能力，分析企业现有的投资者的投入及积累在企业资产总额中所占的份额，分析企业的债务偿还能力，从而为经济决策提供信息。

二、资产负债表的格式

资产负债表的结构，包括表头、表身、表尾等部分组成，其中表身是资产负债表的主体和核心。

资产负债表通常有两种格式，即报告式和账户式。我国资产负债表采用账户式。

具体为：

① 资产负债表分为左右两方，左侧为资产，右侧为负债及所有者权益。资产总额等于负债及所有者权益计数额。

② 左侧资产内部各个项目按照各项资产的流动性的大小或变现能力的强弱进行排列。流动性越大，变现能力越强的资产项目越往前排；反之，越往后排。

③ 右侧负债及所有者权益两项按照求偿权的先后顺序进行排列。负债列于所有者权益之前。其中，负债按照债务偿还期的长短排列，流动负债在先、非流动负债在后；所有者权益按照永久性递减顺序排列。

根据《小企业会计准则》，小企业资产负债表的格式如表 13–2 所示。

表13–2

资产负债表

会小企 01 表

编制单位：　　　　____年___月___日　　　　金额单位：元

资产	行次	期末余额	年初余额	负债及所有者权益	行次	期末余额	年初余额
流动资产：	1	--	--	流动负债：	33	--	--
货币资金	2			短期借款	34		
短期投资	3			应付票据	35		
应收票据	4			应付账款	36		
应收账款	5			预收账款	37		

续　表

资产	行次	期末余额	年初余额	负债及所有者权益	行次	期末余额	年初余额
预付账款	6			应付职工薪酬	38		
应收股利	7			应交税费	39		
应收利息	8			应付利息	40		
其他应收款	9			应付利润	41		
存货	10			其他应付款	42		
其中：原材料	11			其他流动负债	43		
在产品	12			**流动负债合计**	44		
库存商品	13			**非流动负债：**	45	--	--
周转材料	14			长期借款	46		
其他流动资产	15			长期应付款	47		
流动资产合计	16			递延收益	48		
非流动资产：	17	--	--	其他非流动负债	49		
长期债券投资	18			**非流动负债合计**	50		
长期股权投资	19			**负债合计**	51		
固定资产原价	20						
减：累计折旧	21						
固定资产账面价值	22						
在建工程	23						
工程物资	24						
固定资产清理	25						
生产性生物资产	26			**所有者权益（或股东权益）：**	52	--	--
无形资产	27			实收资本（或股本）	53		
开发支出	28			资本公积	54		
长期待摊费用	29			盈余公积	55		
其他非流动资产	30			未分配利润	56		
非流动资产合计	31			**所有者权益（或股东权益）合计**	57		
资产总计	32			**负债和所有者权益（或股东权益）总计**	58		

单位负责人：　　　　财务主管：　　　　复核：　　　　制表：

三、资产负债表编制的基本方法

资产负债表有年初余额和期末余额，其中：

“年初余额”栏内各项数字，应根据上年末资产负债表的“期末余额”栏内所列数字填列。如果本年度资产负债表的各项目的名称和内容与上年不一致，应对上年年末资产负债表各项目的名称和数字按照本年度的规定进行调整。

“期末余额”栏的一般填列方法有：

① 根据总账科目余额填列，直接根据总账科目的余额填列。如“短期借款”“应付票据”“应付职工薪酬”等项目；根据几个总账科目的余额计算填列，如“货币资金”项目。

② 根据有关明细科目的余额计算填列，如“应收账款”“预收账款”项目。

③ 根据总账科目和明细科目的余额分析计算填列，如“长期借款”项目。

④ 根据总账科目余额减去其备抵科目余额后的净额填列，如“无形资产”项目。

⑤ 根据表中数据的逻辑关系计算填列，如合计、总计项目。

资产负债表各项目的填列方法：

1. 资产项目的具体填列说明

①“货币资金”项目，反映小企业库存现金、银行存款等的合计数。本项目应根据“库存现金”“银行存款”“其他货币资金”科目期末余额的合计数填列。

②“短期投资”项目，反映小企业购入的能随时变现并且持有时间不准备超过1年的股票、债券和基金投资的余额。本项目应根据“短期投资”科目的期末余额填列。

③“应收票据”项目，反映小企业因销售商品、提供劳务等而收到的商业汇票，包括银行承兑汇票和商业承兑汇票。本项目应根据“应收票据”科目的期末余额填列。

④“应收账款”项目，反映小企业因销售商品、提供劳务等经营活动应收取的款项。本项目应根据“应收账款”和“预收账款”科目所属各明细科目的期末借方余额合计填列，即：应收账款项目 =“应收账款”明细分类账户借方余额 +“预收账款”明细分类账户借方余额。

如“应收账款”科目所属明细科目期末有贷方余额的，应在本表“预收账款”项目内填列。

⑤“预付账款”项目，反映小企业按照合同规定预付给供应单位的款项等。本项目应根据“预付账款”和“应付账款”科目所属各明细科目的期末借方余额合计填列，即：预付账款项目 =“预付账款”明细分类账户借方余额 +“应付账款”明细分类账户借方余额。

如“预付账款”科目所属各明细科目期末有贷方余额的，应在本表“应付账款”项目内填列。

⑥“应收利息”项目，反映小企业应收取的债券投资等的利息。本项目应根据“应收利息”科目的期末余额填列。

⑦“应收股利”项目，反映小企业应收取的现金股利和应收取其他单位分配的利润。本项目应根据“应收股利”科目的期末余额填列。

⑧“其他应收款”项目，反映小企业除应收票据、应收账款、预付账款、应收股利、应收利息等经营活动以外的其他各种应收、暂付的款项。本项目应根据“其他应收款”科目的期末余额填列。

⑨“存货”项目，反映小企业期末在库、在途和在加工中的各种存货的成本。本项目应根据“材料采购”“在途物资”“原材料”“库存商品”“周转材料”“委托加工物资”“委托代销商品”“生产成本”等科目的期末余额合计填列。材料采用计划成本核算或库存商品采用售价核算的小企业，还应按加或减“材料成本差异”“商品进销差价”科目余额后的金额填列。

⑩“其他流动资产”项目，反映小企业除以上流动资产项目外的其他流动资产，如将于1年内到期的非流动资产项目金额。本项目应根据有关科目的期末余额分析填列。

⑪“长期债券投资”项目，反映小企业准备长期持有的债券投资的本息。本项目应根据“长期债券投资”科目的期末余额分析填列。

⑫“长期股权投资”项目，反映小企业准备长期持有的权益性投资的成本。本项目应根据“长期股权投资”科目的期末余额填列。

⑬“固定资产原价”和“累计折旧”项目，反映小企业各种固定资产的原价（成本）及累计折旧。这两个项目应根据“固定资产”和“累计折旧”科目的期末余额分别填列。

⑭“固定资产账面价值”项目，反映小企业固定资产原价扣除累计折旧后的余额。本项目应根据“固定资产”科目的期末余额减去“累计折旧”科目的期末余额的金额分析填列。

⑮“在建工程”项目，反映小企业期末各项未完工工程成本。本项目应根据“在建工程”科目的期末余额分析填列。

⑯“工程物资”项目，反映小企业尚未使用的各项工程物资的实际成本。本项目应根据“工程物资”科目的期末余额分析填列。

⑰“固定资产清理”项目，反映小企业因出售、毁损、报废等原因转入清理但尚未清理完毕的固定资产的净值，以及固定资产清理过程中所发生的清理费用和变价收入等各项金额的差额。本项目应根据“固定资产清理”科目的期末借方余额填列，如“固定资产清理”科目期末为贷方余额，以“-”号填列。

⑱“无形资产”项目，反映小企业持有的无形资产，包括专利权、非专利技术、商标权、著作权、土地使用权等。本项目应根据“无形资产”的期末余额，减去“累计摊销”科目期末余额后的金额填列。

⑲“开发支出”项目，反映小企业开发无形资产过程中能够资本化形成无形资产成本的支出部分。本项目应当根据“研发支出”科目中所属的“资本化支出”明细科目期末余额填列。

⑳“长期待摊费用”项目，反映小企业已经发生但应由本期和以后各期负担的分摊期限在 1 年以上的各项代摊费用。本项目应根据“长期待摊费用”科目的期末余额填列。

㉑“其他非流动资产”项目，反映小企业除长期债券投资、长期股权投资、固定资产、在建工程、工程物资、无形资产等以外的其他非流动资产。本项目应根据有关科目的期末余额填列。

2. 负债项目的填列说明

①“短期借款”项目，反映小企业向银行或其他金融机构等借入的期限在 1 年以下（含 1 年）的各种借款。本项目应根据“短期借款”科目的期末余额填列。

②“应付票据”项目，反映小企业购买材料、商品和接受劳务供应等经营活动而开出、承兑的商业汇票，包括银行承兑汇票和商业承兑汇票。本项目应根据“应付票据”科目的期末余额填列。

③“应付账款”项目，反映小企业因购买材料、商品和接受劳务供应等经营活动应支付的款项。本项目应根据“应付账款”和“预付账款”科目所属各明细科目的期末贷方余额合计数填列，即：应付账款项目 =“应付账款”明细分类账户贷方余额 +“预付账款”明细分类账户贷方余额。

如“应付账款”科目所属明细科目期末有借方余额的，应在本表“预付账款”项目内填列。

④“预收账款”项目，反映小企业按照合同规定预付给供应单位的款项。本项目应根据“预收账款”和“应收账款”科目所属各明细科目的期末贷方余额合计数填列，即：预收账款项目 =“预收账款”明细分类账户贷方余额 +“应收账款”明细分类账户贷方余额。

如“预收账款”科目所属各明细科目期末有借方余额，应在本表“应收账款”项目内填列。

⑤“应付职工薪酬”项目，反映小企业根据有关规定应付给职工的工资、职工福利、社会保险费、住房公积金、工会经费、职工教育经费等各种薪酬。

⑥“应交税费”项目，反映小企业按照税法规定计算应交纳的各种税费，包括增值税、消费税、企业所得税、资源税、土地增值税、城市维护建设税、房产税、土地使用税、车船税、教育费附加、地方教育附加、矿产资源补偿费等。小企业代扣代交的个人所得税，也通过本项目列示。小企业所交纳的不需要预计应交数的税金，如印花税、耕地占用税、车辆购置税等，不在本项目列示。本项目应根据“应交税费”科目的期末贷方余额填列；如“应交税费”科目期末为借方余额，应以“-”号填列。

⑦“应付利息”项目，反映小企业尚未支付的利息费用。本项目应根据“应付利息”科目的期末余额填列。

⑧“应付利润”项目，反映小企业尚未向投资者支付的利润。本项目应根据“应付利润”科目的期末余额填列。

⑨“其他应付款”项目，反映小企业除应付票据、应付账款、预收账款、应付职工薪酬、应交税费、应付利息、应付利润等以外的其他各项应付、暂收的款项。本项目应根据“其他应付款”科目的期末余额填列。

⑩“其他流动负债”项目，反映小企业除以上流动负债以外的其他流动负债，如将于1年内偿还的长期借款。本项目应根据有关科目的期末余额填列。

⑪“长期借款”项目，反映小企业向银行或其他金融机构借入的期限在1年以上（不含1年）的各项借款。本项目应根据“长期借款”科目的期末余额分析填列。

⑫“长期应付款”项目，反映小企业除长期借款以外的其他各种应付未付的长期应付款项。本项目应根据“长期应付款”科目的期末余额分析填列。

⑬“递延收益”项目，反映小企业收到的、应在以后期间记入损益的政府补助。本项目应根据“递延收益”科目的期末余额分析填列。

⑭“其他非流动负债”项目，反映小企业除长期借款、长期应付款、递延收益等项目以外的其他非流动负债。本项目应根据有关科目的期末余额填列。

3. 所有者权益项目的填列说明

①“实收资本（或股本）”项目，反映小企业各投资者实际投入的、构成小企业实收资本（或股本）的部分。本项目应根据“实收资本”（或“股本”）科目的期末余额填列。

②“资本公积”项目，反映小企业资本公积的期末余额。本项目应根据“资本公积”科目的期末余额填列。

③“盈余公积”项目，反映小企业盈余公积的期末余额。本项目应根据“盈余公积”科目的期末余额填列。

④“未分配利润”项目，反映小企业尚未分配的利润。本项目应根据“本年利润”科目

和“利润分配”科目的余额计算填列。未弥补的亏损在本项目内以“-”号填列。

四、示例

【例 13-1】安阳殷鉴文具有限公司 2019 年 12 月有关科目余额如表 13-3 所示，部分明细分类账户余额如表 13-4 所示，编制资产负债表。

表13-3

科目余额表

编制单位：安阳殷鉴文具有限公司　　2019 年 12 月 31 日　　单位：元

账户名称	借方余额	账户名称	贷方余额
库存现金	1 000	短期借款	172 000
银行存款	50 000	应付账款	72 000
应收账款	46 000	预收账款	16 000
预付账款	9 400	应付职工薪酬	68 000
其他应收款	10 000	应交税费	136 000
原材料	112 000	应付利润	66 000
库存商品	156 000	长期借款	120 000
固定资产	1 340 000	实收资本	560 000
累计折旧	-360 000	资本公积	26 000
无形资产	80 000	盈余公积	50 400
生产成本	14 000	本年利润	110 000
		利润分配	62 000

表13-4

部分明细分类账户余额表

2019 年 12 月 31 日

总账	明细账	借方余额	总账	明细账	贷方余额
应收账款	红旗渠公司	20 000	应付账款	小屯公司	64 000
	商都公司	-4 000		鑫鑫公司	-8 000
	红旗公司	30 000		新鑫公司	16 000
预付账款	天河公司	10 000	预收账款	天河公司	18 000
	新华公司	-600		新华公司	-2 000

编制的 2019 年 12 月 31 日的资产负债表如表 13-5 所示。

表13-5

资产负债表

会小企 01 表

编制单位：安阳殷鉴文具有限公司　　2019 年 12 月 31 日　　金额单位：元

资产	行次	期末余额	年初余额	负债及所有者权益	行次	期末余额	年初余额
流动资产：	1	--	--	流动负债：	33	--	--
货币资金	2	51 000		短期借款	34	172 000	
短期投资	3			应付票据	35		
应收票据	4			应付账款	36	80 600	
应收账款	5	52 000		预收账款	37	22 000	
预付账款	6	18 000		应付职工薪酬	38	68 000	
应收股利	7			应交税费	39	136 000	
应收利息	8			应付利息	40		
其他应收款	9	10 000		应付利润	41	66 000	
存货	10	282 000		其他应付款	42		
其中：原材料	11	112 000		其他流动负债	43		
在产品	12	14 000		**流动负债合计**	44	544 600	
库存商品	13	156 000		**非流动负债：**	45	--	--
周转材料	14			长期借款	46	120 000	
其他流动资产	15			长期应付款	47		
流动资产合计	16	413 000		递延收益	48		
非流动资产：	17	--	--	其他非流动负债	49		
长期债券投资	18			**非流动负债合计**	50	120 000	
长期股权投资	19			**负债合计**	51	664 600	
固定资产原价	20	1 340 000					
减：累计折旧	21	360 000					
固定资产账面价值	22	980 000					
在建工程	23						
工程物资	24						
固定资产清理	25						
生产性生物资产	26			**所有者权益（或股东权益）：**	52	--	--
无形资产	27	80 000		实收资本（或股本）	53	560 000	
开发支出	28			资本公积	54	26 000	
长期待摊费用	29			盈余公积	55	50 400	
其他非流动资产	30			未分配利润	56	172 000	
非流动资产合计	31	1 060 000		**所有者权益（或股东权益）合计**	57	808 400	
资产总计	32	1 473 000		**负债和所有者权益（或股东权益）总计**	58	1 473 000	

单位负责人：魏西门　魏西门　财务主管：韩圭　韩　圭　复核：韩圭　韩　圭　制表：马青霞　马青霞

任务三　利润表

一、利润表的概念和意义

（一）利润表的概念

利润表又称损益表，是反映企业在一定会计期间的经营成果的财务报表。利润表属于动态财务报表。

（二）利润表的意义

① 通过利润表可以从总体上了解企业收入、成本和费用及净利润（亏损）的实现及构成情况。

② 可以分析企业的获利能力及利润的未来发展趋势，了解投资者投入资本的保值增值的情况。

二、利润表的格式

① 利润表由表头、表身和表尾等部分组成，其中表身是利润表的主体和核心。

② 利润表的格式主要有多步式利润表和单步式利润表两种。我国企业的利润表采用多步式。

根据《小企业会计准则》，小企业利润表的格式如表 13–6 所示。

表13–6

利　润　表

会小企 02 表

编制单位：　　　　　　　　年　　月　　　　　　　　单位：元

项　　目	行次	本年累计金额	本月金额
一、营业收入	1		
减：营业成本	2		
税金及附加	3		
其中：消费税	4		
城市维护建设税	5		

续 表

项　　目	行次	本年累计金额	本月金额
资源税	6		
土地增值税	7		
城镇土地使用税、房产税、车船税、印花税	8		
教育费附加、矿产资源补偿费、排污费	9		
销售费用	10		
其中：商品维修费	11		
广告费和业务宣传费	12		
管理费用	13		
其中：开办费	14		
业务招待费	15		
研究费用	16		
财务费用	17		
其中：利息费用（收入以“-”号填列）	18		
加：投资收益（损失以“-”号填列）	19		
二、营业利润（亏损以“-”号填列）	20		
加：营业外收入	21		
其中：政府补助	22		
减：营业外支出	23		
其中：坏账损失	24		
无法收回的长期债券投资损失	25		
无法收回的长期股权投资损失	26		
自然灾害等不可抗力因素造成的损失	27		
税收滞纳金	28		
三、利润总额（亏损总额以“-”号填列）	29		
减：所得税费用	30		
四、净利润（净亏损以“-”号填列）	31		

单位负责人：　　　　财务主管：　　　　复核：　　　　制表：

依据《小企业会计准则》，利润按构成内容不同，分为营业利润、利润总额和净利润。小企业可以分如下三个步骤编制利润表：

第一步，以营业收入为基础，减去营业成本、税金及附加、销售费用、管理费用、财务费用，加上投资收益（减去投资损失），计算出营业利润，即：营业利润 = 营业收入 – 营业成本 – 税金及附加 – 销售费用、管理费用和财务费用 + 投资收益（减损失）。

第二步，以营业利润为基础，加上营业外收入，减去营业外支出，计算出利润总额，即：利润总额 = 营业利润 + 营业外收入 – 营业外支出。

第三步，以利润总额为基础，减去所得税费用，计算出净利润（或净亏损），即：净利润 = 利润总额 – 所得税费用。

三、利润表的编制方法

利润表中各项目的数据来源主要是根据损益类科目的发生额分析填列。对于年度利润表而言：

“上年金额”栏内各数字，根据上年度利润表“本期金额”栏填列或调整填列。

“本年金额”栏的填报方法：

①“营业收入”项目，反映小企业经营主营业务和其他业务所确认的收入总额。本项目应根据“主营业务收入”和“其他业务收入”科目的发生额分析填列。

②“营业成本”项目，反映小企业经营主营业务和其他业务所发生的成本总额。本项目应根据“主营业务成本”和“其他业务成本”科目的发生额分析填列。

③“税金及附加”项目，反映小企业经营业务应负担的消费税、城市建设维护税、资源税、土地增值税和教育费附加等。本项目应根据 “税金及附加” 科目的发生额分析填列。

④“销售费用”项目，反映小企业在销售商品过程中发生的包装费、广告费等费用和为销售本企业商品而专设的销售机构的职工薪酬、业务费等经营费用。本项目应根据“销售费用”科目的发生额分析填列。

⑤“管理费用”项目，反映小企业为组织和管理生产经营发生的管理费用。本项目应根据“管理费用”的发生额分析填列。

⑥“财务费用”项目，反映小企业筹集生产经营所需资金等而发生的筹资费用。本项目应根据“财务费用”科目的发生额分析填列。

⑦“投资收益”项目，反映小企业以各种方式对外投资所取得的收益。本项目应根据“投资收益”科目的发生额分析填列。如为投资损失，本项目以“–”号填列。

⑧“营业利润”项目，反映小企业实现的营业利润。如为亏损，本项目以“–”号填列。

⑨“营业外收入”项目，反映小企业发生的与经营业务无直接关系的各项收益。本项目应根据“营业外收入”科目的发生额分析填列。

⑩“营业外支出”项目，反映小企业发生的与经营业务无直接关系的各项支出。本项目应根据“营业外支出”科目的发生额分析填列。

⑪“利润总额”项目，反映小企业实现的利润。如为亏损，本项目以“–”号填列。

⑫“所得税费用”项目，反映小企业应从当期利润总额中扣除的所得税费用。本项目应根据“所得税费用”科目的发生额分析填列。

⑬“净利润”项目，反映小企业实现的净利润。如为亏损，本项目以“–”号填列。

四、利润表各项目编制技巧

1. 利润的相关计算公式

营业利润 = 营业收入 – 营业成本 – 税金及附加 – 管理费用 – 销售费用 – 财务费用 + 投资收益（– 投资损失）

其中：营业收入 = 主营业务收入 + 其他业务收入，营业成本 = 主营业务成本 + 其他业务成本

利润总额 = 营业利润 + 营业外收入 – 营业外支出

净利润 = 利润总额 – 所得税费用

2. 左右两栏金额的填列

“本期金额”栏反映各项目的本期实际发生数，应根据相关账簿的发生额分析填列。

月度利润表的“本期（月）金额”反映各项目的本月实际发生额；“本年累计金额”栏反映各项目自年初起至本月末的累计实际发生额，本栏可根据上月利润表各项目的“本年累计金额”栏金额加上本月利润表的“本期（月）金额”栏金额填列。

年度利润表的“本期（年）金额”反映各项目的本年度实际发生额（即 12 月份利润表的“本年累计金额”栏金额）；“上期（年）金额”栏反映各项目上年度实际发生额，本栏可根据上年度利润表各项目的“本期（年）金额”栏金额分析填列。

利润表编制完毕，在报表下部由制表人、审核人、财务主管签章，在表头“编制单位”处加盖单位公章。

五、示例

【例 13–2】安阳股鉴文具有限公司 2019 年 11 月份有关损益类账户本月发生额资料（明细资料略，直接列示于利润表中），如表 13–7 所示，编制本月利润表，如表 13–8 所示。

表13–7

账户名称	本月借方发生额	本年借方累计发生额	账户名称	本月贷方发生额	本年贷方累计发生额
主营业务成本	240 000.00	630 000.00	主营业务收入	380 000.00	1 400 000.00
其他业务成本	110 000.00	200 000.00	其他业务收入	120 000.00	250 000.00
税金及附加	10 000.00	55 000.00	投资收益	90 000.00	100 000.00
销售费用	43 000.00	130 000.00	营业外收入	10 000.00	30 000.00
管理费用	24 000.00	180 000.00			
财务费用	2 000.00	10 000.00			
营业外支出	3 000.00	15 000.00			
所得税费用	42 000.00	140 000.00			

计算该企业 2019 年 11 月份的利润表项目并编制安阳殷鉴文具有限公司 2019 年 12 月利润表。

（1）营业收入 = 380 000 + 120 000 = 500 000（元）

（2）营业成本 = 240 000 + 110 000 = 350 000（元）

（3）营业利润 = 500 000 + 90 000 − 350 000 − 10 000 − 43 000 − 24 000 − 2 000 = 161 000（元）

（4）利润总额 = 161 000 + 10 000 − 3 000 = 168 000（元）

（5）所得税费用 = 42 000（元）

（6）净利润 = 168 000 − 42 000 = 126 000（元）

表13–8

利　润　表

会小企 02 表

编制单位：安阳殷鉴文具有限公司　　2019 年 11 月　　单位：元

项目	行次	本年累计金额	本月金额
一、营业收入	1	1 650 000.00	500 000.00
减：营业成本	2	830 000.00	350 000.00
税金及附加	3	55 000.00	10 000.00
其中：消费税	4		
城市维护建设税	5	35 000.00	7 000.00
资源税	6		
土地增值税	7		
城镇土地使用税、房产税、车船税、印花税	8	5 000.00	1 600.00
教育费附加、矿产资源补偿费、排污费	9	15 000.00	1 400.00
销售费用	10	130 000.00	43 000.00
其中：商品维修费	11		
广告费和业务宣传费	12	110 000.00	40 000.00
管理费用	13	180 000.00	24 000.00
其中：开办费	14		
业务招待费	15	40 000.00	3 000.00
研究费用	16		
财务费用	17	10 000.00	2 000.00

续 表

项 目	行次	本年累计金额	本月金额
其中：利息费用（收入以“-”号填列）	18	10 000.00	2 000.00
加：投资收益（损失以“-”号填列）	19	100 000.00	90 000.00
二、营业利润（亏损以“-”号填列）	20	545 000.00	161 000.00
加：营业外收入	21	30 000.00	10 000.00
其中：政府补助	22		
减：营业外支出	23	15 000.00	3 000.00
其中：坏账损失	24		
无法收回的长期债券投资损失	25		
无法收回的长期股权投资损失	26		
自然灾害等不可抗力因素造成的损失	27		
税收滞纳金	28	2 000.00	500.00
三、利润总额（亏损总额以“-”号填列）	29	560 000.00	168 000.00
减：所得税费用	30	140 000.00	42 000.00
四、净利润（净亏损以“-”号填列）	31	420 000.00	126 000.00

单位负责人：魏西门 魏西门 财务主管：韩圭 韩 圭 复核：韩圭 韩 圭 制表：马青霞 马青霞

【项目检测】

一、单项选择题

1. 下列各项中，不属于中期财务报表的是（ ）。

A. 年报 B. 月报 C. 季报 D. 半年报

2. 财务报表中各项目数字的直接来源是（ ）。

A. 原始凭证 B. 日记账 C. 记账凭证 D. 账簿记录

3. 小企业的资产负债表中的“存货”项目，应根据（ ）。

A.“存货”科目的期末借方余额直接填列

B.“原材料”“工程物资”“库存商品”等科目的期末借方余额之和填列

C.“原材料”“生产成本”“库存商品”等科目的期末借方余额之和填列

D.“原材料”“在建工程”“库存商品”等科目期末借方余额之和填列

4. 按照财务报表反映的经济内容分类，资产负债表属于反映（ ）的报表。

A. 某一特定日期的财务状况 B. 某一会计期间的经营成果

C. 某一会计期间的现金流量 D. 某一会计期间的财务状况

5. 关于资产负债表，以下说法不正确的是（　）。

A. 资产按流动性由强到弱排列

B. 负债按流动性一般分为流动负债和非流动负债

C. 账户式资产负债表分为左右两方，左方为资产项目

D. 账户式资产负债表分为左右两方，右方为资产项目

6. 我国企业的资产负债表采用（　）格式。

A. 报告式　　B. 单步式　　C. 账户式　　D. 多步式

7. 2019 年 12 月 31 日，丙公司“应付账款”账户为贷方余额 260 000 元，其所属明细账户的贷方余额合计为 330 000 元，所属明细账户的借方余额合计为 70 000 元；“预付账款”账户为借方余额 150 000 元，其所属明细账户的借方余额合计为 200 000 元，所属明细账户的贷方余额为 50 000 元。丙公司的资产负债表中，“应付账款”和“预付账款”两个项目的期末余额分别应为（　）。

A. 380 000 元和 270 000 元　　B. 330 000 元和 200 000 元

C. 530 000 元和 120 000 元　　D. 260 000 元和 150 000 元

8. 编制财务报表时，以“收入 – 费用 = 利润”这一会计等式作为编制依据的财务报表是（　）。

A. 利润表　　B. 所有者权益变动表

C. 资产负债表　　D. 现金流量表

9. 下列报表中，反映某一会计期间经营成果的报表是（　）。

A. 资产负债表　　B. 利润表　　C. 现金流量表　　D. 财务报表附注

10. 下列事项中，不影响当期利润表中营业利润项目的是（　）。

A. 支付本期广告费　　B. 计提办公用固定资产折旧

C. 销售库存商品的收入　　D. 接受捐赠的专利权

二、多项选择题

1. 财务报表反映的内容主要包括企业（　）。

A. 某一特定日期的财务状况　　B. 某一会计期间的经营成果

C. 某一会计期间的成本费用　　D. 某一会计期间的现金流量

2. 下列项目中，可以合并列报，合并后的类别统称为“存货”在资产负债表上列报的有（　）。

A. 原材料　　B. 固定资产　　C. 库存商品　　D. 工程物资

3. 关于编制财务报表前要做好的准备工作，叙述正确的有（　）。

A. 严格审核会计账簿的记录和有关资料

B. 财产清查，核对债务

C. 按规定的结账日进行结账，并对账

D. 检查会计核算是否按国家统一会计制度的规定进行

4. 下列各项中，不属于资产负债表项目的有（　）。

A. 库存现金　　B. 待处理财产损溢

C. 利润分配——未分配利润　　D. 原材料

5. 2019 年 3 月，东风公司实现营业收入 2 000 000 元，营业成本为 1 500 000 元，税金及附加为 240 000 元，期间费用为 100 000 元，营业外收入 10 000 元，所得税费用 40 000 元。东风公司本月营业利润、利润总额和净利润的金额分别是（　）元。

A. 160 000　　B. 170 000

C. 120 000　　D. 130 000

6. 下列账户中，可能影响资产负债表中“应收账款”项目金额的有（　）。

A. 应收账款　　B. 预收账款　　C. 预付账款　　D. 税金及附加

7. 关于利润表，下列说法中正确的有（　）。

A. 它属于静态报表　　B. 它属于动态报表

C. 它反映企业在一定会计期间的经营成果

D. 可据以分析企业的获利能力，据以判断资本保值增值情况

8. 多步式利润表可以反映企业的（　）等项目。

A. 所得税费用　　B. 营业利润

C. 利润总额　　D. 净利润

三、判断题

（　）1. 财务报表附注是对资产负债表、利润表和现金流量表等报表中未列示项目的补充说明，其目的是更加全面、详细地反映单位财务状况、经营成果和现金流量之外的会计信息。

（　）2. 财务报表是指单位提供的反映企业某一会计期间的财务状况和某一特定日期的经营成果、现金流量等会计信息的文件。

（　）3. 存货和固定资产都属于企业的资产，在性质和功能上类似，因此可以合并列报在资产负债表中。

（　）4. 资产负债表是总括反映企业某一特定日期资产、负债和所有者权益情况的静态报表，通过它可以了解企业的资产构成、资金的来源和企业偿债的能力。

（　）5. 2019 年 3 月 31 日，某公司“本年利润”账户为贷方余额 153 000 元，“利润分配”账户为贷方余额 96 000 元，则当日编制的资产负债表中，“未分配利润”项目的期末余额应为 57 000 元。

（　）6. 当“预收账款”科目期末为贷方余额时，应合并在资产负债表中的“应收账款”项目内反映，而不包括在“预收账款”项目内。

（　）7. 多步式利润表中，营业外收入与营业外支出是计算净利润时考虑的因素。

（　）8. 利润表中的“税金及附加”项目，反映企业日常经营活动应负担的消费税、城市维护建设税、教育费附加和企业所得税等税金。

四、实训题

1. 安阳殷鉴文具有限公司 2019 年 11 月 30 日有关账户期末余额资料（表 13–9）。

表13–9

科目余额表

单位：安阳殷鉴文具有限公司　　　2019 年 11 月 30 日　　　单位：元

账户名称	余额（借方）	账户名称	余额（贷方）
库存现金	1 200	累计折旧	140 900
银行存款	20 470	短期借款	30 000
应收账款	43 500	应付账款	53 700
预付账款	6 400	应交税费	18 000
原材料	67 000	长期借款	185 000
库存商品	75 000	实收资本	333 970
固定资产	560 000	本年利润	76 000
生产成本	54 000	利润分配	–10 000

注："应收账款""预付账款"明细分类账户无贷方余额，"应付账款"明细分类账户无借方余额，"长期借款"明细分类账户无 1 年内到期借款。

根据上述账户余额资料，计算下列资产负债表项目金额：

（1）货币资金 =

（2）应收账款 =

（3）存货 =

（4）固定资产 =

（5）未分配利润 =

（6）资产总额 =

（7）负债及所有者权益总额 =

2. 安阳殷鉴文具有限公司 2019 年 12 月份损益类账户的本月发生额有关资料（表 13–10）。

表13–10

安阳殷鉴文具有限公司2019年12月损益类账户本月发生额

单位：元

账户名称	累计发生额	
	借　方	贷　方
主营业务收入		57 000
主营业务成本	20 000	
税金及附加	7 400	
其他业务收入		1 400

续 表

账户名称	累计发生额	
	借 方	贷 方
其他业务成本	1 000	
销售费用	8 300	
管理费用	5 100	
财务费用	600	
投资收益		31 713
营业外收入		5 000
所得税费用	24 913	

根据上述资料编制安阳殷鉴文具有限公司 2019 年 12 月利润表，如表 13–11 所示（提示：根据【例 13–2】中 11 月利润表和本月发生额填列“本年累计金额”栏）；根据资料编制安阳殷鉴文具有限公司 2019 年年度利润表（见附录表 8，上年金额略）。

表13–11

利 润 表

会小企 02 表

编制单位：　　　　　　　　　　年　月　　　　　　　　　　单位：元

项　　目	行次	本年累计金额	本月金额
一、营业收入	1		
减：营业成本	2		
税金及附加	3		
其中：消费税	4		
城市维护建设税	5		
资源税	6		
土地增值税	7		
城镇土地使用税、房产税、车船税、印花税	8		
教育费附加、矿产资源补偿费、排污费	9		
销售费用	10		
其中：商品维修费	11		
广告费和业务宣传费	12		
管理费用	13		
其中：开办费	14		

续 表

项　　目	行次	本年累计金额	本月金额
业务招待费	15		
研究费用	16		
财务费用	17		
其中：利息费用（收入以"–"号填列）	18		
加：投资收益（损失以"–"号填列）	19		
二、营业利润（亏损以"–"号填列）	20		
加：营业外收入	21		
其中：政府补助	22		
减：营业外支出	23		
其中：坏账损失	24		
无法收回的长期债券投资损失	25		
无法收回的长期股权投资损失	26		
自然灾害等不可抗力因素造成的损失	27		
税收滞纳金	28		
三、利润总额（亏损总额以"–"号填列）	29		
减：所得税费用	30		
四、净利润（净亏损以"–"号填列）	31		

单位负责人：　　　　财务主管：　　　　复核：　　　　制表：

3. 根据项目七安阳殷鉴餐饮有限公司 2019 年 11 月的业务题、项目八【项目检测】的实训题 3 登记的总分类账及相关资料，编制资产负债表，如表 13–12 所示。

表13–12

资产负债表

会小企 01 表

编制单位：　　　　____年__月__日　　　　金额单位：元

资产	行次	期末余额	年初余额	负债及所有者权益	行次	期末余额	年初余额
流动资产：	1	--	--	流动负债：	33	--	--
货币资金	2			短期借款	34		
短期投资	3			应付票据	35		
应收票据	4			应付账款	36		

续　表

资产	行次	期末余额	年初余额	负债及所有者权益	行次	期末余额	年初余额
应收账款	5			预收账款	37		
预付账款	6			应付职工薪酬	38		
应收股利	7			应交税费	39		
应收利息	8			应付利息	40		
其他应收款	9			应付利润	41		
存货	10			其他应付款	42		
其中：原材料	11			其他流动负债	43		
在产品	12			**流动负债合计**	44		
库存商品	13			**非流动负债：**	45	--	--
周转材料	14			长期借款	46		
其他流动资产	15			长期应付款	47		
流动资产合计	16			递延收益	48		
非流动资产：	17	--	--	其他非流动负债	49		
长期债券投资	18			**非流动负债合计**	50		
长期股权投资	19			**负债合计**	51		
固定资产原价	20						
减：累计折旧	21						
固定资产账面价值	22						
在建工程	23						
工程物资	24						
固定资产清理	25						
生产性生物资产	26			**所有者权益（或股东权益）：**	52	--	--
无形资产	27			实收资本（或股本）	53		
开发支出	28			资本公积	54		
长期待摊费用	29			盈余公积	55		
其他非流动资产	30			未分配利润	56		
非流动资产合计	31			**所有者权益（或股东权益）合计**	57		
资产总计	32			**负债和所有者权益（或股东权益）总计**	58		

单位负责人：　　　　财务主管：　　　　复核：　　　　制表：

4. 根据项目七安阳殷鉴餐饮有限公司 2019 年 11 月的业务题、项目八【项目检测】的实训题 3 登记的总分类账及相关资料，是否需要编制当月利润表？为什么？

5. 根据项目十一安阳殷鉴餐饮有限公司 2019 年 12 月的业务题、登记的总分类账及相关资料，编制总分类账发生额和余额试算平衡表，如表 13-13 所示；编制资产负债表，如表 13-14 所示。

表13-13

总分类账户本期发生额和余额试算平衡表

编制单位：　　　　　　　　　　年　月　　　　　　　　　　单位：元

账户名称	期初余额		本期发生额		期末余额	
	借方	贷方	借方	贷方	借方	贷方
库存现金						
银行存款						
其他货币资金						
短期投资						
应收票据						
应收账款						
预付账款						
其他应收款						
材料采购						
在途物资						
原材料						
库存商品						
固定资产						
累计折旧						
在建工程						
工程物资						
无形资产						
累计摊销						
待处理财产损溢						
短期借款						
应付票据						
应付账款						
预收账款						

续 表

账户名称	期初余额		本期发生额		期末余额	
	借方	贷方	借方	贷方	借方	贷方
应付职工薪酬						
应交税费						
应付利润						
应付利息						
其他应付款						
长期借款						
实收资本						
资本公积						
盈余公积						
本年利润						
利润分配						
生产成本						
制造费用						
劳务成本						
研发支出						
主营业务收入						
其他业务收入						
投资收益						
营业外收入						
主营业务成本						
其他业务成本						
税金及附加						
销售费用						
管理费用						
财务费用						
营业外支出						
所得税费用						
合计						

【备注】如果试算平衡表同记账凭证一起装订，建议将试算平衡表装订在记账凭证之前。

表13–14

资产负债表

会小企 01 表

编制单位：　　　　　　　　____年__月__日　　　　　　　　金额单位：元

资产	行次	期末余额	年初余额	负债及所有者权益	行次	期末余额	年初余额
流动资产：	1	--	--	**流动负债：**	33	--	--
货币资金	2			短期借款	34		
短期投资	3			应付票据	35		
应收票据	4			应付账款	36		
应收账款	5			预收账款	37		
预付账款	6			应付职工薪酬	38		
应收股利	7			应交税费	39		
应收利息	8			应付利息	40		
其他应收款	9			应付利润	41		
存货	10			其他应付款	42		
其中：原材料	11			其他流动负债	43		
在产品	12			**流动负债合计**	44		
库存商品	13			**非流动负债：**	45	--	--
周转材料	14			长期借款	46		
其他流动资产	15			长期应付款	47		
流动资产合计	16			递延收益	48		
非流动资产：	17	--	--	其他非流动负债	49		
长期债券投资	18			**非流动负债合计**	50		
长期股权投资	19			**负债合计**	51		
固定资产原价	20						
减：累计折旧	21						
固定资产账面价值	22						
在建工程	23						
工程物资	24						
固定资产清理	25						
生产性生物资产	26			**所有者权益（或股东权益）：**	52	--	--
无形资产	27			实收资本（或股本）	53		
开发支出	28			资本公积	54		

续 表

资产	行次	期末余额	年初余额	负债及所有者权益	行次	期末余额	年初余额
长期待摊费用	29			盈余公积	55		
其他非流动资产	30			未分配利润	56		
非流动资产合计	31			**所有者权益（或股东权益）合计**	57		
资产总计	32			**负债和所有者权益(或股东权益)总计**	58		

单位负责人：　　　　财务主管：　　　　复核：　　　　制表：

6. 根据项目十一安阳殷鉴餐饮有限公司 2019 年 12 月的业务题、登记的总分类账、编制的试算平衡表（表 13–13）等相关资料，编制当月利润表，如表 13–15 所示。

表13–15

利 润 表

会小企 02 表

编制单位：　　　　年　月　　　　单位：元

项　目	行次	本年累计金额	本月金额
一、营业收入	1		
减：营业成本	2		
税金及附加	3		
其中：消费税	4		
城市维护建设税	5		
资源税	6		
土地增值税	7		
城镇土地使用税、房产税、车船税、印花税	8		
教育费附加、矿产资源补偿费、排污费	9		
销售费用	10		
其中：商品维修费	11		
广告费和业务宣传费	12		
管理费用	13		
其中：开办费	14		
业务招待费	15		
研究费用	16		
财务费用	17		

续　表

项　　目	行次	本年累计金额	本月金额
其中：利息费用（收入以“-”号填列）	18		
加：投资收益（损失以“-”号填列）	19		
二、营业利润（亏损以“-”号填列）	20		
加：营业外收入	21		
其中：政府补助	22		
减：营业外支出	23		
其中：坏账损失	24		
无法收回的长期债券投资损失	25		
无法收回的长期股权投资损失	26		
自然灾害等不可抗力因素造成的损失	27		
税收滞纳金	28		
三、利润总额（亏损总额以“-”号填列）	29		
减：所得税费用	30		
四、净利润（净亏损以“-”号填列）	31		

单位负责人：　　　　财务主管：　　　　复核：　　　　制表：

【项目学习评价】

表13–16

成功之处	
不足之处	
改进措施	

项目十四　账务处理程序

【项目学习目标、学习方法、建议学时】

表14-1

学习目标		学习方法	学时
知识目标	① 了解账务处理程序的概念、种类； ② 掌握记账凭证账务处理程序； ③ 掌握科目汇总表账务处理程序。	填制凭证、编制账簿和报表。	14
技能目标	① 培养学生对账务处理整体把握技能； ② 培养学生会计信息报告技能。	结合案例填制凭证、编制账簿和报表。	
情感态度价值观目标	① 培养学生良好的会计职业道德； ② 培养学生认真细致的工作作风、严谨的工作态度及服务意识； ③ 教育学生遵纪守法，不做假账。	在学与做中进行道德体悟，使学生养成细致、严谨的工作作风，培养会计职业操守。	

【项目学习】

任务一　账务处理程序概述

账务处理程序又称会计核算程序、会计核算组织形式，是指在会计核算中，账簿组织、记账程序和财务报表有机结合的形式。

（一）账务处理程序的内容

1. 建账和报表组织体系

会计凭证、账簿、财务报表的种类、格式及其之间的相互关系构成的组织体系。

2. 记账步骤

设置会计科目和账户，复式记账，填制和审核会计凭证，编制财务会计报告。

（二）账务处理程序的作用

① 可以使会计数据的处理过程有条不紊地进行，确保会计记录正确、完整，会计信息

可靠、相关。

② 可以减少不必要的会计核算环节和手续，节约人力、物力和财力，提高会计工作效率。

③ 对会计核算工作的分工协作、责任划分，充分发挥会计工作的监督职能，也有重要意义。

（三）账务处理程序的种类

我国目前常用的账务处理程序有记账凭证账务处理程序、汇总记账凭证账务处理程序、科目汇总表账务处理程序。

各种账务处理程序的共同点可以归纳为六个方面：

① 将同类经济业务的原始凭证汇总编制成汇总原始凭证。

② 根据原始凭证或汇总原始凭证编制记账凭证。

③ 根据记账凭证中的收款凭证和付款凭证及其所附的原始凭证登记现金日记账和银行存款日记账。

④ 根据原始凭证、汇总原始凭证和记账凭证登记有关的明细分类账。

⑤ 定期将日记账和明细分类账同总分类账进行核对。

⑥ 定期根据总分类账和明细分类账编制财务报表。

各种账务处理程序的主要区别是登记总分类账的依据和方法不同。

任务二　记账凭证账务处理程序

一、记账凭证账务处理程序概念

记账凭证账务处理程序是指对发生的经济业务事项，都要根据原始凭证或汇总原始凭证编制记账凭证，然后直接根据记账凭证逐笔登记总分类账的一种账务处理程序。它是最基本的账务处理程序，其一般程序是：

① 根据原始凭证编制汇总原始凭证。

② 根据原始凭证或汇总原始凭证，编制记账凭证。

③ 根据收款凭证、付款凭证逐笔登记现金日记账和银行存款日记账。

④ 根据原始凭证、汇总原始凭证和记账凭证，登记各种明细分类账。

⑤ 根据记账凭证逐笔登记总分类账，核对账务。

⑥ 期末，现金日记账、银行存款日记账和明细分类账的余额同有关总分类账的余额核对相符。

⑦ 期末，根据总分类账和明细分类账的记录，编制财务报表。

二、记账凭证账务处理程序优缺点及适用范围

记账凭证账务处理程序简单明了，易于理解，总分类账可以较详细地反映经济业务的发生情况。其缺点是：登记总分类账的工作量较大。该账务处理程序适用于规模较小、经济业务量较少的单位。

任务三　科目汇总表账务处理程序

一、科目汇总表账务处理程序的概念

科目汇总表账务处理程序又称记账凭证汇总表账务处理程序，是根据记账凭证定期编制科目汇总表，再根据科目汇总表登记总分类账的一种账务处理程序。其一般程序是：

① 根据原始凭证编制汇总原始凭证。

② 根据原始凭证或汇总原始凭证编制记账凭证。

③ 根据收款凭证、付款凭证逐笔登记现金日记账和银行存款日记账。

④ 据原始凭证、汇总原始凭证和记账凭证登记各种明细分类账。

⑤ 据各种记账凭证编制科目汇总表。

⑥ 根据科目汇总表登记总分类账。

⑦ 期末，现金日记账、银行存款日记账和明细分类账的余额同有关总分类账的余额核对相符。

⑧ 期末，根据总分类账和明细分类账的记录，编制财务报表。

科目汇总表又称记账凭证汇总表，是根据一定时期内所有的记账凭证定期加以汇总而重新编制的凭证，其目的是简化总分类账的登记。其格式见表 14-42。

编制科目汇总表时，首先，应将汇总期内各项经济业务所涉及的总账科目填列在科目汇总表的“会计科目”栏内；其次，根据汇总期内所有记账凭证，按会计科目分别加计其借方发生额和贷方发生额，将其汇总金额填列在各相应会计科目的“借方”和“贷方”栏内。按会计科目汇总后，应分别加总全部会计科目“借方”和“贷方”发生额，进行试算平衡。科目汇总表按汇总方式不同可分为两种：

① 全部汇总：是将一定时期（10 天、半月或一个月）的全部记账凭证汇总到一张科目汇总表内的汇总方式。

② 分类汇总：是将一定时期（10 天、半月或一个月）的全部记账凭证分别按库存现金、银行存款收付款的记账凭证和转账凭证进行汇总。

二、科目汇总表账务处理程序优缺点及适用范围

科目汇总表账务处理程序减轻了登记总分类账的工作量，并可做到试算平衡，简明易懂，方便易学。其缺点是：科目汇总表不能反映账户对应关系，不便于查对账目。它适用于规模较大、经济业务较多的单位。

任务四 综合案例

一、模拟实训企业基本情况

公司名称：安阳殷鉴餐饮有限公司。企业简介：餐饮业企业，转登记为增值税一般纳税人，增值税税率为13%；城市维护建设税税率为7%，教育费附加税率为3%，地方教育附加税率为2%；企业所得税税率为25%。企业的增值税、城市维护建设税、教育费附加、地方教育附加按月计算，次月1～15日内缴纳；企业所得税按月计算预缴，按年汇算清缴（12月份不需预缴，下年度四个月内汇算清缴）。

开户行：安阳银行鼓楼支行

账号：170608170609170610

行号：40104112

地址：安阳市文峰区仁义巷8号

电话：0372-3333222

总经理（法定代表人）：魏西门

会计主管：韩圭（兼管凭证复核工作）

会计：马青霞

出纳：郑廷玉

社会信用代码（纳税人识别号）：91310040213456080M

税收征收机关：国家税务总局安阳市文峰区税务局

日常开支审批程序：部门主管初审签字，会计主管审核，公司法定代表人终审签字。

公司的记账方法采用借贷记账法，采用科目汇总表账务处理程序。公司使用收付转三类记账凭证，凭证编号按月分类顺序编号。公司采用每月末将损益类账户转入“本年利润”账户的账结法，编制资产负债表和利润表。

安阳殷鉴餐饮有限公司2020年1月总账账户、明细账账户（含本月新增）期初余额资料（表14-2）。

表14–2

账户名称	总账账户期初余额		部分明细账户期初余额及推荐账页格式		
	借方	贷方	借方	贷方	账页格式
库存现金	4.76				
银行存款	660 355.78				
应收账款					
安阳相伴服务有限公司					三栏式
其他应收款	1 500.00				
魏西门			1 500.00		三栏式
预付账款	63 600.00				
在途物资					
原材料					
库存商品	336 676.00				
8# 套装巧克力			300 760.00		数量金额式
1# 盒装巧克力			35 916.00		数量金额式
固定资产	707 520.00				
厂房——办公用房			336 810.00		卡片式
厂房——销售用房			336 810.00		卡片式
前厅成套设备			33 900.00		卡片式
累计折旧		2 810.40			
在建工程					
待处理财产损溢					
短期借款		80 000.00			
安阳银行鼓楼支行				80 000.00	三栏式
应付账款		33 900.00			
安阳燕赵机械有限公司				33 900.00	三栏式
安阳婴甜食品有限公司					三栏式
应付职工薪酬		10 800.00			
应交税费		6 376.72			
应交增值税					借贷多栏式
进项税额					
已交税金					
转出未交增值税					
销项税额					
进项税额转出					
转出多交增值税					

续　表

账户名称	总账账户期初余额		部分明细账户期初余额及推荐账页格式		
	借方	贷方	借方	贷方	账页格式
未交增值税				4 488.00	三栏式
应交所得税				1 619.44	三栏式
应交城建税				157.08	三栏式
应交教育费附加				67.32	三栏式
应交地方教育附加				44.88	三栏式
应付利润					
应付利息					
长期借款					
安阳银行鼓楼支行					三栏式
实收资本		1 605 000.00			
安阳邺城餐饮有限公司				1 580 000.00	三栏式
李云				25 000.00	三栏式
资本公积					
盈余公积		3 076.94			
法定盈余公积				3 076.94	三栏式
任意盈余公积					三栏式
本年利润					
利润分配		27 692.48			
提取法定盈余公积					借贷多栏式
提取任意盈余公积					
应付利润					
未分配利润				27 692.48	
生产成本					
制造费用					
人工费					借方多栏式
水电费					
折旧费					
其他					
主营业务收入					
8# 套装巧克力					贷方多栏式
1# 盒装巧克力					
其他业务收入					
营业外收入					

续 表

账户名称	总账账户期初余额		部分明细账户期初余额及推荐账页格式		
	借方	贷方	借方	贷方	账页格式
主营业务成本					
8# 套装巧克力					借方多栏式
1# 盒装巧克力					
其他业务成本					
税金及附加					
销售费用					
人工费					借方多栏式
差旅费					
水电费					
折旧费					
广告费					
修理费					
其他					
管理费用					
办公费					借方多栏式
人工费					
差旅费					
水电费					
折旧费					
修理费					
其他					借方多栏式
财务费用					
营业外支出					
合计	1 769 656.54	1 769 656.54			

二、安阳殷鉴公司2020年1月经济业务文字说明

1. 10 日，开具转账支票发放上月工资。（表 14–3 至表 14–4）

2. 10 日，开具转账支票归还前欠安阳燕赵机械有限公司设备购货款 33 900 元。（表 14–5）

3. 10 日，办公室魏西门 12 月 30 日至 1 月 2 日去郑州出差，经批准报销差旅费，每日伙食补助 75 元、每日交通补助 50 元。交回多余款项。代郑廷玉、魏西门等填制差旅费报销单、收据。（表 14–6 至表 14–10）

4. 10 日，从安阳梦周食品有限公司购进 8# 套装巧克力 6 件，1# 盒装巧克力 500 件。全部款项以转账支票付讫。（表 14-11 至表 14-14）

5. 10 日，填开税收缴款书，缴纳上年度应交企业所得税，缴纳上月应交增值税、城市维护建设税、教育费附加、地方教育附加。（表 14-15）

6. 21 日，安阳银行鼓楼支行扣去公司自该银行借入的贷款编号为 3368450 的半年期借款 80 000 元的月度利息。（表 14-16）

7. 21 日，从安阳婴甜食品有限公司购进 8# 套装巧克力 2 件，1# 盒装巧克力 400 件，对方开具增值税专用发票。全部款项未付。（表 14-17 至表 14-19）

8. 31 日，以办公用房为抵押物自安阳银行鼓楼支行借入两年期借款 300 000 元。（原始凭证表 14-20）

9. 31 日，将电话费、网络费记入本月费用。电话费、网络费均为管理部门，以银行存款付讫。（表 14-21 至表 14-22）

10. 31 日，将水费记入本月费用。以银行存款支付。（表 14-23 至表 14-26）

11. 31 日，将电费记入本月费用。以银行存款支付。（表 14-27 至表 14-30）

12. 31 日，汇总本月零售情况：8# 套装巧克力 20 件，1# 盒装巧克力 800 件。（现金缴款单与收款原始凭证略，银行卡 POS 收单手续费业务略）（表 14-31）

13. 31 日，汇总本月批发销售情况，月报显示：向安阳相伴服务有限公司批量销售 1# 盒装巧克力 100 件，约定款项 30 日内支付。（表 14-32 至表 14-33）

14. 31 日，汇总本月出库单，共领用 8# 套装巧克力 20 件，1# 盒装巧克力 900 件（假定先入库的商品先发出）。郭质夫、曹子建填制领料单，计算本月所售商品的成本。（表 14-34）

15. 31 日，摊销预付年度广告费本月的摊销额。（表 14-35）

16. 31 日，结算职工工资 10 000 元，并按用途进行分配。（表 14-36）

17. 31 日，计提本月固定资产折旧费。代马青霞等填制固定资产折旧计算汇总表。（表 14-37）

18. 31 日，汇总本月销售额，增值税销项税额，增值税进项税额，计算并结转本月应交增值税额。（表 14-38）

【解析】对此笔业务与凭证，应借记“应交税费——应交增值税（转出未交增值税）”，贷记“应交税费——未交增值税”。

19. 31 日，计算本月城市维护建设税、教育费附加、地方教育附加。代郑廷玉等填制城市维护建设税、教育费附加计算表。（表 14-39）

【解析】对此笔业务与凭证，应借记“税金及附加”，贷记“应交税费——应交城市维护建设税、应交教育费附加、应交地方教育附加”。

20. 31 日，结转各损益类账户。代马青霞填制月终结转“本年利润”明细表。（表 14-40）

21. 31 日，计算并结转本月应缴纳的企业所得税税额。假定无所得税纳税调整事项。代郑廷玉等填制所得税计算表。如果应纳税所得额为负，本月不需计提所得税费用。（表 14-41）

三、安阳殷鉴公司2020年1月经济业务原始凭证

表14-3

安阳银行

转账支票存根

40104123

01143262

附加信息________

出票日期 2020 年 1 月 10 日

收款人：安阳殷鉴餐饮有限公司

金　额：¥10800.00

用　途：工资

单位主管　　会计

付款期限自出票之日起十天

40104123

安阳银行　转账支票　01143262

出票日期（大写）贰零贰零年零壹月零壹拾日　付款行名称：安阳银行鼓楼支行

收款人：安阳殷鉴餐饮有限公司　出票人账号：170608170609170610

人民币（大写）	壹万零捌佰元整	十	万	千	百	十	元	角	分
		¥	1	0	8	0	0	0	0

用途　工资　　密码________

上列款项请从

我账户内支付

出票人签章　安阳殷鉴餐饮有限公司 财务专用章　魏西印门　　复核　　记账

表14-4

工资结算签发单

编报日期：2019 年 12 月 31 日

部门	姓名	基本工资	津贴和补贴		应扣工资	应发工资	代扣款项	实发金额	签字
			夜班津贴	高温补贴					
办公室	魏西门	1900	100		200	1800	略	1800	魏西门
财务部	韩圭	1700			20	1680	略	1680	韩圭
财务部	马青霞	1500				1500	略	1500	马青霞
财务部	郑廷玉	1300			40	1260	略	1260	郑廷玉
仓库	曹子建	1100	100		40	1160	略	1160	曹子建
仓库	郭质夫	1200	100			1300	略	1300	郭质夫
前厅	崔子钟	1100			100	1000	略	1000	崔子钟
前厅	李廷寿	1100				1100	略	1100	李廷寿
合　计		10900	300		400	10800	略	10800	

部门主管：魏西门　　工资核算员：魏西门　　复核：韩圭　　发放：

表14–5

<table>
<tr><td rowspan="9">**安阳银行**
转账支票存根
40104123
01143267
附加信息 ________
____
出票日期__年__月__日
收款人：________
____
金 额：________
用 途：________
单位主管　　会计</td><td rowspan="9">付款期限自出票之日起十天</td><td colspan="9">**40104123**</td></tr>
<tr><td colspan="9">**安阳银行　转账支票**　　01143267</td></tr>
<tr><td colspan="9">出票日期（大写）　年　月　日　付款行名称：</td></tr>
<tr><td colspan="9">收款人：　　　　出票人账号：</td></tr>
<tr><td rowspan="2">人民币
（大写）</td><td>十</td><td>万</td><td>千</td><td>百</td><td>十</td><td>元</td><td>角</td><td>分</td></tr>
<tr><td></td><td></td><td></td><td></td><td></td><td></td><td></td><td></td></tr>
<tr><td colspan="9">用途 ________　　密码 ________</td></tr>
<tr><td colspan="9">上列款项请从
我账户内支付</td></tr>
<tr><td colspan="9">出票人签章　　复核　　记账</td></tr>
</table>

表14–6

差旅费报销单

____年____月____日 填　　　　附件　　张

<table>
<tr><td rowspan="2">姓名</td><td rowspan="2"></td><td rowspan="2">出差
地点</td><td rowspan="2"></td><td rowspan="2">出差
事由</td><td rowspan="2"></td><td rowspan="2">日期</td><td>__月__日起</td></tr>
<tr><td>__月__日止</td></tr>
<tr><td>乘　费</td><td>自</td><td>站至</td><td>站</td><td>金额</td><td></td><td colspan="2" rowspan="8">说明：</td></tr>
<tr><td>乘　费</td><td>自</td><td>站至</td><td>站</td><td>金额</td><td></td></tr>
<tr><td>乘　费</td><td>自</td><td>站至</td><td>站</td><td>金额</td><td></td></tr>
<tr><td>乘　费</td><td>自</td><td>站至</td><td>站</td><td>金额</td><td></td></tr>
<tr><td>交 通 费</td><td>天</td><td>定额</td><td>元 / 天</td><td>金额</td><td></td></tr>
<tr><td>伙食补助</td><td>天</td><td>定额</td><td>元 / 天</td><td>金额</td><td></td></tr>
<tr><td>其他</td><td>天</td><td>定额</td><td>元 / 天</td><td>金额</td><td></td></tr>
<tr><td>预借金额</td><td></td><td>应补金额</td><td></td><td>应退金额</td><td></td></tr>
<tr><td rowspan="2">合计金额</td><td>人民币
（大写）</td><td colspan="4"></td><td rowspan="2">单位
负责人</td><td rowspan="2"></td></tr>
<tr><td>（小写）</td><td colspan="4">¥</td></tr>
</table>

会计主管：　　　　出纳：　　　　报销人：

表14–7

安阳售
2019 年 12 月 30 日 16:31 分开　06 车 043 号
安阳东　至　郑州东　G519
¥82. 00 元
限乘当日当次车
魏西门
4105011999****1828

表14–8

安阳售
2020 年 1 月 2 日 03:46 分开　08 车 049 号
安阳　至　郑州　Z336
¥29. 00 元
限乘当日当次车
魏西门
4105011999****1828

表14–9

041001831004　　河南增值税普通发票　　№ 00357198

（印章：全国统一发票监制章 河南 国家税务总局监制）

发　票　联　　　开票日期：2020年1月2日

购买方	名　称	安阳殷鉴餐饮有限公司				密码区	9*<+2/》2、1*45+5-<>> *-984-54	
	纳税人识别号	91310040213456080M						
	地址、电话	安阳市文峰区仁义巷8号 0372-3333222						
	开户行及账号	安阳银行鼓楼支行 170608170609170610						
货物或应税劳务、服务名称		规格型号	单位	数量	单价	金额	税率	税额
*住宿服务*住宿费			间·日	3	220.00	660.00	6%	39.60
合　计						¥660.00		¥39.60
价税合计（大写）		人民币陆佰玖拾玖元陆角整				（小写）¥699.60		
销售方	名　称	郑州贝壳酒店有限公司				备注		
	纳税人识别号	914101007721592８XT						
	地址、电话	郑州市中原区南大街82号 0371-79833526						
	开户行及账号	郑州银行东城分行东成路分理处 606606060606932						

第二联：发票联　购买方记账凭证

收款人：龚龙　　复核：　　开票人：孙正　　销售方：（章）

（印章：郑州贝壳酒店有限公司 91410100772159２8XT 发票专用章）

表14–10

收　据
____年__月__日
今收到________________________
交来：________________________
人民币（大写）________________　¥ ________
收款单位：（章）　会计主管：　出纳：　经手人：

表14-11

河南增值税专用发票

4100122140　　　　№ 00357125

抵　扣　联　　　　开票日期：2020年1月10日

购买方		密码区	
名称	安阳殷鉴餐饮有限公司		9*<+2/》2、1*45+5-<>>*-984-54
纳税人识别号	91310040213456080M		
地址、电话	安阳市文峰区仁义巷8号 0372-3333222		
开户行及账号	安阳银行鼓楼支行 170608170609170610		

货物或应税劳务、服务名称	规格型号	单位	数量	单价	金额	税率	税额
*巧克力制品*套装巧克力	8#	件	6	500.00	3000.00	13%	390.00
*巧克力制品*盒装巧克力	1#	件	500	150.00	75000.00	13%	9750.00
合　计					¥78000.00		¥10140.00
价税合计（大写）	人民币捌万捌仟壹佰肆拾元整				（小写）¥88140.00		

销售方		备注
名称	安阳梦周食品有限公司	
纳税人识别号	913100402130005L9H	
地址、电话	安阳市北关区北关街82号 0371-89833526	
开户行及账号	郑州银行东城分行东成路分理处 606606060606932	

收款人：蒙仲客　　复核：管培　　开票人：蒙仲客　　销售方：（章）

第二联：抵扣联　购买方扣税凭证

表14-12

河南增值税专用发票

4100122140　　　　№ 00357125

发　票　联　　　　开票日期：2020年1月10日

购买方		密码区	
名称	安阳殷鉴餐饮有限公司		9*<+2/》2、1*45+5-<>>*-984-54
纳税人识别号	91310040213456080M		
地址、电话	安阳市文峰区仁义巷8号 0372-3333222		
开户行及账号	安阳银行鼓楼支行 170608170609170610		

货物或应税劳务、服务名称	规格型号	单位	数量	单价	金额	税率	税额
*巧克力制品*套装巧克力	8#	件	6	500.00	3000.00	13%	390.00
*巧克力制品*盒装巧克力	1#	件	500	150.00	75000.00	13%	9750.00
合　计					¥78000.00		¥10140.00
价税合计（大写）	人民币捌万捌仟壹佰肆拾元整				（小写）¥88140.00		

销售方		备注
名称	安阳梦周食品有限公司	
纳税人识别号	913100402130005L9H	
地址、电话	安阳市北关区北关街82号 0371-89833526	
开户行及账号	郑州银行东城分行东成路分理处 606606060606932	

收款人：蒙仲客　　复核：管培　　开票人：蒙仲客　　销售方：（章）

第三联：发票联　购买方记账凭证

表14–13

安阳银行

转账支票存根

40104123

01143273

附加信息 ＿＿＿＿＿＿

＿＿＿＿＿＿＿＿＿＿

出票日期＿年＿月＿日

收款人：＿＿＿＿＿＿

＿＿＿＿＿＿＿＿＿＿

金 额：＿＿＿＿＿＿

用 途：＿＿＿＿＿＿

单位主管　　会计

付款期限自出票之日起十天

40104123

安阳银行　转账支票

01143273

出票日期（大写）　　年　　月　　日　付款行名称：

收款人：　　　　　　　　　　　　　出票人账号：

人民币（大写）	十	万	千	百	十	元	角	分

用途 ＿＿＿＿＿　　密码 ＿＿＿＿＿＿＿＿＿＿＿＿

上列款项请从

我账户内支付

出票人签章　　　　　复核　　　　记账

表14–14

入　库　单

供应单位：安阳梦周食品有限公司　　　　编号：入 字第 001 号

发票号码：00357125　　　　2020年1月10日　　　　单位：元

产品名称	规格	计量单位	交付数量	入库数量	溢缺	单价	总价
套装巧克力	8#	件	6	6		500.00	3000.00
盒装巧克力	1#	件	500	500		150.00	75000.00
合　计							78000.00

检验：曹子建　　　　仓库验收人：郭质夫　　　　交料人：单调

表14–15

中华人民共和国
税收缴款书（银行经收专用）

（国家税务总局 税收缴款书 监制章）

（2020）豫税银 23568971

登记注册类型：有限责任公司　填发日期：2020 年 01 月 10 日　税务机关：国家税务总局安阳市文峰区税务局

缴税单位（人）		识别号	91310040213456080M		开户银行		安阳银行鼓楼支行		
		名称	安阳殷鉴餐饮有限公司		账号		170608170609170610		
收款国库			国家金库安阳市支库		税款限缴日期		2020 年 01 月 15 日		
预算科目			品目名称	课税数量	计税金额或销售收入	税率或单位税额	税款所属时期	已缴或扣除额	实缴金额
编码	名称	级次							
	企业所得税				32388.41	5%	20191201-20191231		¥1619.44
	增值税				149600.00	3%	20191201-20191231		¥4488.00
	城市维护建设税				4488.00	3.5%	20191201-20191231		¥157.08
	教育费附加				4488.00	1.5%	20191201-20191231		¥67.32
	地方教育附加				4488.00	1%	20191201-20191231		¥44.88
金额合计	（大写）陆仟叁佰柒拾陆元柒角贰分								¥6376.72
税务机关（盖章）填票人	国家税务总局安阳市文峰区税务局 0106号 征税专用章		缴税单位（人）（盖章）经办人郑廷玉	安阳殷鉴餐饮有限公司 财务专用章		上列款项已收妥并划转收款单位账户 国库（银行）盖章 年 月 日	安阳银行 鼓楼支行 2020年1月10日 转讫章		备注

注：税收缴款书（银行经收专用）共六联。此为第一联，即收据，国库（银行）收款盖章后退缴款单位（人）做完税凭证。

表14–16

安阳银行计收利息清单（支款通知）

No.0368998

户名：安阳殷鉴餐饮有限公司		账号：170608170609170610
计息起止时间：2019 年 12 月 22 日起至 2020 年 1 月 21 日止		编号为 3368450 的贷款合同项下的贷款利息已自贵单位账户扣付，账号：170608170609170610。开户银行盖章 2020 年 1 月 21 日（安阳银行 鼓楼支行 2020年1月21日 转讫章）
计息积数共计：80000	月利率：0.0055	
利息金额（大写）人民币肆佰肆拾元整		
附记：	¥440.00	

、

表14–17

入 库 单

供应单位：安阳梦周食品有限公司　　　　编号：入 字第 002 号

发票号码：00368535　　　　2020 年 1 月 21 日　　　　单位：元

产品名称	规格	计量单位	交付数量	入库数量	溢缺	单价	总价
套装巧克力	8#	件	2	2		500.00	1000.00
盒装巧克力	1#	件	400	400		150.00	60000.00
合　计							61000.00

检验：曹子建　　　　仓库验收：郭质夫　　　　交料人：葛声

表14–18

4100122140　　河南增值税专用发票　　№ 00368535

抵　扣　联

开票日期：2020年1月21日

购买方	名称	安阳殷鉴餐饮有限公司					密码区	9*<+2/》2、1*45+5-<>> *-984-54
	纳税人识别号	91310040213456080M						
	地址、电话	安阳市文峰区仁义巷8号 0372-3333222						
	开户行及账号	安阳银行鼓楼支行 170608170609170610						
货物或应税劳务、服务名称		规格型号	单位	数量	单价	金额	税率	税额
*巧克力制品*套装巧克力		8#	件	2	500.00	1000.00	13%	130.00
*巧克力制品*盒装巧克力		1#	件	400	150.00	60000.00	13%	7800.00
合计						¥61000.00		¥7930.00
价税合计（大写）		人民币陆万捌仟玖佰叁拾元整				（小写）¥68930.00		
销售方	名称	安阳婴甜食品有限公司					备注	
	纳税人识别号	913100402130078562						
	地址、电话	安阳市龙安区文昌大街182号 0372-3303338						
	开户行及账号	郑州银行安阳分行文昌分理处 606606060689725						

收款人：安龙　　复核：　　开票人：文正　　销售方：（章）

第二联：抵扣联　购买方扣税凭证

表14–19

4100122140　　河南增值税专用发票　　№ 00368535

发　票　联

开票日期：2020年1月21日

购买方	名称	安阳殷鉴餐饮有限公司					密码区	9*<+2/》2、1*45+5-<>> *-984-54
	纳税人识别号	91310040213456080M						
	地址、电话	安阳市文峰区仁义巷8号 0372-3333222						
	开户行及账号	安阳银行鼓楼支行 170608170609170610						
货物或应税劳务、服务名称		规格型号	单位	数量	单价	金额	税率	税额
*巧克力制品*套装巧克力		8#	件	2	500.00	1000.00	13%	130.00
*巧克力制品*盒装巧克力		1#	件	400	150.00	60000.00	13%	7800.00
合计						¥61000.00		¥7930.00
价税合计（大写）		人民币陆万捌仟玖佰叁拾元整				（小写）¥68930.00		
销售方	名称	安阳婴甜食品有限公司					备注	
	纳税人识别号	913100402130078562						
	地址、电话	安阳市龙安区文昌大街182号 0372-3303338						
	开户行及账号	郑州银行安阳分行文昌分理处 606606060689725						

收款人：安龙　　复核：　　开票人：文正　　销售方：（章）

第三联：发票联　购买方记账凭证

表14-20

安阳银行借款凭证（借据回单）⑤

编号：5362459　　　　借款日期 2020 年 01 月 31 日

借款单位全称	安阳殷鉴餐饮有限公司	借款账号	170608170606095680
存款账号	170608170609170610	借款用途	生产线建造
借款种类	抵押贷款	约定还款日期	2022-01-31
借款利率（年息）	7.2%	还款方式	到期一次还本付息

借款金额 人民币 （大写）	叁拾万元整	百	十	万	千	百	十	元	角	分
		¥	3	0	0	0	0	0	0	0

分次偿还借款记录	偿还日期	偿还金额	结欠金额	偿还日期	偿还金额	结欠金额	上列款项已经核准并转入指定账户 安阳银行 鼓楼支行 2020年01月31日 转讫章 （银行签章）

表14-21

河南增值税普通发票

041001831004　　　　发票联　　　　№ 86589253

开票日期：2020年1月26日

购买方	名　　称	安阳殷鉴餐饮有限公司	密码区	9*<+2/》2、 1*45+5-<>> *-984-1524 -54525698
	纳税人识别号	91310040213456080M		
	地 址、电 话	安阳市文峰区仁义巷 8 号 0372-3333222		
	开户行及账号	安阳银行鼓楼支行 170608170609170610		

货物或应税劳务、服务名称	规格型号	单位	数量	单价	金额	税率	税额
*电信服务*移动电话服务费		月	1	590.00	590.00	9%	53.10
*电信服务*网络服务费		月	1	40.00	40.00	9%	3.60
合　　计					¥630.00		¥56.70
价税合计（大写）	人民币陆佰捌拾陆元柒角整				（小写）¥686.70		

销售方	名　　称	中国移动通信集团河南有限公司安阳分公司	备注
	纳税人识别号	913100402130000025	
	地 址、电 话	安阳市文明大道 125 号 0372-2288666	
	开户行及账号	工商银行东区支行 1706071706654068 0	

（中国移动通信集团河南有限公司安阳分公司 913100402130000025 发票专用章）

收款人：　　复核：　　开票人：贾苗　　销售方：（章）

第二联：发票联　购买方记账凭证

表14-22

安阳银行　特约托收凭证（付款通知）　5

N0：0532860

委托日期 2020 年 1 月 26 日　　付款期限 2020 年 1 月 28 日

业务类型	委托收款（□邮划☑电划）			托收承付（□邮划□电划）		
付款人 全称	安阳殷鉴餐饮有限公司			收款人 全称	中国移动通信集团河南有限公司安阳分公司	
付款人 账号	91310040213456080M			收款人 账号	91310040213000025	
付款人 地址	安阳市文峰区	开户行	安阳银行鼓楼支行	收款人 地址	安阳市文峰区	开户行 工商银行东区支行
金额 人民币（大写）	陆佰捌拾陆元柒角整			千 百 十 万 千 百 十 元 角 分	¥ 6 8 6 7 0	
款项内容	移动电话服务费 网络服务费	托收凭据名称	增值税普通发票	附寄单据张数	1	
商品发运情况				合同名称号码	同城特约委托收款付款协议	
备注：	中国工商银行 安阳分行东区支行 2020年1月28日 转讫章			付款人注意：1. 根据支付结算办法，上列委托收款（托收承付）款项在付款期限内未提出拒付，即视为同意付款，以此代付款通知。2. 如需提出全部或部分拒付，应在规定期限内将拒付理由书并附债务证明退交开户银行。		

此联付款人按期付款通知

表14-23

河南增值税专用发票

（全国统一发票监制章 河南 国家税务总局监制）

4100122140　　抵扣联　　№ 00362395

开票日期：2020年 1 月25日

购买方 名称	安阳殷鉴餐饮有限公司					密码区	7 ¥+2/》2、1*45+5-<>> *-984-578	
纳税人识别号	91310040213456080M							
地址、电话	安阳市文峰区仁义巷 8 号 0372-3333222							
开户行及账号	安阳银行鼓楼支行 170608170609170610							
货物或应税劳务、服务名称	规格型号	单位	数量	单价	金额	税率	税额	
*自来水*水费		吨	10.00	5.63	56.30	3%	1.69	
合计					¥56.30		¥1.69	
价税合计（大写）	人民币伍拾柒元玖角玖分				（小写）¥57.99			
销售方 名称	安阳水务集团公司					备注	安阳水务集团公司 91410500692160979N 发票专用章	
纳税人识别号	91410500692160979N							
地址、电话	安阳市铁西路 205 号 0372-2288666							
开户行及账号	工商银行东区支行 17060717066540700							

收款人：　　复核：　　开票人：赵光　　销售方：（章）

第二联：抵扣联 购买方扣税凭证

表14–24

4100122140　　河南增值税专用发票　　№ 00362395

发　票　联

（印章：全国统一发票监制章 河南 国家税务总局监制）

开票日期：2020年1月25日

购买方	名　　称	安阳殷鉴餐饮有限公司					密码区	9*<+2/》2、1*45+5-<>> *-984-54
	纳税人识别号	91310040213456080M						
	地址、电话	安阳市文峰区仁义巷8号 0372-3333222						
	开户行及账号	安阳银行鼓楼支行 17060817060917061O						
货物或应税劳务、服务名称		规格型号	单位	数量	单价	金额	税率	税额
*自来水*水费			吨	10.00	5.63	56.30	3%	1.69
合　　计						¥56.30		¥1.69
价税合计（大写）		人民币伍拾柒元玖角玖分				（小写）¥57.99		
销售方	名　　称	安阳水务集团公司					备注	
	纳税人识别号	91410500692160979N						
	地址、电话	安阳市铁西路205号 0372-2288666						
	开户行及账号	工商银行东区支行 1706071706654O700						

（印章：安阳水务集团公司 91410500692160979N 发票专用章）

收款人：　　复核：　　开票人：赵光　　销售方：（章）

第三联：发票联　购买方记账凭证

表14–25

安阳银行　特约托收凭证（付款通知）　5

NO：0523890

委托日期 2020 年 1 月 26 日　　付款期限 2020 年 1 月 28 日

业务类型		委托收款（□邮划☑电划）				托收承付（□邮划□电划）						
付款人	全称	安阳殷鉴餐饮有限公司			收款人	全称	中国移动通信集团河南有限公司安阳分公司					
	账号	91310040213456080M				账号	91310040213000025					
	地址	安阳市文峰区	开户行	安阳银行鼓楼支行		地址	安阳市殷都区		开户行	工商银行东区支行		
金额	人民币（大写）	伍拾柒元玖角玖分				千	百	十	万	千	百	十 元 角 分
											¥	5 7 9 9
款项内容	水费	托收凭据名称	增值税专用发票			附寄单据张数	2					
商品发运情况						合同名称号码	同城特约委托收款付款协议					
备注：		中国工商银行 安阳分行东区支行 2020年1月28日 转讫章				付款人注意：1. 根据支付结算办法，上列委托收款（托收承付）款项在付款期限内未提出拒付，即视为同意付款，以此代付款通知。2. 如需提出全部或部分拒付，应在规定期限内将拒付理由书并附债务证明退交开户银行。						

此联付款人按期付款通知

表14–26

水费使用分配表

期间：2020年1月31日　　单价：5.63元/吨

部门	借方科目	用水量（吨）	金额（元）
厨房	销售费用	8	45.04
前厅	销售费用	1.2	6.76
管理部门	管理费用	0.8	4.50
合　计		10	56.30

表14–27

4100122140　　河南增值税专用发票　　№ 00336957

全国统一发票监制章 河南 国家税务总局监制

抵　扣　联

开票日期：2020年1月26日

购买方	名称	安阳殷鉴餐饮有限公司				密码区	7￥+2/》2、1*45+5-<>> *-984-578
	纳税人识别号	91310040213456080M					
	地址、电话	安阳市文峰区仁义巷8号 0372-3333222					
	开户行及账号	安阳银行鼓楼支行 170608170609170610					
货物或应税劳务、服务名称	规格型号	单位	数量	单价	金额	税率	税额
*供电*电费			500.00	0.85	425.00	13%	55.25
合　计					￥425.00		￥55.25
价税合计（大写）	人民币肆佰捌拾元零贰角伍分				（小写）￥480.25		
销售方	名称	国网河南省电力公司安阳供电公司				备注	
	纳税人识别号	913100402130000003					
	地址、电话	安阳市文明大道125号 0372-2288666					
	开户行及账号	工商银行东区支行 17060717066540680					

国网河南省电力公司安阳供电公司 913100402130000003 发票专用章

收款人：　　复核：　　开票人：光凉　　销售方：（章）

第二联：抵扣联　购买方扣税凭证

表14–28

4100122140　　河南增值税专用发票　　№ 00336957

发　票　联

开票日期：2020年1月26日

购买方	名　　称	安阳殷鉴餐饮有限公司				密码区	7 ￥+2/》2、1*45+5-<>> *-984-578
	纳税人识别号	91310040213456080M					
	地址、电话	安阳市文峰区仁义巷8号 0372-3333222					
	开户行及账号	安阳银行鼓楼支行 170608170609170610					
货物或应税劳务、服务名称	规格型号	单位	数量	单价	金额	税率	税额
*供电*电费			500.00	0.85	425.00	13%	55.25
合　　计					¥425.00		¥55.25
价税合计（大写）	人民币肆佰捌拾元零贰角伍分				（小写）¥480.25		
销售方	名　　称	国网河南省电力公司安阳供电公司				备注	
	纳税人识别号	91310040213000003					
	地址、电话	安阳市文明大道125号 0372-2288666					
	开户行及账号	工商银行东区支行 17060717066540680					

收款人：　　复核：　　开票人：光凉　　销售方：（章）

第三联：发票联　购买方记账凭证

（印章：全国统一发票监制章 河南 国家税务总局监制；国网河南省电力公司安阳供电公司 91310040213000003 发票专用章）

表14–29

安阳银行　特约托收凭证（付款通知）　5　　NO：0532860

委托日期 2020 年 1 月 27 日　　付款期限 2020 年 1 月 29 日

业务类型	委托收款（□邮划☑电划）		托收承付（□邮划□电划）			
付款人	全称	安阳殷鉴餐饮有限公司	收款人	全称	国网河南省电力公司安阳供电公司	
	账号	91310040213456080M		账号	17060717066540680	
	地址	安阳市文峰区；开户行：安阳银行鼓楼支行		地址	安阳市文峰区；开户行：工商银行东区支行	
金额	人民币（大写）	肆佰捌拾元零贰角伍分		千 百 十 万 千 百 十 元 角 分	¥ 4 8 0 2 5	
款项内容	电费	托收凭据名称	增值税专用发票	附寄单据张数	2	
商品发运情况			合同名称号码	同城特约委托收款付款协议		
备注：	中国工商银行 安阳分行东区支行 2020年1月29日 转讫章		付款人注意：1. 根据支付结算办法，上列委托收款（托收承付）款项在付款期限内未提出拒付，即视为同意付款，以此代付款通知。2. 如需提出全部或部分拒付，应在规定期限内将拒付理由书并附债务证明退交开户银行。			

此联付款人按期付款通知

表14–30

电费使用分配表

期间：2020 年 1 月 31 日

单价：0.85 元 / 度

部门	借方科目	用电量（度）	金额（元）
厨房	销售费用	300	255.00
前厅	销售费用	100	85.00
管理部门	管理费用	100	85.00
合　计		500	425.00

表14–31

零售月报（2020年1月1日—31日）

报告单位：前厅

项目	数量	不含税单价	含税单价	含税总金额	收款形式	备注
8# 套装巧克力	20	500.00	565.00	11300.00	现金：4640 元；银行存款：6660 元。	开具的发票记账联 400 张，另行装订
1# 盒装巧克力	800	170.00	192.10	153680.00	现金：39440 元；银行存款：114240 元。	
合计				164980.00	现金：44080 元；银行存款：120900 元。	

填报人：

表14–32

批发销售月报（2020年1月1日—31日）

报告单位：前厅　　数量单位：件

客户	编号	项目	数量	不含税单价	含税单价	含税总金额
安阳相伴服务有限公司	202001001	1# 盒装巧克力	100	160.00	180.80	18080.00
合计						18080.00

填报人：

表14-33

河南增值税专用发票

4100122140 № 00325815

此联不作报销扣税凭证使用

开票日期：2020 年 1 月 31 日

购买方			
名称	安阳相伴服务有限公司	密码区	9*<+2/》2、 1*45+5-<>> *-984598
纳税人识别号	91310040213456080M		
地址、电话	安阳市殷都区北蒙路 55 号 0372-2586966		
开户行及账号	洛阳银行安阳分行 6891078915154982 52		

货物或应税劳务、服务名称	规格型号	单位	数量	单价	金额	税率	税额
*巧克力制品*盒装巧克力	1#	件	100	160.00	16000.00	13%	2080.00
合计					¥16000.00		¥2080.00
价税合计（大写）	人民币壹万捌仟零捌拾元整				（小写）¥18080.00		

销售方			
名称	安阳殷鉴餐饮有限公司	备注	
纳税人识别号	91310040213456080M		
地址、电话	安阳市文峰区仁义巷 8 号 0372-3333222		
开户行及账号	安阳银行鼓楼支行 170608170609170610		

收款人：郑廷玉　　复核：　　开票人：李廷寿　　销售方：（章）

第一联：记账联　销售方记账凭证

表14-34

汇总出库单

领料部门：前厅　　2020 年 1 月　　发放部门：保管室

凭证编号：出字第 001 号

品名	规格型号	单位	数量		单价	金额	备注
			请领	实领			
套装巧克力	8#	件	20	20	515.00	10300.00	11 月 25 日入字第 001 号
盒装巧克力	1#	件	70	70	154.50	10815.00	11 月 27 日入字第 002 号
盒装巧克力	1#	件	168	168	149.41	25101.00	11 月 29 日入字第 003 号
盒装巧克力	1#	件	500	500	150.00	75000.00	1 月 10 日入字第 001 号
盒装巧克力	1#	件	162	162	150.00	24300.00	1 月 21 日入字第 002 号
			920	920		145516.00	

请领部门负责人：　　发放部门负责人：　　仓库保管员：　　会计：

表14-35

预付款项摊销表

期间：2020 年 1 月　　　　单位：元

编号	预付项目	预付金额	摊销期（月）	每月摊销额	摊余金额
	广告费	63600	2020 年 1 月 -2020 年 12 月	5300	58300
合计		63600		5300	58300

填报人：

表14-36

工资结算签发单

编报日期：2020 年 1 月 31 日

部门	姓名	基本工资	津贴和补贴		应扣工资	应发工资	代扣款项	实发金额	借方科目
			夜班津贴	高温补贴					
办公室	魏西门	1900			200	1700	略	1700	管理费用
财务部	韩圭	1600			20	1580	略	1580	管理费用
财务部	马青霞	1400				1400	略	1400	管理费用
财务部	郑廷玉	1200			40	1160	略	1160	管理费用
仓库	曹子建	1000	100		40	1060	略	1060	销售费用
仓库	郭质夫	1100	100			1200	略	1200	销售费用
前厅	崔子钟	1000			100	900	略	900	销售费用
前厅	李延寿	1000				1000	略	1000	销售费用
合　计		10200	200		400	10000	略	10000	

部门主管：魏西门　　工资核算员：魏西门　　复核：韩圭　　发放：

表14-37

固定资产折旧计算汇总表

____年____月　　　　单位：元

使用部门	固定资产类别	上月计提折旧额	上月增加的固定资产应计提折旧额	上月减少的固定资产应计提折旧额	本月应计提折旧额	应借科目
管理部门	房屋					管理费用
	小计					
前厅	房屋					销售费用
	设备					
	小计					
合　计						

财务主管：　　记账：　　复核：　　制表：

表14-38

增值税计算表

2020 年 1 月 31 日

应税项目	销售额	税率	当期销项税额	当期进项税额	进项税额转出	当期应纳增值税额	备注
销售巧克力	162000	13%	21060.00	18126.94		2933.06	
合　计			21060.00	18126.94		2933.06	

会计主管：韩圭　　记账：　　复核：韩圭　　制表：马青霞

表14-39

城市维护建设税、教育费附加计算表

2020 年 1 月 31 日

项目	计税依据	法定税率	金 额
城市维护建设税	2933.06	7%	205.31
教育费附加	2933.06	3%	87.99
地方教育附加	2933.06	2%	58.66
合　计	2933.06	12%	351.96

会计主管：韩圭　　记账：　　复核：韩圭　　制表：马青霞

表14-40

月终结转“本年利润”明细表

2020 年 1 月 31 日

账户名称	转入贷方金额	账户名称	转入借方金额
主营业务收入	162000.00	主营业务成本	145516.00
其他业务收入		其他业务成本	
投资收益		税金及附加	351.96
营业外收入		销售费用	11237.20
		管理费用	9351.80
		财务费用	440.00
		营业外支出	
合　计	162000.00	合　计	166896.96

会计主管：韩圭　　记账：　　复核：韩圭　　制表：马青霞

表14-41

企业所得税计算表（月份）

2020 年 1 月

可抵扣未弥补亏损	本月税前会计利润	纳税调整事项	调整前应纳税所得额	减按 25% 计算的应纳税所得额	税率	应纳企业所得税税额
0	-4896.96	无	-4896.96	–	–	–

会计主管：韩圭　　记账：　　复核：韩圭　　制表：马青霞

【实训要求】

1. 识别原始凭证与其反映的经济业务，填制差旅费报销单、收据、固定资产折旧计算汇总表等；填制记账凭证（采用收付转三类记账凭证）。

2. 作为模拟实训，考虑实训需要和时间，可开设总账；现金、银行存款日记账；应交税费——应交增值税借贷多栏式明细账，应付账款三栏式明细账，主营业务收入、主营业务成本多栏式明细账，管理费用多栏式明细账等。其他账页从略。登账，对账。

3. 依次编制本月份的科目汇总表、试算平衡表、资产负债表和利润表（表 14–42 至表 14–45。

表14–42

科目汇总表

科汇字第　号

年　月　日至　年　月　日　记账凭证自　字　号至　字　号共　张

会计科目	本期发生额		过账	会计科目	本期发生额		过账
	借方	贷方			借方	贷方	
库存现金				应付利润			
银行存款				应付利息			
其他货币资金				其他应付款			
短期投资				长期借款			
应收票据				实收资本			
应收账款				资本公积			
预付账款				盈余公积			
其他应收款				本年利润			
材料采购				利润分配			
在途物资				生产成本			
原材料				制造费用			
库存商品				劳务成本			
固定资产				研发支出			
累计折旧				主营业务收入			
在建工程				其他业务收入			
工程物资				投资收益			
无形资产				营业外收入			
累计摊销				主营业务成本			
待处理财产损溢				其他业务成本			
短期借款				税金及附加			
应付票据				销售费用			
应付账款				管理费用			

续 表

会计科目	本期发生额		过账	会计科目	本期发生额		过账
	借方	贷方			借方	贷方	
预收账款				财务费用			
预收账款				营业外支出			
应付职工薪酬				所得税费用			
应交税费							
合　　计							

【备注】科目汇总表常与记账凭证一起装订，建议将科目汇总表装订在相应的记账凭证之前。

表14-43

总分类账户本期发生额和余额试算平衡表

编制单位：　　　　年　月　　　　单位：元

账户名称	期初余额		本期发生额		期末余额	
	借方	贷方	借方	贷方	借方	贷方
库存现金						
银行存款						
其他货币资金						
短期投资						
应收票据						
应收账款						
预付账款						
其他应收款						
材料采购						
在途物资						
原材料						
库存商品						
固定资产						
累计折旧						
在建工程						
工程物资						
无形资产						
累计摊销						
待处理财产损溢						
短期借款						
应付票据						

续 表

账户名称	期初余额		本期发生额		期末余额	
	借方	贷方	借方	贷方	借方	贷方
应付账款						
预收账款						
应付职工薪酬						
应交税费						
应付利润						
应付利息						
其他应付款						
长期借款						
实收资本						
资本公积						
盈余公积						
本年利润						
利润分配						
生产成本						
制造费用						
劳务成本						
研发支出						
主营业务收入						
其他业务收入						
投资收益						
营业外收入						
主营业务成本						
其他业务成本						
税金及附加						
销售费用						
管理费用						
财务费用						
营业外支出						
所得税费用						
合计						

【备注】如果试算平衡表同科目汇总表、记账凭证一起装订，建议将试算平衡表装订在科目汇总表和记账凭证之前。

表14–44

资产负债表

会小企 01 表

编制单位：　　　　　　　　　　　　　　　＿＿＿年＿＿月＿＿日　　　　　　　　　　　　　　　金额单位：元

资产	行次	期末余额	年初余额	负债及所有者权益	行次	期末余额	年初余额
流动资产：	1	--	--	**流动负债：**	33	--	--
货币资金	2			短期借款	34		
短期投资	3			应付票据	35		
应收票据	4			应付账款	36		
应收账款	5			预收账款	37		
预付账款	6			应付职工薪酬	38		
应收股利	7			应交税费	39		
应收利息	8			应付利息	40		
其他应收款	9			应付利润	41		
存货	10			其他应付款	42		
其中：原材料	11			其他流动负债	43		
在产品	12			**流动负债合计**	44		
库存商品	13			**非流动负债：**	45	--	--
周转材料	14			长期借款	46		
其他流动资产	15			长期应付款	47		
流动资产合计	16			递延收益	48		
非流动资产：	17	--	--	其他非流动负债	49		
长期债券投资	18			**非流动负债合计**	50		
长期股权投资	19			**负债合计**	51		
固定资产原价	20						
减：累计折旧	21						
固定资产账面价值	22						
在建工程	23						
工程物资	24						
固定资产清理	25						
生产性生物资产	26			**所有者权益（或股东权益）：**	52	--	--
无形资产	27			实收资本（或股本）	53		
开发支出	28			资本公积	54		
长期待摊费用	29			盈余公积	55		
其他非流动资产	30			未分配利润	56		

续 表

资产	行次	期末余额	年初余额	负债及所有者权益	行次	期末余额	年初余额
非流动资产合计	31			所有者权益（或股东权益）合计	57		
资产总计	32			负债和所有者权益（或股东权益）总计	58		

单位负责人：　　　　财务主管：　　　　复核：　　　　制表：

表14-45

利 润 表

会小企 02 表

编制单位：　　　　年　月　　　　单位：元

项　目	行次	本年累计金额	本月金额
一、营业收入	1		
减：营业成本	2		
税金及附加	3		
其中：消费税	4		
城市维护建设税	5		
资源税	6		
土地增值税	7		
城镇土地使用税、房产税、车船税、印花税	8		
教育费附加、矿产资源补偿费、排污费	9		
销售费用	10		
其中：商品维修费	11		
广告费和业务宣传费	12		
管理费用	13		
其中：开办费	14		
业务招待费	15		
研究费用	16		
财务费用	17		
其中：利息费用（收入以“-”号填列）	18		
加：投资收益（损失以“-”号填列）	19		
二、营业利润（亏损以“-”号填列）	20		
加：营业外收入	21		
其中：政府补助	22		

续 表

项　　目	行次	本年累计金额	本月金额
减：营业外支出	23		
其中：坏账损失	24		
无法收回的长期债券投资损失	25		
无法收回的长期股权投资损失	26		
自然灾害等不可抗力因素造成的损失	27		
税收滞纳金	28		
三、利润总额（亏损总额以“-”号填列）	29		
减：所得税费用	30		
四、净利润（净亏损以“-”号填列）	31		

单位负责人：　　　　财务主管：　　　　复核：　　　　制表：

【项目检测】

一、填空题

1. ______________，又称会计核算程序、会计核算组织形式，是指在会计核算中，账簿组织、记账程序和财务报表有机结合的形式。

2. 账务处理程序的主要区别是登记 __________ 的依据和方法不同。

3. 我国目前常用的账务处理程序有 __________ 账务处理程序、汇总记账凭证账务处理程序、__________ 账务处理程序。

4. 科目汇总表按汇总方式不同可分 __________ 和 __________。

二、单项选择题

1. 账务处理程序中，最基本的是（　）。

A. 记账凭证账务处理程序　　B. 汇总记账凭证账务处理程序

C. 科目汇总表账务处理程序　　D. 以上都不对

2. 记账凭证账务处理程序适用于（　）。

A. 规模较小、业务量较少的单位　　B. 规模较小、业务量较多的单位

C. 规模较大、业务量较少的单位　　D. 规模较大、业务量较多的单位

3. 科目汇总表账务处理程序适用于（　）。

A. 规模较小、业务量较少的单位　　B. 规模较小、业务量较多的单位

C. 规模较大、业务量较少的单位　　D. 规模较大、业务量较多的单位

4. 科目汇总表账务处理程序的主要缺点是（　）。

A. 不能反映经济业务的全貌　　B. 不能反映会计账户的对应关系

C. 不利于会计分工　　D. 不能简化总分类账的登记工作

5. 各种账务处理程序的共同点有（　）。

A. 适用范围相同　　B. 登记总分类账的依据相同

C. 会计凭证的组织相同　　　　　　　　D. 会计账簿的组织相同

三、判断题

（　）1. 记账凭证账务处理程序最主要的缺点是不便于核对账目。

（　）2. 科目汇总表账务处理程序中，每月可以编制多张科目汇总表。

（　）3. 无论采用哪种账务处理程序，报表的编制方法是相同的。

（　）4. 科目汇总表不仅可以起到试算平衡的作用，而且可以反映账户之间的对应关系。

（　）5. 由于各单位业务性质、规模大小、业务繁简程度各有不同，所有它们所采用的账务处理程序也可能不同。

（　）6. 科目汇总表可每月编制一张，按旬汇总，也可每旬汇总一次编制一张。

四、实训题

项目七要求编制安阳股鉴餐饮有限公司 2019 年 11 月的原始凭证与记账凭证、项目八实训题 2 要求登记账簿、项目十三实训题 3 要求编制资产负债表，这种处理体现的是哪种账务处理程序？为什么？

【项目学习评价】

表14–46

成功之处	
不足之处	
改进措施	

附　　录

表1　备用科目汇总表

科目汇总表

科汇字第　号

年　月　日至　年　月　日　记账凭证自　字　号至　字　号共　张

会计科目	本期发生额		过账	会计科目	本期发生额		过账
	借方	贷方			借方	贷方	
库存现金				应付利润			
银行存款				应付利息			
其他货币资金				其他应付款			
短期投资				长期借款			
应收票据				实收资本			
应收账款				资本公积			
预付账款				盈余公积			
其他应收款				本年利润			
材料采购				利润分配			
在途物资				生产成本			
原材料				制造费用			
库存商品				劳务成本			
固定资产				研发支出			
累计折旧				主营业务收入			
在建工程				其他业务收入			
工程物资				投资收益			
无形资产				营业外收入			
累计摊销				主营业务成本			
待处理财产损溢				其他业务成本			
短期借款				税金及附加			
应付票据				销售费用			
应付账款				管理费用			
预收账款				财务费用			
预收账款				营业外支出			
应付职工薪酬				所得税费用			
应交税费							
合　　计							

【备注】科目汇总表常与记账凭证一起装订，建议将科目汇总表装订在相应的记账凭证之前。

表2　备用试算平衡表

总分类账户本期发生额和余额试算平衡表

编制单位：　　　　　　　　　　　年　月　　　　　　　　　　　单位：元

账户名称	期初余额		本期发生额		期末余额	
	借方	贷方	借方	贷方	借方	贷方
库存现金						
银行存款						
其他货币资金						
短期投资						
应收票据						
应收账款						
预付账款						
其他应收款						
材料采购						
在途物资						
原材料						
库存商品						
固定资产						
累计折旧						
在建工程						
工程物资						
无形资产						
累计摊销						
待处理财产损溢						
短期借款						
应付票据						
应付账款						
预收账款						
应付职工薪酬						
应交税费						
应付利润						
应付利息						
其他应付款						
长期借款						
实收资本						

续　表

账户名称	期初余额		本期发生额		期末余额	
	借方	贷方	借方	贷方	借方	贷方
资本公积						
盈余公积						
本年利润						
利润分配						
生产成本						
制造费用						
劳务成本						
研发支出						
主营业务收入						
其他业务收入						
投资收益						
营业外收入						
主营业务成本						
其他业务成本						
税金及附加						
销售费用						
管理费用						
财务费用						
营业外支出						
所得税费用						
合计						

【备注】如果试算平衡表同科目汇总表、记账凭证一起装订，建议将试算平衡表装订在科目汇总表和记账凭证之前。

表3　备用科目汇总表

科目汇总表

科汇字第　号

年　月　日至　年　月　日　记账凭证自　字　号至　字　号共　张

会计科目	本期发生额		过账	会计科目	本期发生额		过账
	借方	贷方			借方	贷方	
库存现金				应付利润			
银行存款				应付利息			
其他货币资金				其他应付款			
短期投资				长期借款			
应收票据				实收资本			
应收账款				资本公积			
预付账款				盈余公积			
其他应收款				本年利润			
材料采购				利润分配			
在途物资				生产成本			
原材料				制造费用			
库存商品				劳务成本			
固定资产				研发支出			
累计折旧				主营业务收入			
在建工程				其他业务收入			
工程物资				投资收益			
无形资产				营业外收入			
累计摊销				主营业务成本			
待处理财产损溢				其他业务成本			
短期借款				税金及附加			
应付票据				销售费用			
应付账款				管理费用			
预收账款				财务费用			
预收账款				营业外支出			
应付职工薪酬				所得税费用			
应交税费							
合　　计							

表4　备用试算平衡表

总分类账户本期发生额和余额试算平衡表

编制单位：　　　　　　　　　　　　年　月　　　　　　　　　　　单位：元

账户名称	期初余额		本期发生额		期末余额	
	借方	贷方	借方	贷方	借方	贷方
库存现金						
银行存款						
其他货币资金						
短期投资						
应收票据						
应收账款						
预付账款						
其他应收款						
材料采购						
在途物资						
原材料						
库存商品						
固定资产						
累计折旧						
在建工程						
工程物资						
无形资产						
累计摊销						
待处理财产损溢						
短期借款						
应付票据						
应付账款						
预收账款						
应付职工薪酬						
应交税费						
应付利润						
应付利息						
其他应付款						
长期借款						
实收资本						

续 表

账户名称	期初余额		本期发生额		期末余额	
	借方	贷方	借方	贷方	借方	贷方
资本公积						
盈余公积						
本年利润						
利润分配						
生产成本						
制造费用						
劳务成本						
研发支出						
主营业务收入						
其他业务收入						
投资收益						
营业外收入						
主营业务成本						
其他业务成本						
税金及附加						
销售费用						
管理费用						
财务费用						
营业外支出						
所得税费用						
合计						

表5 备用小企业资产负债表

资产负债表

会小企 01 表

编制单位： ______年___月___日 金额单位：元

资产	行次	期末余额	年初余额	负债及所有者权益	行次	期末余额	年初余额
流动资产：	1	--	--	**流动负债：**	33	--	--
货币资金	2			短期借款	34		
短期投资	3			应付票据	35		
应收票据	4			应付账款	36		
应收账款	5			预收账款	37		

续 表

资产	行次	期末余额	年初余额	负债及所有者权益	行次	期末余额	年初余额
预付账款	6			应付职工薪酬	38		
应收股利	7			应交税费	39		
应收利息	8			应付利息	40		
其他应收款	9			应付利润	41		
存货	10			其他应付款	42		
其中：原材料	11			其他流动负债	43		
在产品	12			**流动负债合计**	44		
库存商品	13			**非流动负债：**	45	--	--
周转材料	14			长期借款	46		
其他流动资产	15			长期应付款	47		
流动资产合计	16			递延收益	48		
非流动资产：	17	--	--	其他非流动负债	49		
长期债券投资	18			非流动负债合计	50		
长期股权投资	19			负债合计	51		
固定资产原价	20						
减：累计折旧	21						
固定资产账面价值	22						
在建工程	23						
工程物资	24						
固定资产清理	25						
生产性生物资产	26			**所有者权益（或股东权益）：**	52	--	--
无形资产	27			实收资本（或股本）	53		
开发支出	28			资本公积	54		
长期待摊费用	29			盈余公积	55		
其他非流动资产	30			未分配利润	56		
非流动资产合计	31			**所有者权益（或股东权益）合计**	57		
资产总计	32			**负债和所有者权益（或股东权益）总计**	58		

单位负责人：　　　　财务主管：　　　　复核：　　　　制表：

表6 备用小企业利润表

利 润 表

会小企 02 表

编制单位： 年 月 单位：元

项 目	行次	本年累计金额	本月金额
一、营业收入	1		
减：营业成本	2		
税金及附加	3		
其中：消费税	4		
城市维护建设税	5		
资源税	6		
土地增值税	7		
城镇土地使用税、房产税、车船税、印花税	8		
教育费附加、矿产资源补偿费、排污费	9		
销售费用	10		
其中：商品维修费	11		
广告费和业务宣传费	12		
管理费用	13		
其中：开办费	14		
业务招待费	15		
研究费用	16		
财务费用	17		
其中：利息费用（收入以“-”号填列）	18		
加：投资收益（损失以“-”号填列）	19		
二、营业利润（亏损以“-”号填列）	20		
加：营业外收入	21		
其中：政府补助	22		
减：营业外支出	23		
其中：坏账损失	24		
无法收回的长期债券投资损失	25		
无法收回的长期股权投资损失	26		
自然灾害等不可抗力因素造成的损失	27		
税收滞纳金	28		
三、利润总额（亏损总额以“-”号填列）	29		
减：所得税费用	30		
四、净利润（净亏损以“-”号填列）	31		

单位负责人： 财务主管： 复核： 制表：

表7　备用小企业资产负债表

资产负债表

会小企 01 表

编制单位：　　　　　　　　　　　_____ 年 ___ 月 ___ 日　　　　　　　　　　　金额单位：元

资产	行次	期末余额	年初余额	负债及所有者权益	行次	期末余额	年初余额
流动资产：	1	--	--	**流动负债：**	33	--	--
货币资金	2			短期借款	34		
短期投资	3			应付票据	35		
应收票据	4			应付账款	36		
应收账款	5			预收账款	37		
预付账款	6			应付职工薪酬	38		
应收股利	7			应交税费	39		
应收利息	8			应付利息	40		
其他应收款	9			应付利润	41		
存货	10			其他应付款	42		
其中：原材料	11			其他流动负债	43		
在产品	12			**流动负债合计**	44		
库存商品	13			**非流动负债：**	45	--	--
周转材料	14			长期借款	46		
其他流动资产	15			长期应付款	47		
流动资产合计	16			递延收益	48		
非流动资产：	17	--	--	其他非流动负债	49		
长期债券投资	18			非流动负债合计	50		
长期股权投资	19			负债合计	51		
固定资产原价	20						
减：累计折旧	21						
固定资产账面价值	22						
在建工程	23						
工程物资	24						
固定资产清理	25						
生产性生物资产	26			**所有者权益（或股东权益）：**	52	--	--
无形资产	27			实收资本（或股本）	53		
开发支出	28			资本公积	54		
长期待摊费用	29			盈余公积	55		
其他非流动资产	30			未分配利润	56		
非流动资产合计	31			**所有者权益（或股东权益）合计**	57		
资产总计	32			**负债和所有者权益（或股东权益）总计**	58		

单位负责人：　　　　　　财务主管：　　　　　　复核：　　　　　　制表：

表8　备用小企业利润表

利　润　表

会小企02表

编制单位：　　　　　　　　　　　　年　　　　　　　　　　　　单位：元

项　　目	行次	本年金额	上年金额
一、营业收入	1		
减：营业成本	2		
税金及附加	3		
其中：消费税	4		
城市维护建设税	5		
资源税	6		
土地增值税	7		
城镇土地使用税、房产税、车船税、印花税	8		
教育费附加、矿产资源补偿费、排污费	9		
销售费用	10		
其中：商品维修费	11		
广告费和业务宣传费	12		
管理费用	13		
其中：开办费	14		
业务招待费	15		
研究费用	16		
财务费用	17		
其中：利息费用（收入以“-”号填列）	18		
加：投资收益（损失以“-”号填列）	19		
二、营业利润（亏损以“-”号填列）	20		
加：营业外收入	21		
其中：政府补助	22		
减：营业外支出	23		
其中：坏账损失	24		
无法收回的长期债券投资损失	25		
无法收回的长期股权投资损失	26		
自然灾害等不可抗力因素造成的损失	27		
税收滞纳金	28		
三、利润总额（亏损总额以“-”号填列）	29		
减：所得税费用	30		
四、净利润（净亏损以“-”号填列）	31		

单位负责人：　　　　　　　　财务主管：　　　　　　复核：　　　　　　制表：

主要参考文献

[1] 中华人民共和国财政部 . 企业会计准则（合订本）[M]. 北京：经济科学出版社，2019.

[2] 陈志坚 . 增值税会计处理指南 [M]. 北京：中国税务出版社，2017.

[3] 李占国 . 基础会计（第四版）[M]. 北京：高等教育出版社，2017.

[4] 赵艳馨，曹若霈，柴永栓 . 会计学原理 [M]. 郑州：河南人民出版社，2013.

[5] 中华人民共和国财政部 . 小企业会计准则 [M]. 上海：立信会计出版社，2012.